Administração
das Sociedades Anônimas

Administração das Sociedades Anônimas

LEALDADE E CONFLITO DE INTERESSES

2020

Luis Felipe Spinelli

ADMINISTRAÇÃO DAS SOCIEDADES ANÔNIMAS
LEALDADE E CONFLITO DE INTERESSES
© Almedina, 2020

AUTOR: Luis Felipe Spinelli
DIAGRAMAÇÃO: Almedina
DESIGN DE CAPA: FBA
ISBN: 978-65-5627-003-6

Dados Internacionais de Catalogação na Publicação (CIP)
(Câmara Brasileira do Livro, SP, Brasil)

Spinelli, Luis Felipe
Administração das sociedades anônimas : lealdade e
conflito de interesses / Luis Felipe Spinelli. --
São Paulo : Almedina, 2020.

Bibliografia.
ISBN 978-65-5627-003-6

1. Administração de conflitos 2. Sociedades por
ações - Administração - Brasil 3. Sociedades por
ações - Brasil I. Título.

20-34971   CDU-347.725

Índices para catálogo sistemático:
1. Sociedades anônimas : Direito comercial 347.725

Cibele Maria Dias - Bibliotecária - CRB-8/9427

Este livro segue as regras do novo Acordo Ortográfico da Língua Portuguesa (1990).

Todos os direitos reservados. Nenhuma parte deste livro, protegido por copyright, pode ser reproduzida, armazenada ou transmitida de alguma forma ou por algum meio, seja eletrônico ou mecânico, inclusive fotocópia, gravação ou qualquer sistema de armazenagem de informações, sem a permissão expressa e por escrito da editora.

Maio, 2020

EDITORA: Almedina Brasil
Rua José Maria Lisboa, 860, Conj.131 e 132, Jardim Paulista | 01423-001 São Paulo | Brasil
editora@almedina.com.br
www.almedina.com.br

À Melissa

But even a justified betrayal is a betrayal.
(RAZ, Joseph. *The Morality of Freedom*. Oxford: Oxford University Press, 1986, p. 354).

SOBRE O AUTOR

Professor de Direito Empresarial da Faculdade de Direito da Universidade Federal do Rio Grande do Sul – UFRGS. Estágio Pós-Doutoral como bolsista (Postdoc-Stipendium I) no Max-Planck-Institut für ausländisches und internationales Privatrecht. Doutor em Direito Comercial pela Universidade de São Paulo – USP. Mestre em Direito Privado e Especialista em Direito Empresarial pela UFRGS. Membro associado ao Instituto Brasileiro de Estudos de Recuperação de Empresas (IBR), ao International Association of Restructuring, Insolvency & Bankruptcy Professionals (INSOL), ao Turnaround Management Association (TMA), ao Instituto de Direito Privado (IDP), ao Instituto de Estudos Culturalistas (IEC) e ao Instituto Professor Assis Gonçalves de Direito Empresarial e Cooperativo. Autor dos livros "Exclusão de sócio por falta grave na sociedade limitada" (Quartier Latin, 2015) e "Conflito de interesses na administração da sociedade anônima" (Malheiros, 2012); coautor dos livros "Intervenção Judicial na Administração de Sociedades" (Almedina, 2019), "Recuperação de Empresas e Falência" (Almedina, 3ª ed., 2018), "História do Direito Falimentar" (Almedina, 2018), "Sociedade em conta de participação" (Quartier Latin, 2014) e "Recuperação extrajudicial de empresas" (Quartier Latin, 2013). É autor e coautor de artigos jurídicos publicados em livros e revistas especializadas. Advogado.

AGRADECIMENTOS

A presente obra representa a continuidade de trabalho já ofertado ao público[1] e que decorreu da Dissertação de Mestrado defendida junto ao Programa de Pós-Graduação em Direito da Universidade Federal do Rio Grande do Sul no ano de 2009. São obras que, portanto, se complementam.

A inquietação gerada pela pesquisa original, especialmente diante do modo como a Comissão de Valores Mobiliários interpreta o art. 156 da Lei 6.404/76, bem como pela forma não raras vezes rasa (ou mesmo interesseira) com que o tema é tratado pela doutrina e pela jurisprudência (sendo, prova disso, a escassez de literatura específica sobre o tema, diferentemente do que ocorre no exterior – o que, entretanto, não é exclusividade da matéria objeto de nosso estudo), fez com que se buscasse aprofundar a pesquisa.

Assim, concebido originalmente como um artigo – tendo as primeiras impressões já sido publicadas[2] – mas que, por conta da sua extensão, é apre-

---

[1] SPINELLI, Luis Felipe. *Conflito de interesses na administração da sociedade anônima*. São Paulo: Malheiros, 2012. Decorreu deste estudo, também, a publicação do seguinte artigo: SPINELLI, Luis Felipe. Conflito de interesses na Administração da sociedade anônima: respeito à regra procedimental e inversão do ônus da prova. In: MARTINS-COSTA, Judith. *Modelos de Direito Privado*. São Paulo: Marcial Pons, 2014. p. 490-532.

[2] Inicialmente, foi publicado pequeno ensaio intitulado *Conflito de interesses e a Comissão de Valores Mobiliários* (SPINELLI, Luis Felipe. Conflito de interesses e a Comissão de Valores Mobiliários. *Jota*. 27 ago. 2019. Disponível em: <https://www.jota.info/opiniao-e-analise/artigos/conflito-de-interesses-e-a-comissao-de-valores-mobiliarios-27082019>. Acesso em: 06 out. 2019). Posteriormente, foi realizada a publicação de artigo (*Conflito de Interesses na Administração da Sociedade Anônima: Conceito e Procedimento*) com a contribuição de Rodrigo Tellechea e João Pedro Scalzilli em obra em homenagem a Nelson Eizirik (no prelo). Dessa forma, alguns trechos dos trabalhos anteriormente publicados são repetidos na presente obra.

sentado como livro, o presente trabalho é fruto do Estágio Pós-Doutoral realizado junto ao Max-Planck-Institut für ausländisches und internationales Privatrecht. A essa instituição agradeço o integral apoio recebido – apoio este que, infelizmente, é encontrado mais fora do Brasil do que dentro: mesmo na Universidade Pública são cada vez maiores os casos em que professores indulgentes (não só com os alunos...)[3] restam apegados (diante de métricas que nada medem) à quantidade da produção e à celeridade do pensar, sendo a exceção que confirma a regra a realização de produção científica relevante atrelada à realidade[4] e em que a importância do papel da dogmática jurídica é reconhecida[5].

Nesse sentido, sou eternamente grato às Professoras Judith Martins-Costa e Vera Maria Jacob de Fradera pelos exemplos de retidão e seriedade acadêmica. Com elas aprendi, na Graduação e na Pós-Graduação, a importância da realização de pesquisa séria e sem pessoalização – algo tão raro em nosso País.

Ainda, em que pese a pesquisa ter origem em trabalho anterior e que estudos preliminares deste livro já tenham sido publicados, há muito a quem agradecer. Este texto também decorre do auxílio de diversas pessoas – a cujos méritos da obra a elas atribuo, sendo os seus equívocos de minha única e exclusiva responsabilidade.

---

[3] "Es preciso evitar cuidadosamente clases que no sirven para aprender ni para aprobar. Suele darlas genres tan indulgentes consigo mismas como con los demás." (CAPELLA, Juan Ramón. *El aprendizaje del aprendizaje*. Madrid: Trotta, 1995, p. 27).

[4] "A educação jurídica brasileira tem sido basicamente formalista. Uma importância quase exclusiva é dada à exegese clássica de textos legais formais. Pouca atenção é dada ao exame de como as normas funcionam na prática. O estudo jurídico tem se concentrado na compreensão de normas legais e tem ignorado a conduta das pessoas afetadas por essas normas." (ROSENN, Keith S. *O jeito na cultura jurídica brasileira*. Rio de Janeiro: Renovar, 1998, p. 62).

[5] Nessa esteira, recomendamos a leitura de: FRADERA, Vera Maria Jacob de. Algumas reflexões sobre a Pós-Graduação em Direito no Brasil. *Jota*. 28 dez. 2018. Disponível em: <https://www.jota.info/carreira/pos-graduacao-brasil-reflexoes-28122018>. Acesso em: 14 out. 2019; LEONARDO, Rodrigo Xavier. Conhecimento da lebre *versus* A obra do Jabuti: Qual a ciência do Direito? *Consultor Jurídico*. 6 nov. 2017. Disponível em: <https://www.conjur.com.br/2017-nov-06/direito-civil-atual-conhecimento-lebre-vs-obra-jabuti-qual-ciencia-direito>. Acesso em: 14 out. 2019; LEONARDO, Rodrigo Xavier. Entre as lebres e o jabuti: encontramos os sofismas na dita ciência do Direito? *Consultor Jurídico*. 13 nov. 2017. Disponível em: <https://www.conjur.com.br/2017-nov-13/direito-civil-atual-lebres-jabuti-encontramos-sofismas-dita-ciencia-direito>. Acesso em: 14 out. 2019. Ver, também: MARTINS-COSTA, Judith. Apresentação – Autoridade e utilidade da doutrina: a construção dos modelos doutrinários. In: ____. *Modelos de Direito Privado*. São Paulo: Marcial Pons, 2014. p. 9-40.

AGRADECIMENTOS

Agradeço, em primeiro lugar, à minha esposa, Melissa Coitinho Pivotto, que compartilhou comigo o período de pesquisa fora do Brasil e sempre compreendeu a dedicação (conjunta com as demais atividades profissionais) necessária à elaboração do presente ensaio. A ela, não tenho palavras para expressar todo minha admiração e meu amor.

Manifesto meu carinho ao Prof. Erasmo Valladão Azevedo e Novaes França, eterno Orientador, pela permanente disponibilidade e pelas incontáveis lições – de Direito Comercial e de vida!

É engrandecedor poder estudar de modo sério e sem vaidades ao lado de Rodrigo Tellechea e João Pedro Scalzilli, companheiros de escrita de longa data. Sou extremamente grato não só pela constante troca de materiais e pelo generoso tempo dedicado ao debate, à crítica e à reflexão, mas, especialmente, pela grande amizade construída.

Faço, também, agradecimento ao querido amigo Pedro Guilherme Augustin Adamy, uma das pessoas mais generosas e inteligentes que conheço e com quem mantive constantes diálogos a respeito de delicados temas – não só desta obra, mas também da vida acadêmica –, além de ter incentivado a publicação do presente livro.

Meu muito obrigado também a Vinícius Krüger Chalub Fadanelli por conta do auxílio na obtenção de bibliografia e dos constantes diálogos sobre o tema. Igualmente, sou muito grato ao Prof. Diogo Costa Gonçalves, quem muito contribuiu para a elaboração do texto com constantes debates bem como indicando e disponibilizando material de pesquisa.

Finalmente, externo especial agradecimento ao brilhante Gabriel Lucca Garibotti diante da valiosa contribuição à pesquisa e das críticas ao manuscrito, além da atenta revisão realizada.

Porto Alegre e Hamburgo, janeiro 2020.

PREFÁCIO

> "*Certas obras, por suas qualidades, seja pela forma como tratam a matéria, seja pelo tipo de raciocínio empregado, seja pela reflexão e crítica que a impregnam, seja pela profundidade e extensão da pesquisa, dispensam por si mesmas qualquer apresentação, ou como se dizia, um prefácio. Quis, contudo, o autor do presente livro, um prefácio, embora a obra seja daquelas que dispensem maiores apresentações*".

Essas palavras, com que há 27 anos o Prof. Waldirio Bulgarelli abriu o prefácio do hoje clássico livro do Prof. Erasmo Valladão Azevedo e Novaes França[1] – o qual também foi orientador do Prof. Luis Felipe Spinelli no Doutorado em Direito Comercial pela Faculdade de Direito da Universidade de São Paulo –, aplicam-se à perfeição ao livro que, sobre tema correlato, o Prof. Spinelli agora oferece à comunidade jurídica.

Professor Doutor da prestigiosa Faculdade de Direito da Universidade Federal do Rio Grande do Sul – que tantos juristas sérios e dedicados têm legado às nossas letras jurídicas e hoje é o berço de uma moderna Escola de Direito Comercial do Rio Grande do Sul –, o Prof. Spinelli dispensa apresentações, conhecido que é de todos os que lidam com o direito comercial em geral, por força de estudos e obras que ostentam traços bem característicos.

---

[1] Erasmo Valladão Azevedo e Novaes França, *Conflito de interesses nas assembleias de S/A*, 1ª ed. SP: Malheiros, 1993 – posteriormente revista, ampliada e publicada em 2014 em 2ª edição, pela mesma editora, com o título *Conflito de interesses nas assembleias de S.A. (e outros escritos sobre conflito de interesses)*.

Exposição clara e direta de ideias e coragem na tomada de posições diante de temas árduos e controvertidos, sempre lastreadas em sólidas premissas teóricas e beneditina pesquisa doutrinária e jurisprudencial (invariavelmente com indicação de opiniões contrárias, as quais são de igual valia aos leitores desejosos de também conhecer as diferentes correntes de pensamento sobre os temas analisados), são traços marcantes nas bem conhecidas obras que o Prof. Spinelli escreveu juntamente com os seus ilustres colegas e queridos amigos Profs. João Pedro Scalzilli e Rodrigo Tellechea[2].

São também esses os mesmos predicados que se revelam no livro ora dado a publicação sobre o intrincado tema dos conflitos de interesse e do dever de lealdade no âmbito da administração das sociedades anônimas, temas esses que, a bem dizer, já haviam merecido a atenção do Prof. Spinelli no seu também excelente livro "Conflito de interesses na administração da sociedade anônima" (SP: Malheiros, 2012) – resultante da sua dissertação de Mestrado apresentada no Programa de Pós-graduação em Direito da UFRGS, sob a competente orientação do Prof. Carlos Klein Zanini e coorientação da Profa. Judith Martins-Costa – e que agora, impregnados pelo amadurecimento das suas reflexões e por novas inquietações resultantes do seu declarado inconformismo com análises que qualifica de superficiais ou interesseiras, desaguam em um novo livro, no qual o Prof. Spinelli oferece novas ideias e reflexões para a correta interpretação e aplicação do art. 156 da Lei das Sociedades por Ações, a partir da análise crítica de julgados da Comissão de Valores Mobiliários.

Trata-se, por suposto, de tema árido e até por isso pouco enfrentado pela nossa doutrina. Com coragem e método, propõe o Prof. Spinelli uma sólida construção fincada na noção de respeito a procedimentos decisórios fixados em lei, tirando destes, como consequências da sua observância ou não, presunções de culpa e inversões do ônus da prova, a saber: àquele

---

[2] Em conjunto com João Pedro Scalzilli e Rodrigo Tellechea, o Prof. Luis Felipe Spinelli escreveu, dentre outras, as seguintes obras: *Recuperação extrajudicial de empresas* (1ª ed. SP: Quartier Latin, 2013), *Recuperação de empresas e falência* (3ª ed. SP: Almedina, 2018), *História do direito falimentar: da execução pessoal à preservação da empresa* (1ª ed. SP: Almedina, 2018) e Intervenção judicial na administração de sociedades (1ª ed. SP: Almedina, 2019); e, com o primeiro, ainda as obras *Sociedade em conta de participação* (1ª ed. SP: Quartier Latin, 2014). Sozinho, escreveu ainda o robusto livro *Exclusão de sócio por falta grave na sociedade limitada* (1ª ed. SP: Quartier Latin, 2015).

que descumpra o iter decisório, recairia uma presunção desfavorável a tisnar a sua conduta e a impor o ônus consequente de comprovar a lisura do seu agir (ainda assim permitindo-se ao administrador demonstrar que a sua conduta porventura foi equitativa e útil à companhia, a qual não sofreu dano); na hipótese inversa, respeitado o iter decisório, o ônus da prova remanesceria àquele interessado em desafiar e censurar a conduta do agente. Trata-se, pois, de relevante e ponderável construção, já avançada doutrinariamente em seu livro anterior sobre o tema, a ser doravante experimentada.

Em qualquer caso, sem receio algum de errar, entendo que mais este novo livro do Prof. Spinelli constitui notável contribuição ao estudo do direito societário, de altíssima qualidade técnica e que tudo tem e reúne para se notabilizar como referência.

Ao Prof. Spinelli, por isso mesmo, fica primeiramente o registro de agradecimento pelo gesto de amizade com que me distinguiu mediante a honrosa incumbência de redigir estas desnecessárias linhas introdutórias. Acima de tudo, porém, ficam os nossos aplausos e os parabéns pela obra, e os votos certos de que muitas outras continuem a ser produzidas, sempre com a mesma qualidade técnica.

São Paulo, 11 de fevereiro de 2020.

MARCELO VIEIRA VON ADAMEK
Professor Doutor do Departamento de Direito Comercial
da Faculdade de Direito da Universidade de São Paulo

SUMÁRIO

1. INTRODUÇÃO: DEVER DE LEALDADE E CONFLITO
   DE INTERESSES 00

2. O INTERESSE EXTRASSOCIAL DO ADMINISTRADOR
   E O CONFLITO DE INTERESSES: ANÁLISE COMPARADA 00

3. O ART. 156 DA LEI DAS S.A.: PROCEDIMENTO 00
   3.1. O conflito material de interesses e sua consolidação doutrinária 00
   3.2. O conflito formal de interesses e a Comissão de Valores Mobiliários 00

4. APLICAÇÃO DO ART. 156 E SUA ADEQUAÇÃO À NOÇÃO
   DE CONFLITO MATERIAL: CONCEITO 00
   4.1. Incompatibilidade do critério formal com a Lei das S.A. 00
   4.2. Restritividade injustificada à noção de conflito de interesses 00

5. CONSIDERAÇÕES FINAIS: NECESSIDADE DE INTERPRETAÇÃO
   DINÂMICA DO ART. 156 DA LEI DAS S.A. 00

REFERÊNCIAS 00

1
Introdução: dever de lealdade e conflito de interesses

O dever de lealdade (*duty of loyalty, deber de lealtad, dovere di lealtà, devoir de loyauté, Treupflicht*) que os administradores (conselheiros de administração e diretores, de acordo com o art. 138 da Lei 6.404/76, bem como *liquidantes*, cf. art. 217 da LSA)[1-2] têm perante a companhia (e, eventualmente, para

---

[1] Não só os administradores de direito, mas também, com as necessárias adaptações, os administradores de fato, como previsto, expressamente, no art. 236 da *Ley de Sociedades de Capital* espanhola – bem como os administradores ocultos ou indiretos (*shadow director* ou *Hintermann*), ainda que as normas dos deveres e responsabilidades dos administradores sejam aplicadas por conta de se praticar fraude à lei – (cf., *v.g.*, CONFORTI, Cesare. *La responsabilità civile degli amministratori di società per azioni*. Milano: Giuffrè, 2012, p. 181-210; BONELLI, Franco. *La responsabilità degli amministratori di società per azioni*. Milano: Giuffrè, 1992, p. 123-131; COSTA, Ricardo Alberto Santos. *Os administradores de facto das sociedades comerciais*. Coimbra: Almedina, 2014, p. 901 ss; ABREU, Jorge Manuel Coutinho de. *Responsabilidade civil dos administradores de sociedades*. Coimbra: Almedina, 2007, p. 97 ss; GOMES, José Ferreira. Conflito de interesses entre accionistas nos negócios celebrados entre a sociedade anónima e o seu accionista controlador. In: CÂMARA, Paulo et al. *Conflito de interesses no Direito Societário e Financeiro*: um balanço a partir da crise financeira. Coimbra: Almedina, 2010. p. 75-213, p. 152 ss; FERRER, Vicenç Ribas. *El deber de lealtad del administrador de sociedades*. Madrid: La Lay, 2010, p. 459-460; FERRER, Vicenç Ribas. Deberes de los administradores en la Ley de Sociedades de Capital. *Revista de Derecho de Sociedades*, n. 38, p. 73-153, 2012/1, p. 97; GARCÍA, María Isabel Grimaldos. Presupuestos y extension subjetiva de la responsabilidad. Solidariedad: artículos 236 y 237. Otras acciones por infracción del deber de lealtad: artículos 272.2 y 232. In: CEBRIÁ, Luis Hernando (coord.). *Régimen de Deberes y Responsabilidad de los Administradores en las Sociedades de Capital*. Barcelona: Bosch, 2015. p. 307-364, p. 308 ss; GASTAMINZA, Eduardo Valpuesta. *Comentarios a la Ley de Sociedades de Capital*: estudio legal y jurisprudencial. Barcelona: Bosch, 2013, p. 621, 657-658; HERRANZ, Isabel Ramos. El deber de abstenerse de usar el nombre de la sociedad o la condición de administrador para influir indebidamente en la realización de

quem assim entenda, os acionistas)[3] aparece, no Brasil, de modo expresso na primeira parte do *caput* do art. 155 da Lei das S.A.

---

operaciones privadas. *Revista de Derecho de Sociedades*, n. 44, p. 303-332, 2015/1, p. 313; RIBAS, Vicenç. Capítulo III – Los Deberes de los Administradores. In: ROJO, Ángel; BELTRÁN, Emilio (dirs.). *Comentarios de la Ley de Sociedades de Capital*, t. I. Pamplona: Aranzadi, 2011. p. 1.608-1.663, p. 1.638; RODA, Carmen Boldó; MOYA, Vanessa Martí. El conflicto de intereses de los administradores en las sociedades de capital revisitado a la luz de la reciente jurisprudencia. *Revista de Derecho de Sociedades*, n. 41, p. 455-472, 2013/2, p. 461; UREBA, Alberto Alonso. Capítulo II – Algunas cuestiones en relación con el ámbito subjetivo de la responsabilidad de los administradores (administrador de hecho, administrador oculto y grupo de sociedades). In: MARTÍN, Guillermo Guerra. (coord.). *La Responsabilidad de los Administradores de Sociedades de Capital*. Madrid: La Ley, 2011. p. 85-102, p. 88 ss; HANNIGAN, Brenda. *Company Law*. 5th Ed. Oxford: Oxford University Press, 2018, p. 180; DAVIES, Paul L.; WORTHINGTON, Sarah. *Gower Principles of Modern Company Law*. 10th ed. London: Sweet & Maxwell, 2016, p. 470 ss; WORTHINGTON, Sarah. *Sealy & Worhington's Text, Cases, & Materials in Company Law*. 11th Ed. Oxford: Oxford University Press, 2016, p. 328 ss; KEAY, Andrew. *Directors' Duties*. 2nd ed. Bristol: Jordan, 2014, p. 12 ss; STAFFORD, Andrew; RICHIE, Stuart. *Fiduciary Duties*: Directors and Employees. 2nd Ed. Bristol: LexisNexis, 2015, p. 76 ss; SLYNN, Richard; KLUYVER, Michelle de. Directors' Duties. In: BOXELL, Tim (org.). *A Practitioner's Guide to Directors' Duties and Responsibilities*. 5th ed. London: Sweet & Maxwell, 2013. p. 73-194, p. 75-76; LANGFORD, Rosemary Teele. *Company Directors' Duties and Conflicts of Interest*. Oxford: Oxford University Press, 2019, p. 60 ss). No Brasil, ver: CAMPOS, Luiz Antônio de Sampaio. Seção V – Deveres e Responsabilidades. In: LAMY FILHO, Alfredo; PEDREIRA, José Luiz Bulhões (Coord.). *Direito das Companhias*, v. 1. Rio de Janeiro: Forense, 2009. p. 1.084-1.262, p. 1.096; PAULIN, Luiz Alfredo. Administrador de fato nas sociedades por ações. *Revista de Direito Mercantil, Industrial, Econômico e Financeiro*, São Paulo, n. 130, p. 102-118, abr./jun. 2003; e SPINELLI, Luis Felipe. *Conflito de interesses na administração da sociedade anônima*. São Paulo: Malheiros, 2012, p. 73-74.

[2] Os deveres dos administradores também incidem sobre os membros de órgãos técnicos e consultivos (Lei das S.A., art. 160) e os conselheiros fiscais (art. 165 da Lei das S.A.) – sobre os quais igualmente incidem regras específicas sobre conflito de interesses (como as regras de impedimento, cf. art. 162, §2º, da Lei das S.A.).

[3] A posição que tende a prevalecer é a de que não existe dever de lealdade perante os acionistas (cf. CAMPOS. Seção V – Deveres e Responsabilidades, p. 1.090; VON ADAMEK, Marcelo Vieira. *Responsabilidade civil dos administradores de S/A e as ações correlatas*. São Paulo: Saraiva, 2009, p. 120-121, 154), em boa medida pautado pelo Direito inglês e que está hoje positivado na Section 170(1) do *Companies Act* (cf. HANNIGAN. *Company Law*, p. 182; DAVIES; WORTHINGTON. *Gower Principles of Modern Company Law*, p. 465-467; WORTHINGTON. *Sealy & Worhington's Text, Cases, & Materials in Company Law*, p. 336 ss; LOOSE, Peter; GRIFFITHS, Michael; IMPEY, David. *The Company Director*: Powers, Duties and Liabilities. 10th ed. Bristol: Jordan, 2008, p. 18, 238-246, 284; STAFFORD; RICHIE. *Fiduciary Duties*, p. 80 ss; SLYNN; KLUYVER. Directors' Duties, p. 75; LANGFORD. *Company Directors' Duties and Conflicts of Interest*, p. 38). E assim há manifestações diversas (*v.g.*: BÖCKLI. *Schweizer Aktienrecht*, p. 11803-1804). Todavia, é fato que existem discussões a respeito, especialmente nos casos de *management*

INTRODUÇÃO: DEVER DE LEALDADE E CONFLITO DE INTERESSES

O fundamento de tal dever reside na posição que os administradores ocupam nos órgãos da sociedade[4-5], *i.e.*, pelo fato de terem poder discri-

---

buyout (BORSDORFF, Roland. *Interessenkonflikte bei Organsmitgliedern*: Eine Untersuchung zum deutschen und US-amerikanischen Aktienrecht. Frankfurt am Main: Peter Lang, 2010, p. 115; FLEISCHER, Holger. Zur organschaftlichen Treupflicht der Geschäftsleiter im Aktien- und GmbH-Recht. *Zeitschrift für Wirtschafts- und Bankrecht*, Heft 22, 57 Jahrgang, p. 1045-1058, 2003, p. 1046), sendo que mesmo no Reino Unido se tem entendido que os administradores possuiriam deveres para com os acionistas em contexto de *takeovers*, afirmando-se, ainda, que os administradores podem ter deveres para com os acionistas não pelo simples fato de serem administradores, mas porque há uma especial relação entre o gestor e o sócio (ou seja, relação pessoal ou negócios entre eles ou em pequenas sociedades familiares) (HANNIGAN. *Company Law*, p. 183-184; DAVIES; WORTHINGTON. *Gower Principles of Modern Company Law*, p. 467-469; WORTHINGTON. *Sealy & Worhington's Text, Cases, & Materials in Company Law*, p. 337 ss; KEAY. *Directors' Duties*, p. 33 ss; STAFFORD; RICHIE. *Fiduciary Duties*, p. 82-84; SLYNN; KLUYVER. Directors' Duties, p. 101-103; LANGFORD. *Company Directors' Duties and Conflicts of Interest*, p. 41-42). Nesse sentido, na França, por exemplo, se por um lado faz-se referência ao dever de não concorrer existente para com a sociedade e corporificado inicialmente no caso Kopcio – e que, posteriormente, se acabou ampliando com diversos casos, inclusive abarcando o dever de não usurpar oportunidades de negócios –, remete-se, por outro lado, ao pioneiro caso Vilgrain, relacionado à negociação do controle de sociedade em que não foram repassadas informações aos acionistas e o benefício auferido pelo gestor – o que foi confirmado por diversos precedentes posteriores, os quais também tem ampliado o âmbito de incidência do dever de lealdade para com os sócios, estando basicamente relacionado à alienação de controle e a reestruturações societárias –; sobre o tema, trabalhando a evolução do tratamento do dever de lealdade no Direito francês e a extensão dos sujeitos ativos e passivos, ver: GRÉVAIN-LEMERCIER, Karine. *Le devoir de loyauté en droit des sociétés*. Aix-en-Provence: Presses Universitaires D'Aix-Marseille, 2013, p. 55 ss. A rigor, diante do exposto, entendemos que os administradores possuem deveres fiduciários perante a companhia e os acionistas – o que fica demonstrado, por exemplo, quando se refere às manifestações do Conselho de Administração em caso de oferta pública para aquisição de controle (cf. art. 32-D da Instrução CVM 361, de 05/03/2002, Regulamento do Novo Mercado e do Nível 2 e Código Brasileiro de Governança Corporativa – Companhias Abertas) –, como também ocorre nos Estados Unidos, cf. SPINELLI. *Conflito de interesses na administração da sociedade anônima*, p. 79-82; ZANINI, Carlos Klein. A doutrina dos "fiduciary duties" no Direito norte-americano e a tutela das sociedades e acionistas minoritários frente aos administradores das Sociedades Anônimas. *Revista de Direito Mercantil, Industrial, Econômico e Financeiro*, São Paulo, ano 36, n. 109, p. 137-149, jan./mar. 1998, p. 141-142; CHODOS, Rafael. *The law of fiduciary duties*. Los Angeles: Modernage Photo Service, Inc., 2000, p. 113-114; CLARK, Robert. *Corporate Law*. New York: Aspen Publishers, 1986, p. 141; COX, James D.; HAZEN, Thomas Lee. *Cox & Hazen on corporations*, v. 1. 2. ed. New York: Aspen Publishers, 2003, p. 541.

[4] Cf., entre outros, KRIEGER, Gerd. Organpflichten und Haftung in der AG. In: ____; SCHNEIDER, Uwe H. (Hrsg.). *Handbuch Managerhaftung*. 2 Aufl.. Köln: Dr. Otto Schmidt. p. 41-74, p. 59; KREBS, Karsten. *Interessenkonflikte bei Aufsichtsratsmandaten in der Aktiengesellschaft*.

cionário (apesar de limitado), diante da confiança sobre eles depositada quando eleitos, sobre interesses alheios, estando a sociedade *presentada* pelos administradores e sujeita aos seus atos – e, por isso, são fiduciários por excelência[6]. Assim, o dever de lealdade (ou, melhor dizendo, os deveres fiduciários) é a contrapartida por terem os administradores o poder de gerir e dispor, com autonomia, do patrimônio da sociedade[7]-[8]-[9]; afinal, *responsability goes with power*[10].

Köln: Carl Heymanns, 2002, p. 27; BORSDORFF. *Interessenkonflikte bei Organsmitgliedern*, p. 114; CHODOS. *The law of fiduciary duties*, p. 19-20; GIÃO, João Sousa. Conflitos de interesses entre administradores e os accionistas na sociedade anónima: os negócios com a sociedade e a remuneração dos administradores. In: CÂMARA, Paulo et al. *Conflito de interesses no Direito Societário e Financeiro*: um balanço a partir da crise financeira. Coimbra: Almedina, 2010. p. 215-291, p. 217-218.

[5] O dever de lealdade, aqui, seria paralelo a eventual contrato existente entre o administrador e a companhia, sendo que, em caso de invalidade da nomeação do administrador (e não podendo ser enquadrado como administrador de fato), por exemplo, incidiria a regra geral de boa-fé decorrente do referido contrato. Por todos, ver: FLEISCHER. Zur organschaftlichen Treupflicht der Geschäftsleiter im Aktien- und GmbH-Recht, p. 1046. Assim, pelo fato de nem sempre os administradores firmarem contrato com a sociedade, bem como não serem necessariamente partes do contrato de sociedade – sem contar a diferença da intensidade do dever de lealdade –, é que se entende que não se pode fundamentar o dever de lealdade na teoria contratual, mas sim no poder que possuem em decorrência da posição que ocupam (GRÉVAIN-LEMERCIER. *Le devoir de loyauté en droit des sociétés*, p. 87 ss).

[6] MILLER, Paul B. The Fiduciary Relationship. In: GOLD, Andrew S.; MILLER, Paul B. (ed.). *Philosohical Foundations of Fiduciary Law*. Oxford: Oxford University Press, 2014. p. 80.

[7] No Reino Unido, antes da reforma do Direito Societário produzida por *Gladstone* em 1844, a maioria das sociedades de capital não eram incorporadas e, por isso, o patrimônio das sociedades era transferido para um fiduciário. Com o passar do tempo essa classificação acabou perdendo poder de persuasão (o que somente foi definitivamente superado no caso *Re City Equitable Fire Insurance Co.*, em 1925), ficando, de qualquer forma, como analogia (ainda que não tenham os deveres dos *trustees*, pois os administradores devem assumir riscos objetivando o lucro da companhia, tendo maior discricionariedade na alocação dos ativos), permanecendo como ideia dominante que os administradores são fiduciários e, como tal, possuem especial obrigação de fidelidade para com a companhia – sendo que a figura do administrador como fiduciário (em conceito análogo ao *trust*) também se desenvolveu fortemente nos Estados Unidos (cf. DAVIES; WORTHINGTON. *Gower Principles of Modern Company Law*, p. 485-486; KEAY. *Directors' Duties*, p. 22-23; LANGFORD. *Company Directors' Duties and Conflicts of Interest*, p. 14-15; BERLE, Adolf A. Corporate Powers as Powers in Trust. *Harvard Law Review*, v. 44, n. 7, p. 1.049-1.074, may 1931; FRANKEL, Tamar. *Fiduciary Law*. New York: Oxford, 2011, p. 96-97; FRANKEL, Tamar. *Legal Duties of Fiduciaries*: definitions, duties and remedies. Anchorage: Fathom Publishing Company, 2012, p. 2, 17 ss; FLEISCHER. Zur organschaftlichen Treupflicht der Geschäftsleiter im Aktien- und GmbH-Recht, p. 1047-1048; HOPT, Klaus J.

Deveres legais e conduta ética de membros do Conselho de Administração e de profissionais (Trad. Erasmo Valladão Azevedo e Novaes França e Mauro Moisés Kertzer). *Revista de Direito Mercantil, Industrial, Econômico e Financeiro*, v. 144, a. XLV, p. 107-119, out./dez. 2006, p. 108-109). Sobre o desenvolvimento histórico, inclusive com analogia às figuras da agência e do *trust*, ver: CASANOVA, Miguel. *Deberes fiduciários de los administradores de sociedades*. Montevideo: Fundación de Cultura Universitaria, 2013, p. 15 ss; GIÃO. Conflitos de interesses entre administradores e os accionistas na sociedade anónima, p. 225-226. Ver, também: FERRER. *El deber de lealtad del administrador de sociedades*, p. 66 ss. No Brasil, remetemos a: SALOMÃO NETO, Eduardo. *O trust e o Direito brasileiro*. São Paulo: LTr, 1996, p. 95 ss; SALOMÃO NETO, Eduardo. *Trust* e deveres de lealdade e sigilo na sociedade anônima brasileira. In: CASTRO, Rodrigo R. Monteiro de; WARDE JÚNIOR, Waldrido Jorge; GUERREIRO, Carolina Dias Tavares (coord.). *Direito empresarial e outros estudos de Direito em homenagem ao Professor José Alexandre Tavares Guerreiro*. São Paulo: Quartier Latin, 2013. p. 293-335, p. 297 ss.

[8] Ainda que o conceito de relação fiduciária seja objeto de debates (cf. MILLER. The Fiduciary Relationship), os Direitos norte-americano e britânico são pródigos em tal noção e, consequentemente, no que diz respeito à incidência de deveres fiduciários (cf., *v.g.*, CHODOS. *The law of fiduciary duties*, p. 6 ss; FRANKEL, Tamar. United Sates Mutual Fund Investors, Their Managers and Distributors. In: THÉVENOZ, Luc; BAHAR, Rashid (eds.). *Conflicts of Interest*: Corporate Governance & Financial Markets. Alphen aan den Rijn: Kluwer, 2007. p. 363-394, p. 364 ss; FRANKEL. *Fiduciary Law*, p. 1 ss; FRANKEL. *Legal Duties of Fiduciaries*, 2012, p. 21 ss; GEVURTZ, Franklin A.. *Corporation law*. St. Paul, Minn.: West Group, 2000, p. 273 ss; STAFFORD; RICHIE. *Fiduciary Duties*, p. 5 ss; KEAY. *Directors' Duties*, p. 22-25; HANNIGAN. *Company Law*, p. 324 ss; LANGFORD. *Company Directors' Duties and Conflicts of Interest*, p. 12 ss) – embora o direito fiduciário tenha origens na antiguidade (cf. FRANKEL. *Fiduciary Law*, p. 79; FRANKEL. *Legal Duties of Fiduciaries*, p. 7 ss). E ainda que se diga que o fundamento do dever de lealdade, diferentemente do que ocorre nos países de *common law* em que estaria pautado pela relação fiduciária, estaria baseado, nos países de *civil law*, em uma relação de mandato ou teria fundamento contratual (BAHAR, Rashid; THÉVENOZ, Luc. Conflicts of Interest: Disclosure, Incentives, and the Market. In: THÉVENOZ, Luc; BAHAR, Rashid (eds.). *Conflicts of Interest*: Corporate Governance & Financial Markets. Alphen aan den Rijn: Kluwer, 2007. p. 1-29, p. 3; FRANKEL. United Sates Mutual Fund Investors, Their Managers and Distributors, p. 367-368; FRANKEL. *Legal Duties of Fiduciaries*, p. 281-282), fato é que, com o passar do tempo, tem-se adotando nas mais diversas jurisdições a noção de relação fiduciária (inclusive – ou, melhor dizendo, especialmente – com influência nos referidos ordenamentos jurídicos, cf. CASANOVA. *Deberes fiduciários de los administradores de sociedades*, p. 27 ss; FRANKEL. *Legal Duties of Fiduciaries*, p. 281 ss; HOPT. Deveres legais e conduta ética de membros do Conselho de Administração e de profissionais, p. 109; LOURENÇO, Nuno Calaim. *Os deveres de Administração e a business judgment rule*. Coimbra: Almedina, 2011, p. 9 ss; SPINELLI. *Conflito de interesses na administração da sociedade anônima*, p. 39 ss), como na Alemanha (FLEISCHER. Zur organschaftlichen Treupflicht der Geschäftsleiter im Aktien- und GmbH-Recht, p. 1045-1050; MÖLLERS, Thomas M. J.. Treupflichten und Interessenkonflikte bei Vorstands- und Aufsichtsratsmitgliedern. In: HOMMELHOF, Peter; HOPT, Klaus J.; WERDER, Axel v. (org.). *Handbuch Corporate Governance*. 2 Aufl.. Köln: Dr. Otto Schmidt, 2009. p. 423-446, p. 426 ss; MENSE, Christian. *Interessenkonflikte bei Mehrfachmandaten im Aufsichtsrat der AG*.

Baden-Baden: Nomos, 2008, p. 77 ss; HOPT, Klaus J.. Interessenwahrung und Interessenkonflikte im Aktien-, Bank- und Berufsrecht. Zur Dogmatik des modernen Geschäftsbesorgungsrechts. *Zeitschrift für Unternehmens- und Gesellschaftsrecht*, v. 33, p. 1-52, Feb. 2004, p. 18 (= HOPT, Klaus J.. Protección y conflictos de intereses en el derecho de sociedades anónimas, bancário y professional. Acerca de la dogmática del moderno derecho del mandato (Trad. Pablo Grigado Perandones). In: _____. *Estudios de Derecho de Sociedades y del Mercado de Valores*. Marcial Pons: Madrid, 2010. p. 153-197, p. 168); BORSDORFF. *Interessenkonflikte bei Organsmitgliedern*, p. 113 ss), na Suíça (BÖCKLI, Peter. *Schweizer Aktienrecht*. 4 Aufl. Zürich: Schulthess, 2009, p. 1764-1765, 1803-1804), em Portugal (BORGES, Sofia Leite. O conflito de interesses na intermediação financeira. In: CÂMARA, Paulo et al. *Conflito de interesses no Direito Societário e Financeiro*: um balanço a partir da crise financeira. Coimbra: Almedina, 2010. p. 315-425, p. 318; CÂMARA, Paulo. O governo das sociedades e a reforma do Código das Sociedades Comerciais. In: CÂMARA, Paulo et al. *Código das Sociedades Comerciais e o governo das sociedades*. Coimbra: Almedina, 2008. p. 9-141, p. 25 ss; CARNEIRO DA FRADA, Manuel A. A business judgment rule no quadro dos deveres gerais dos administradores. *Revista da Ordem dos Advogados On-Line*, v. 67, 2007. Disponível em: <http://www.oa.pt/Conteudos/Artigos/detalhe_artigo.aspx?idc=1&idsc=59032&ida=59045>. Acesso em: 06 ago. 2017, p. 3-4 (= CARNEIRO DA FRADA, Manuel A. A business judgment rule no quadro dos deveres gerais dos administradores. In: CORDEIRO, António Menezes; CÂMARA, Paulo (coord.). *A reforma do Código das Comerciais – jornadas em homenagem ao Professor Doutor Raúl Ventura*. Coimbra: Almedina, 2007. p. 61-102, p. 69-71); COSTA. *Os administradores de facto das sociedades comerciais*, p. 902-904, 922; CORDEIRO, António Menezes. Os deveres fundamentais dos administradores das sociedades (artigo 64º/1 do CSC). In: _____; CÂMARA, Paulo (coord.). *A reforma do Código das Comerciais – jornadas em homenagem ao Professor Doutor Raúl Ventura*. Coimbra: Almedina, 2007. p. 19-60, p. 48-49, 57; GIÃO. Conflitos de interesses entre administradores e os accionistas na sociedade anónima, p. 225 ss; GOMES, Fátima. Reflexões em torno dos deveres fundamentais dos membros dos órgãos de gestão (e fiscalização) das sociedades comerciais à luz da nova redacção do artigo 64º do CSC. In: FACULDADE DE DIREITO NA UNIVERSIDADE DE COIMBRA. *Nos 20 anos do Código das Sociedades Comerciais homenagem aos Profs. Doutores A. Ferrer Correia, Orlando de Carvalho e Vasco Lobo Xavier*, v. II. Coimbra: Coimbra, 2007. p. 551-569, p. 553 ss; LARGUINHO, Marisa. O dever de lealdade: concretizações e situações de conflito resultantes da cumulação de funções de administração. *Direito das Sociedades em Revista*, Coimbra, a. 5, v. 9, p. 187-213, mar. 2013, p. 196; NUNES, Pedro Caetano. Jurisprudência sobre o dever de lealdade dos administradores. *Revista de Direito das Sociedades e dos Valores Mobiliários*, São Paulo, n. 9, p. 173-222, ago. 2019, p. 182; SILVA, João Calvão da. Responsabilidade civil dos administradores não executivos, da comissão de auditoria e do conselho geral e de supervisão. In: CORDEIRO, António Menezes; CÂMARA, Paulo (coord.). *A reforma do Código das Comerciais – jornadas em homenagem ao Professor Doutor Raúl Ventura*. Coimbra: Almedina, 2007. p. 103-151, p. 139-141, 148-149; VASCONCELOS, Pedro Pais de. Responsabilidade civil dos gestores das sociedades comerciais. *Direito das Sociedades em Revista*, Coimbra, a. 1, v. 1, p. 11-32, mar. 2009, p. 31-32; LOURENÇO. *Os deveres de Administração e a business judgment rule*, p. 11 – ainda que possa existir discussão sobre qual seria o fundamento de tal dever de lealdade, *i.e.*, se, por exemplo, decorreria da boa-fé) e na Espanha (SOBREJANO, Alberto Emparanza. Imperatividad y dispensa del deber de lealtad: art. 230. In: CEBRIÁ,

INTRODUÇÃO: DEVER DE LEALDADE E CONFLITO DE INTERESSES

Luis Hernando (coord.). *Régimen de Deberes y Responsabilidad de los Administradores en las Sociedades de Capital*. Barcelona: Bosch, 2015. p. 281-304, p. 301; LÓPEZ, Carlos Górriz. Los deberes de lealtad de los administradores del art. 137 TER LSA. *Direito das Sociedades em Revista*, Coimbra, a. 2, v. 3, p. 143-178, mar. 2010, p. 153-154; GALLEGO, Esperanza. Capítulo II – Los Administradores. In: ROJO, Ángel; BELTRÁN, Emilio (dirs.). *Comentarios de la Ley de Sociedades de Capital*, t. I. Pamplona: Aranzadi, 2011. p. 1.502-1.607, p. 1.594; GASTAMINZA. *Comentarios a la Ley de Sociedades de Capital*, p. 620-621; DÍEZ, Pedro Portellano. *Deber de fidelidad de los administradores de sociedades mercantiles y oportunidades de negocio*. Madrid: Civitas, 1996, p. 22; LLEBOT, José Oriol. Deberes y responsabilidad de los administradores. In: ROJO, Ángel; BELTRÁN, Emilio (dirs.). *La responsabilidad de los administradores*. Valencia: Tirant lo Blanch, 2005. P. 24-54, p. 24-26; CASTELLANO, María José. Artículo 232. Deber de secreto. In: ROJO, Ángel; BELTRÁN, Emilio (dirs.). *Comentarios de la Ley de Sociedades de Capital*, t. I. Pamplona: Aranzadi, 2011. p. 1.664-1.674, p. 1.665; FERRER. *El deber de lealtad del administrador de sociedades*, p. 1 ss; e FERRER. Deberes de los administradores en la Ley de Sociedades de Capital, p. 75 ss – encontrando fundamento na boa-fé objetiva). Para um estudo da origem e do fundamento do dever de lealdade na França, afirmando que uma análise tradicional (*i.e.*, fundada em uma concepção contratual) do tema é insuficiente para explicar o dever de lealdade e que, então, uma análise fiduciária aparenta ser mais pertinente (o que vem ganhando espaço nos países de *civil law*), buscando-se o fundamento do dever de lealdade no poder, ver: GRÉVAIN-LEMERCIER. *Le devoir de loyauté en droit des sociétés*, p. 53 ss. Na Itália, *v.g.*, ver: JAEGER, Pier Giusto; DENOZZA, Francesco. *Appunti di Diritto Commerciale*, I. 3 ed. Milano: Giuffrè, 1994, p. 388; por sua vez, Franco Bonelli, por exemplo, ao expor sobre a destituição automática do administrador quando da deliberação pela promoção de ação social de responsabilidade, assevera que tal evento ocorre pelo rompimento do vínculo fiduciário existente entre companhia e administrador (BONELLI. *La responsabilità degli amministratori di società per azioni*, p. 165; BONELLI, Franco. *Gli amministratori di S.P.A. dopo la riforma delle società*. Milano: Giuffrè, 2004, p. 196), sendo que também se fala na vedação à concorrência por parte dos administradores por conta do *rapporto fiduciario* (SPOLIDORO, Marco Saverio. Il divieto di concorrenza per gli amministratori di società di capitali. *Rivista delle Società*, a. 28, f. 2, p. 1.314-1.384, mag./giu. 1983, p. 1.327). Na Argentina, também se diz que o dever de lealdade é um padrão de conduta que decorre da confiança depositada no administrador, fundado na fidelidade de quem representa interesses alheios e na boa-fé (ROITMAN, Horacio. *Ley de sociedades comerciales comentada y anotada*, t. I. Buenos Aires: La Ley, 2006, p. 883; ROITMAN, Horacio. *Ley de sociedades comerciales comentada y anotada*, t. IV. Buenos Aires: La Ley, 2006, p. 544; GAGLIARDO, Mariano. *El Directorio en la Sociedad Anónima*. 2 ed. Buenos Aires: Abeledo-Perrot, 2007, p. 254-255); no Uruguai, é também crescente a noção de que os administradores são fiduciários (CASANOVA. *Deberes fiduciários de los administradores de sociedades*, p. 13 ss). No Brasil, igualmente encontramos de modo cada vez mais presente tal noção de fiduciário do administrador em decorrência, especialmente, da influência sofrida pelo Direito anglo-saxão (cf. SPINELLI. *Conflito de interesses na administração da sociedade anônima*, p. 39 ss; ver, também: ASCARELLI, Tullio. Parecer: dolo – silêncio intencional – dação em pagamento. *Revista Forense*, Rio de Janeiro, ano 42, v. 104, p. 43-45, out. 1945, p. 44; CARVALHO DE MENDONÇA, José Xavier. *Tratado de Direito Commercial brasileiro*, v. 4, livro 2. 2. ed. posta em dia por Achilles Bevilaqua e Roberto Carvalho de Mendonça. Rio de Janeiro: Freitas Bastos, 1934, p. 39;

CARVALHOSA, Modesto. *Comentários à Lei de Sociedades Anônimas*, v. 3. 2. ed. rev. São Paulo: Saraiva, 1998, p. 256; COMPARATO, Fábio Konder; SALOMÃO FILHO, Calixto. *O poder de controle na Sociedade Anônima*. 4. ed. Rio de Janeiro: Forense, 2005, p. 150; EIZIRIK, Nelson. Contratação em condições de favorecimento. Conflito de interesse. Impedimento de administradores. In: ____. *Temas de Direito Societário*. Rio de Janeiro: Renovar, 2005. p. 89-104, p. 101-102; FALCÃO, Diego Billi. *Interlocking board*: aspectos societários da interligação administrativa. São Paulo: Quartier Latin, 2016, p. 28 ss; GUERREIRO, José Alexandre Tavares. Abstenção de voto e conflito de interesses. In: KUYVEN, Luiz Fernando Martins. *Temas essenciais de direito empresarial*: estudos em homenagem a Modesto Carvalhosa. São Paulo: Saraiva, 2012. p. 681-692, p. 686; LAMY FILHO, Alfredo. Responsabilidade dos administradores – Atas aprovadas por Assembléia Geral – Prescrição – Ação proposta contra administrador. In: ____. *Temas de S.A.*: exposições e pareceres. Rio de Janeiro: Renovar, 2007. p. 285-292, p. 285; LEÃES, Luiz Gastão Paes de Barros. Os deveres funcionais dos administradores de S.A. In: ____. *Novos pareceres*. São Paulo: Singular, 2018. p. 627-653, p. 646; LOBO, Carlos Augusto da Silveira. Conflito de interesses entre a companhia e seu administrador. In: ____. *Advocacia de Empresas*. Rio de Janeiro: Renovar, 2012. p. 19-36, p. 22; LOBO, Carlos Augusto da Silveira; NEY, Rafael de Moura Rangel. Conflito de interesses entre o administrador e a companhia – inexistência de impedimento de votar em deliberação do Conselho de Administração da controlada, do qual é membro, que aprova concessão de mútuo à controladora, da qual é chefe do departamento jurídico. *Revista de Direito Mercantil, Industrial, Econômico e Financeiro*, São Paulo, ano 45, n. 144, p. 275-286, out./dez. 2006, p. 277; MARTINS-COSTA, Judith. *A Boa-Fé no Direito Privado*: critérios para a sua aplicação. São Paulo: Marcial Pons, 2015, p. 330 ss; PARENTE, Flávia. *O dever de diligência dos administradores de Sociedades Anônimas*. Rio de Janeiro: Renovar, 2005, p. 175; PARENTE, Norma Jonssen. O dever de lealdade do administrador e a oportunidade comercial. In: KUYVEN, Luiz Fernando Martins. *Temas essenciais de direito empresarial*: estudos em homenagem a Modesto Carvalhosa. São Paulo: Saraiva, 2012. p. 913-920, p. 915-916; SALOMÃO FILHO, Calixto. Diluição de controle. In: ____. *O novo Direito Societário*. 5. ed. rev. e ampl. São Paulo: Saraiva, 2019. p. 145-160, p. 153-154; SALOMÃO FILHO, Calixto. Organização interna: estrutura orgânica tríplice. In: ____. *O novo Direito Societário*. 5. ed. rev. e ampl. São Paulo: Saraiva, 2019. p. 161-179, p. 165; SALOMÃO FILHO, Calixto. Conflito de interesses: a oportunidade perdida. In: ____. *O novo Direito Societário*. 3. ed. rev. e ampl. São Paulo: Malheiros, 2006. p. 90-104, p. 188; SALOMÃO FILHO, Calixto. "Golden share": utilidade e limites. In: ____. *O novo Direito Societário*. 5. ed. rev. e ampl. São Paulo: Saraiva, 2019. p. 231-241, p. 239; SALOMÃO FILHO, Calixto. Deveres fiduciários do controlador. In: ____. *O novo Direito Societário*. 5. ed. rev. e ampl. São Paulo: Saraiva, 2019. p. 295-309, p. 295 ss; SALOMÃO NETO. *O trust e o Direito brasileiro*, p. 76-77; SALOMÃO NETO. *Trust* e deveres de lealdade e sigilo na sociedade anônima brasileira, p. 306 ss; SANTOS, Fernanda Aviz. Sociedade anônima: uma análise sobre a natureza do conflito de interesses dos membros do conselho de administração. *Revista de Direito Mercantil, Industrial, Econômico e Financeiro*, São Paulo, v. 46, n. 148, p. 90-99, out./dez. 2007, p. 90, 95; SILVA, Thiago José da. *Administradores e acordo de acionistas*: limites à vinculação. São Paulo: Quartier Latin, 2015, p. 98-99; SILVA, Thiago José da; CAMARGO, André Antunes Soares de. Conselheiros independentes – status e proposições. *Revista de Direito das Sociedades e dos Valores Mobiliários*, São Paulo, n. 1, p. 39-80, maio 2015, p. 66, 70-71, 76; WALD, Arnoldo. Do regime legal do Conselho de Administração

INTRODUÇÃO: DEVER DE LEALDADE E CONFLITO DE INTERESSES

O dever de lealdade é característica fundamental das relações fiduciárias[11] e incide de modo mais forte nas relações como a societária do que em outras relações (como as relações de troca)[12], uma vez que o gestor não

---

e da liberdade de votos dos seus componentes. *Revista dos Tribunais*, São Paulo, v. 630, p. 9-19, abr. 1988, p. 15; YAZBEK, Otavio. A vinculação dos administradores das sociedades aos acordos de acionistas – exercício de interpretação do §8º do art. 118 da Lei n. 6.404/1976. *Revista de Direito das Sociedades e dos Valores Mobiliários*, São Paulo, n. 1, p. 17-38, maio 2015, p. 29; TJDF, 8ª Câmara Cível, APC 19.054, Rel. J. Relator Juiz Martinho Garcez Neto, j. 29/07/1953. In: MIRANDA JÚNIOR, Darcy Arruda. *Repertório de Jurisprudencia do Código Comercial (e Legislação Complementar)*: Arts. 287 a 294, Arts. 1º a 123 – Sociedades Anônimas. v. 2. t. 1. São Paulo: Max Limonad, 1960, p. 403-441, p. 440; CVM, Processo Administrativo Sandionador CVM n. RJ 2005/1443, Rel. Dir. Pedro Oliva Marcilio de Sousa, j. 10/05/2006).

[9] Apesar disso, há crítica a respeito: "Daí por que, embora se encontre alguma doutrina que se socorra das figuras do mandatário, do fiduciário e do gestor de bens alheios para se referir à natureza do ofício dos administradores das companhias, tais referências servem apenas para efeitos didáticos – e não para equiparação – e são imprestáveis para se extraírem deveres e responsabilidades para o administrador de sociedade anônima, que não constem da LSA e estejam em desacordo com os padrões nela estabelecidos." (CAMPOS. Seção V – Deveres e Responsabilidades, p. 1.086). E, à p. 1.088, assim continua: "A referência vaga aos chamados deveres fiduciários, os *fiduciary duties*, conceitos aprofundados e desenvolvidos nos direitos norte-americano e inglês, e toda a construção jurisprudencial dos tribunais daqueles países não têm aplicação no Brasil. Daí a necessidade de se criarem normas que trouxessem para o direito positivo, com as devidas adaptações, os conceitos pertinentes, e autorizassem sua aplicação no Brasil – o que também explica o tratamento detalhado dado à matéria pelo legislador brasileiro."

[10] BERLE. Corporate Powers as Powers in Trust, p. 1.050.

[11] GOLD, Andrew S. The Loyalties of Fiduciary Law. In: ____; MILLER, Paul B. (ed.). *Philosohical Foundations of Fiduciary Law*. Oxford: Oxford University Press, 2014. p. 176-194, p. 176, 193. Ver, também: KEAY. *Directors' Duties*, p. 23-24. "The duty of loyalty supports the main purpose of fiduciary law: to prohibit fiduciaries from misappropriating or misusing entrusted property or power." (FRANKEL. *Fiduciary Law*, p. 108; igualmente: FRANKEL. *Legal Duties of Fiduciaries*, p. 100).

[12] BORSDORFF. *Interessenkonflikte bei Organsmitgliedern*, p. 115; FLEISCHER. Zur organschaftlichen Treupflicht der Geschäftsleiter im Aktien- und GmbH-Recht, p. 1045; WINDBICHLER, Christine. *Gesellschaftsrecht*. 22 Aufl.. München: C. H. Beck, 2009, p. 64; LARGUINHO. O dever de lealdade, p. 196; CARNEIRO DA FRADA. A business judgment rule no quadro dos deveres gerais dos administradores, p. 3-4 (= CARNEIRO DA FRADA. A business judgment rule no quadro dos deveres gerais dos administradores, p. 69-71); COUTO E SILVA, Clóvis Veríssimo do. *A obrigação como Processo*. São Paulo: José Bushatsky, 1976, p. 30-31; COMPARATO, Fábio Konder. Restrições à circulação de ações em companhia fechada: "nova et vetera". *Revista de Direito Mercantil, Industrial, Econômico e Financeiro*, São Paulo, ano 28, n. 36, p. 65-76, out./dez. 1979, p. 69; LAMY FILHO, Alfredo; PEDREIRA, José Luiz Bulhões. Capítulo I: Conceito e natureza. In: ____; ____ (coord.). *Direito das Companhias*, v. 1. Rio

deve explorar a relação em seu próprio benefício, mas, sim, agir no interesse do ente coletivo[13]. Dessa forma, o dever de lealdade é elemento central do próprio Direito Societário[14], sendo inexcluível[15], tendo, portanto, caráter

---

de Janeiro: Forense, 2009. p. 25-99, p. 36; MARTINS-COSTA. *A Boa-Fé no Direito Privado*, p. 290-295, 321 ss; MARTINS-COSTA, Judith. Os campos normativos da boa-fé objetiva: as três perspectivas do direito privado brasileiro. In: AZEVEDO, Antonio Junqueira de; TÔRRES, Heleno Taveira; CARBONE, Paolo (coord.). *Princípios do novo Código Civil brasileiro e outros temas:* homenagens a Tullio Ascarelli. São Paulo: Quartier Latin, 2008. p. 387-421, p. 402-403; SPINELLI. *Conflito de interesses na administração da sociedade anônima*, p. 51-52, 57-58; SPINELLI, Luis Felipe. *Exclusão de sócio por falta grave na sociedade limitada*. São Paulo: Quartier Latin, 2015, p. 137; VON ADAMEK, Marcelo Vieira. *Abuso de minoria em direito societário (abuso das posições subjetivas minoritárias)*. 2010. 436 p. Tese (Doutorado em Direito). São Paulo, Faculdade de Direito da Universidade de São Paulo, 2010, p. 25, 137. Nesse sentido, as palavras do Judge Cardozo no caso *Meinhard v. Salmon*, que trata dos deveres impostos aos participantes de uma *joint venture*, bem reflete isso: "Joint adventurers, like copartners, owe to one another, while the enterprise continues, the duty of the finest loyalty. Many forms of conduct permissible in a workday world for those acting at arm's length, are forbidden to those bound by fiduciary ties. A trustee is held to something stricter than the morals of the market place. Not honesty alone, but the punctilio of an honor the most sensitive, is then the standard of behavior. As to this there has developed a tradition that is unbending and inveterate. Uncompromising rigidity has been the attitude of courts of equity when petitioned to undermine the rule of undivided loyalty by the 'disintegrating erosion' of particular exceptions. Only thus has the level of conduct for fiduciaries been kept at a level higher than that trodden by the crowd. It will not consciously be lowered by any judgment of this court" (Meinhard v. Salmon, 164 N.E. 545-546, N.Y. 1928).

[13] STAFFORD; RICHIE. *Fiduciary Duties*, p. 16-17.

[14] FERRER. *El deber de lealtad del administrador de sociedades*, p. 74.

[15] O dever de lealdade não pode ser excluído sob pena de destruir a própria relação fiduciária (cf. SMITH, Lionel D. Can we be obliged to be selfless? In: GOLD, Andre S.; MILLER, Paul B. (coord.). *Philosophical Foundations of Fiduciary Law*. Oxford: Oxford University Press. p. 141-158, p. 156-157), tratando-se de elemento integrante essencial do conteúdo da relação de gestão em qualquer sociedade (FERRER. *El deber de lealtad del administrador de sociedades*, p. 22, 404 ss). É, assim, inderrogável e não sofre relaxamento – excepcionadas, talvez, as relações intragrupo por previsões da própria LSA (cf. CAMPOS. Seção V – Deveres e Responsabilidades, p. 1.129). De qualquer sorte, nos Estados Unidos, tem-se verificado uma relativização de tal imperatividade, passando-se a admitir, por exemplo, em certas circunstâncias, que a *corporation* renuncie *specified business opportunities or specified classes or categories of business opoortunities* sem que o administrador tenha a obrigação de levar a oportunidade negocial primeiramente à companhia (cf. *Delaware General Corporation Law, Section* 122; no mesmo sentido caminha a *Section* 2.02 do *Revised Model Business Corporation Act*) (RAUTERBERG, Gabriel V.; TALLEY, Eric L. Opting Out of the Fiduciary Duty of Loyalty: Corporate Opportunity Waivers within Public Companies. *Harvard Law School Forum on Corporate Governance*. Aug. 22 2016. Disponível em: <https://corpgov.law.harvard.edu/2016/08/22/opting-out-of-the-fiduciary-duty-of-

imperativo, como prevê expressamente o art. 230 da *Ley de Sociedades de Capital* espanhola – o que não impede a adoção de mecanismos privados complementares de regulação e controle[16], podendo ser moldado pelas partes[17] mas nunca relativizado: ou se é leal ou não se é leal, não havendo como ser mais ou menos leal[18].

Por conta do dever de lealdade, os administradores devem julgar e agir sempre no interesse da companhia (LSA, art. 154, *caput*), fazendo com que este prevaleça (faceta positiva), abstendo-se de tomar qualquer medida que, em interesse próprio ou alheio, o prejudique (faceta negativa)[19].

---

loyalty-corporate-opportunity-waivers-within-public-companies/>. Acesso em: 25 jan. 2020; RAUTERBERG, Gabriel V.; TALLEY, Eric L. Contracting Out of the Fiduciary Duty of Loyalty: An Empirical Analysis of Corporate Opportunity Waivers. Aug. 12, 2016. *Columbia Law Review*, Forthcoming; Columbia Law and Economics Working Paper n. 549; University of Michigan Law & Econ Research Paper n. 16-023. Disponível em: <https://ssrn.com/abstract=2822248>. Acesso em: 25 jan. 2020.

[16] Respeitando-se, evidentemente, certos limites, como a impossibilidade de uma autorização abstrata à prática de atos em conflito de interesses, de divulgação de segredos comerciais, de usurpação de oportunidades negociais ou de prática de concorrência (cf. SPOLIDORO. Il divieto di concorrenza per gli amministratori di società di capitali, p. 1.361-1.363). Sobre o tema, ver: FERRER. *El deber de lealtad del administrador de sociedades*, p. 388 ss; DÍEZ, Pedro Portellano. *El deber de los administradores de evitar situaciones de conflicto de interés*. Pamplona: Civitas, 2015, p. 25-39.

[17] FERRER. *El deber de lealtad del administrador de sociedades*, p. 132. A questão da imperatividade ou disponibilidade dos deveres fiduciários é objeto de grandes discussões; apresentando panorama sobre o tema, ver: CASANOVA. *Deberes fiduciários de los administradores de sociedades*, p. 89 ss.

[18] BAHAR; THÉVENOZ. Conflicts of Interest, p. 8.

[19] LARGUINHO. O dever de lealdade, p. 191-193. Entre outros, ver: CÂMARA. O governo das sociedades e a reforma do Código das Sociedades Comerciais, p. 35-36; OLIVEIRA, António Fernandes de. Responsabilidade civil dos administradores. In: CÂMARA, Paulo et al. *Código das Sociedades Comerciais e o governo das sociedades*. Coimbra: Almedina, 2008. p. 257-341, p. 262 ss; ABREU. *Responsabilidade civil dos administradores de sociedades*, p. 25; COSTA. *Os administradores de facto das sociedades comerciais*, p. 921-922; KRIEGER. Organpflichten und Haftung in der AG, p. 59-60; KREBS. *Interessenkonflikte bei Aufsichtsratsmandaten in der Aktiengesellschaft*, p. 27-28, 108; MÖLLERS. Treupflichten und Interessenkonflikte bei Vorstands- und Aufsichtsratsmitgliedern, p. 423 ss; RAISER, Thomas; VEIL, Rüdiger. *Recht der Kapitalgesellschaften*. 5 Aufl. München: Franz Vahlen, 2010, p. 146, 187, 189; BÖCKLI. *Schweizer Aktienrecht*, p. 1779-1780; FERRER. *El deber de lealtad del administrador de sociedades*, p. 1; FARRIOL, Josep Farrán. *La responsabilidad de los administradores en la Administración societaria*. Barcelona: J. M. Bosch, 2004, p. 34-35; JARILLO, María José Morillas. *Las normas de conducta de los administradores de las sociedades de capital*. Madrid: La Ley, 2002, p. 374; LLEBOT. Deberes y responsabilidad de los administradores, p. 34; LAPIQUE, Luis. *Manual de Sociedades Anónimas*. Montevideo: Fundación de Cultura

"O dever de lealdade é, pois, um dever comportamental que exige, conforme as circunstâncias, condutas positivas ou negativas concretas e que tem a sua justificação primacial no facto de se inserir no âmbito de uma relação jurídica que requer uma particular tutela da confiança investida que é a relação de administração. Assume-se, portanto, como um dever de conteúdo ético-jurídico inserto numa determinada relação jurídica, in casu, na relação de administração, estando os administradores sujeitos a tal dever porque lhes compete realizar o interesse de um ente que lhes é alheio: o da sociedade que administram."[20]

Em suma, o dever de lealdade impõe que o administrador deve servir à companhia, e não se servir dela[21].

Tal dever nasce a partir do momento em que o administrador passa a ocupar (fática ou juridicamente) o cargo na companhia e pode produzir efeitos também após o encerramento do vínculo com a companhia[22], lem-

---

Universitaria, 2012, p. 312; ENRIQUES, Luca. *Il conflitto d'interessi degli amministratori di società per azioni*. Milano: Giuffrè, 2000, p. 183-184; BONELLI. *La responsabilità degli amministratori di società per azioni*, p. 93-94, 106-109; BERLE, Adolf A.; MEANS, Gardiner C.. *A moderna Sociedade Anônima e a propriedade privada*. Trad. de Dinah de Abreu Azevedo. 3. ed. São Paulo: Nova Cultura, 1988, p. 191; FANTO, James A. *Directors' and officers' liability*. 2. ed. New York: Practising Law Institute, 2005, p. 4-3; FERBER, Kenneth S.. *Corporation law*. Upper Saddle River, New Jersey: Prentice-Hall, 2002, p. 66; FRANKEL. *Fiduciary Law*, p. 108; FRANKEL. *Legal Duties of Fiduciaries*, p. 100; O'KELLEY, Charles R. T.; THOMPSON, Robert B.. *Corporations and other business associations*: cases and materials. 5. ed. New York: Aspen Publishers, 2006, p. 246-247; PARENTE. *O dever de diligência dos administradores de Sociedades Anônimas*, p. 178; COSTA, Luiz Felipe Duarte Martins. *Contribuição ao estudo da responsabilidade civil dos administradores de companhias abertas*. 2006. 250f. Dissertação (Mestrado em Direito) – Faculdade de Direito da Universidade de São Paulo, São Paulo, 2006, p. 93, 195-196; CAMPOS. Seção V – Deveres e Responsabilidades, p. 1.130. Sustentando que os deveres negativos prevalecem sobre os positivos, ver: GAGLIARDO. *El Directorio en la Sociedad Anónima*, p. 254. Afirma-se, inclusive, que o dever de lealdade dos administradores seria mais forte que o dos sócios, já que estes estariam legitimados a buscar os próprios interesses (cf. FLEISCHER. Zur organschaftlichen Treupflicht der Geschäftsleiter im Aktien- und GmbH-Recht, p. 1047; ver, também: ABREU. *Responsabilidade civil dos administradores de sociedades*, p. 25, nota de rodapé).

[20] LARGUINHO. O dever de lealdade, p. 193.

[21] TOLEDO, Paulo Fernando Campos Salles de. *O Conselho de Administração na Sociedade Anônima*: estrutura, funções e poderes, responsabilidade dos administradores. 2. ed. São Paulo: Atlas, 1999, p. 58.

[22] BORSDORFF. *Interessenkonflikte bei Organsmitgliedern*, p. 145-146. Discutindo também o tema da pós-eficácia do dever de lealdade, ver: GRÉVAIN-LEMERCIER. *Le devoir de loyauté en droit des sociétés*, p. 179-183. Uwe Schneider bem leciona, entretanto, que a intensidade

do dever de lealdade após o rompimento do vínculo entre a sociedade e o administrador é reduzida, apesar de ainda existirem diversas condutas por ele impostas (SCHNEIDER, Uwe H. Die nachwirkenden Pflichten des ausgeschiedenen Geschäftsführers. In: ERLE, Bernd et. al. (org.). *Festschrift für Peter Hommelhoff zum 70. Geburtstag*. Köln: Dr. Otto Schmidt, 2012. p. 1.023-1.035, p. 1.027). Nesse sentido, Holger Fleischer corretamente sustenta que isso deve ser analisado no caso concreto: legítima é a proteção ao uso de informações confidenciais da companhia pelo ex-administrador (perdura, então, o dever de sigilo, como, inclusive, prevê o art. 228 da *Ley de Sociedades de Capital* espanhola e como já sustentamos em SPINELLI. *Conflito de interesses na administração da sociedade anônima*, p. 172; no Brasil, ver, também: CAMPOS. Seção V – Deveres e Responsabilidades, p. 1.146) ou mesmo a exploração de propriedade, informação ou oportunidade que o ex-administrador teve acesso quando ainda era administrador ou o recebimento de benefícios de terceiros por conta de atos ou omissões realizados quando era gestor (como determina a *Section* 170(2) do *Companies Act* inglês), não se podendo, entretanto, proibir que o antigo gestor passe a explorar concorrência ou trabalhar (FLEISCHER. Zur organschaftlichen Treupflicht der Geschäftsleiter im Aktien- und GmbH-Recht, p. 1058; ver, também: SCHNEIDER. Die nachwirkenden Pflichten des ausgeschiedenen Geschäftsführers, p. 1.027 ss; BÖCKLI. *Schweizer Aktienrecht*, p. 1804-1805; NUNES. Jurisprudência sobre o dever de lealdade dos administradores, p. 206, 209-210, 213-216; BROSETA PONT, Manuel; SANZ, Fernando Martínez. *Manual de Derecho Mercantil*, v. I. 24 ed. Madrid: Tecnos, 2017, p. 488; FERRER. *El deber de lealtad del administrador de sociedades*, p. 459, 507; FERRER. Deberes de los administradores en la Ley de Sociedades de Capital, p. 86, 97; SÁNCHEZ, Rosalía Alfonso. Obligaciones básicas derivadas del deber de lealtad: artículo 228. In: CEBRIÁ, Luis Hernando (coord.). *Régimen de Deberes y Responsabilidad de los Administradores en las Sociedades de Capital*. Barcelona: Bosch, 2015. p. 187-239, p. 212-215; CASTELLANO. Artículo 232. Deber de secreto, p. 1.665-1.666; LAPIQUE. *Manual de Sociedades Anónimas*, p. 312; DAVIES; WORTHINGTON. *Gower Principles of Modern Company Law*, p. 555; WORTHINGTON. *Sealy & Worhington's Text, Cases, & Materials in Company Law*, p. 412 ss; KEAY. *Directors' Duties*, p. 297 ss) – desde que não explore informações, propriedade ou oportunidade que o ex-gestor tenha tido acesso enquanto era administrador (mas é evidente que pode usar o conhecimento especial adquirido e informações que não sejam confidenciais) bem como ressalvada, logicamente, a hipótese de concorrência desleal (Lei 9.279/1996, art. 195, XI e §1º) –; assim, os administradores podem exercer concorrência após o término do mandato, salvo estipulação contratual em contrário (observando-se, evidentemente, limites territoriais e temporais, bem como quanto ao próprio objeto da atividade) mediante compensação (cf. KORT, Michael. Interessenkonflikte bei Organmitgliedern der AG. *Zeitschrift für Wirtschaftsrecht*, a. 29, v. 16, p. 717-725, abr. 2008, p. 718-719; SCHNEIDER. Die nachwirkenden Pflichten des ausgeschiedenen Geschäftsführers, p. 1.027-1.029; GAGLIARDO. *El Directorio en la Sociedad Anónima*, p. 488-489; RIBAS. Capítulo III – Los Deberes de los Administradores, p. 1.654; FRANÇOIS, Fabrice; FRONDEVILLE, Elvire de; MARLANGE, Ambroise. *Dirigeant de société*. 2 éd. Paris: Delmas, 2009, p. 407-413), diferentemente do que já chegamos a sustentar (quando defendemos a aplicação analógica do art. 1.147 do Código Civil, cf. SPINELLI. *Conflito de interesses na administração da sociedade anônima*, p. 166) e também do que já decidido pelo Tribunal de Justiça do Rio Grande do Sul (6ª Câmara Cível, APC 70071190532, Rel. Des. Ney Wiedemann Neto, j. 09/03/2017). Nesse sentido, nos Estados Unidos, a discussão gira em torno se pode o ex-administrador, ao exercer

brando-se que o administrador envolto na violação de tal dever não resta exonerado de qualquer responsabilidade por simplesmente renunciar ao cargo antes que o ilícito esteja totalmente consumado[23].

Ainda que se diga que não sofra substanciais alterações em sua aplicação[24], o dever de lealdade deve ser concretizado caso a caso tendo em vista a exigência de comportamentos em certa medida indefinidos[25] – dependendo sua concreção das circunstâncias do caso[26], de acordo com o modo, tempo e lugar[27], bem como do cargo que o administrador ocupa[28], além

---

concorrência, contratar empregados e clientes da companhia ou em que medida pode aquele se valer dos dados a que teve acesso (cf. COX; HAZEN. *Cox & Hazen on corporations*, p. 596-601). A proibição à concorrência após a saída do cargo, então, é algo excepcional (BÖCKLI. *Schweizer Aktienrecht*, p. 1804-1805). Apesar de todo o exposto, há quem sustente a possibilidade de restrição da concorrência após a cessação do mandato no estatuto social (SPOLIDORO. Il divieto di concorrenza per gli amministratori di società di capitali, p. 1.370-1.371). Sobre as eventuais restrições à concorrência após o exercício do cargo, ver: GRÉVAIN-LEMERCIER. *Le devoir de loyauté en droit des sociétés*, p. 275; HANNIGAN. *Company Law*, p. 281 ss; KEAY. *Directors' Duties*, p. 303 ss. Igualmente, é claro que os administradores podem se valer de oportunidades negociais após o término do mandato, desde que não tenham deixado de aproveitá-la enquanto estavam no cargo para usá-la posteriormente (cf. DÍEZ. *El deber de los administradores de evitar situaciones de conflicto de interés*, p. 136); no mesmo sentido, os administradores não podem se valer de oportunidades negociais caso elas tenham sido desenvolvidas quando ainda ocupavam os respectivos cargos (sendo que, para evitar dúvidas, a proibição de se valer de oportunidades negociais pode ser estabelecida em contrato por determinado período – dois anos, por exemplo – após o término do vínculo entre administrador e sociedade) (SCHNEIDER. Die nachwirkenden Pflichten des ausgeschiedenen Geschäftsführers, p. 1.029-1.030). No que diz respeito à atuação em conflito de interesses, é evidente que, após a "saída do administrador da administração do comando da sociedade, as regras do art. 156 da Lei das S/A não mais se aplicam" (VON ADAMEK. *Responsabilidade civil dos administradores de S/A e as ações correlatas*, p. 167).

[23] KEAY. *Directors' Duties*, p. 26.

[24] Analisando especificamente as diferenças em caso de companhias abertas e fechadas, ver: O'KELLEY; THOMPSON. *Corporations and other business associations*, p. 235.

[25] *V.g.*: LARGUINHO. O dever de lealdade, p. 194-195, 197. É uma cláusula geral, cf. NUNES. Jurisprudência sobre o dever de lealdade dos administradores, p. 173.

[26] NUNES. Jurisprudência sobre o dever de lealdade dos administradores, p. 182. Dessa forma, não se pode, *v.g.*, considerar que pratique concorrência o administrador que ocupa cargos em diferentes sociedades do mesmo grupo de empresas (cf. SPOLIDORO. Il divieto di concorrenza per gli amministratori di società di capitali, p. 1.349-1.351).

[27] VERÓN, Alberto Victor. *Tratado de las sociedades comerciales y otros entes asociativos*, t. II. Buenos Aires: La Ley, 2012, p. 813.

[28] BORSDORFF. *Interessenkonflikte bei Organsmitgliedern*, p. 120 ss. Nesse sentido, por exemplo, o dever de lealdade dos diretores incide de modo mais intenso do que sobre os conselheiros

da forma de atuação e das competências do respectivo órgão[29]. E o dever de lealdade não se concretiza em um único dever, mas sim em um feixe de deveres[30], impondo, entre outras condutas (v.g., dever de não praticar concorrência, dever de não usurpar oportunidades comerciais e dever de sigilo referente às informações confidenciais), o dever de não realizar operações (individualmente, em conjunto ou colegiadamente) em conflito de interesses[31-32].

de administração, já que estes, por definição, não possuem exclusividade (cf. KORT. Interessenkonflikte bei Organmitgliedern der AG, p. 722) – apesar de ser comum e aceito que os diretores ocupem cargos em outras sociedades do mesmo grupo (RAISER; VEIL. *Recht der Kapitalgesellschaften*, p. 148). Igualmente, não se aplica, de regra, o dever de não concorrer aos suplentes e ao liquidante (como consta expressamente do §268(3) da *Aktiengesetz* alemã, uma vez que, como regra, tal dever é exigido de quem deve desenvolver uma atividade negocial, cf. SCHMIDT, Karsten; LUTTER, Marcus (Hrsg.). *AktG Kommentar*, II. Band. 3 Aufl. Köln: Otto Schmidt, 2015, p. 3.546, apesar de existir quem sustente de modo diverso, cf. SPOLIDORO. *Il divieto di concorrenza per gli amministratori di società di capitali*, p. 1.332-1.334), o que não significa que não estejam sujeitos a outros deveres impostos pelo dever de lealdade, como o dever de sigilo (sobre o tema, ver: RIBAS. Capítulo III – Los Deberes de los Administradores, p. 1.654). Ainda, a posição de presidente de um órgão "qualifica o cumprimento dos deveres já existentes" (YAZBEK. A vinculação dos administradores das sociedades aos acordos de acionistas, p. 36).

[29] CAMPOS. Seção V – Deveres e Responsabilidades, p. 1.094-1.097.

[30] BORSDORFF. *Interessenkonflikte bei Organsmitgliedern*, p. 113.

[31] Sobre a não taxatividade do rol trazido pela legislação brasileira no art. 155, a doutrina brasileira é uníssona (*v.g.*, CAMPOS. Seção V – Deveres e Responsabilidades, p. 1.131; CARVALHOSA. *Comentários à Lei de Sociedades Anônimas*, v. 3, p. 254; CARMO, Eduardo de Sousa. *Relações jurídicas na Administração das Sociedades Anônimas*. Rio de Janeiro: Aide, 1988, p. 129; COSTA. *Contribuição ao estudo da responsabilidade civil dos administradores de companhias abertas*, p. 94; GONÇALVES NETO, Alfredo de Assis. *Lições de Direito Societário*: Sociedade Anônima. v. 2. São Paulo: Juarez de Oliveira, 2005, p. 106; TOLEDO. *O Conselho de Administração na Sociedade Anônima*, p. 58; VON ADAMEK. *Responsabilidade civil dos administradores de S/A e as ações correlatas*, p. 154-155). Ver, também: Processo Administrativo Sancionador CVM n. 08/2016, Rel. Dir. Gustavo Machado Gonzales, j. 16/12/2019; Processo Administrativo Sancionador CVM n. 09/2016, Rel. Dir. Gustavo Machado Gonzales, j. 16/12/2019.

[32] Nós entendemos que essas seriam, basicamente, as condutas vedadas pelo dever de lealdade – caracterizando uma noção ampla de conflito de interesses (cf. SPINELLI. *Conflito de interesses na administração da sociedade anônima*, p. 99-103, 135 ss; ver, também: HOPT, Klaus. Self-dealing and use of corporate opportunity and information: regulating directors' conflicts of interest. In: _____; TEUBNER, Gunther (org.). *Corporate Governance and Directors' Liabilities*: legal, economic and sociological analyses on corporate social responsibility. Berlin: Walter de Gruyter, 1985. p. 285-326; GOMES. Reflexões em torno dos deveres fundamentais dos membros dos órgãos de gestão (e fiscalização) das sociedades comerciais à luz da nova redac-

ção do artigo 64º do CSC, p. 565-566; FERRER. Deberes de los administradores en la Ley de Sociedades de Capital, p. 91-93; GAGLIARDO. *El Directorio en la Sociedad Anónima*, p. 465-466; GRÉVAIN-LEMERCIER. *Le devoir de loyauté en droit des sociétés*, p. 193). Todavia, é cediço que o grupo de casos pode variar, a depender da classificação adotada; assim, há quem, por exemplo, liste o seguinte grupo de casos regrados pelo dever de lealdade: (*i*) agir no interesse da companhia; (*ii*) proibição do uso em benefício próprio da posição no órgão da companhia; (*iii*) negócios com a própria sociedade; (*iv*) dever de divulgar conflito de interesses; (*v*) proibição de concorrência; (*vi*) doutrina da usurpação de oportunidades comerciais; e (*vii*) proibição de beneficiar terceiros às custas da sociedade (cf. BORSDORFF. *Interessenkonflikte bei Organsmitgliedern*, p. 121 ss). Por sua vez, há quem afirme que o dever de lealdade impõe: (*i*) o dever de empenhar-se de modo leal à sociedade; (*ii*) negócio consigo mesmo; (*iii*) usurpação de oportunidade comercial; (*iv*) apropriação de recursos da companhia; (*v*) aceitação de benefícios (doações) por parte de terceiros; e (*vi*) dever de determinado comportamento em situação de aquisição do controle (FLEISCHER. Zur organschaftlichen Treupflicht der Geschäftsleiter im Aktien- und GmbH-Recht, p. 1050-1057). Já Ricardo Alberto Santos Costa arrola as seguintes manifestações do dever de lealdade, previstas ou não na legislação de modo expresso: (*i*) não realizar certos negócios com a sociedade previstos na lei ou sem o consentimento da sociedade; (*ii*) não exercer concorrência, caso não haja autorização da sociedade; (*iii*) não votar nas deliberações do órgão de administração sobre assuntos em que tenha, por conta própria ou de terceiro, interesse em conflito com o da sociedade; (*iv*) não celebrar negócios ruinosos em seu proveito ou do de pessoas com eles especialmente relacionadas; (*v*) não dispor dos bens sociais em proveito pessoal ou de terceiro; (*vi*) não exercer, a coberto da personalidade jurídica da sociedade, uma atividade em proveito pessoal ou de terceiros e em prejuízo da sociedade; (*vii*) não fazer do crédito ou dos bens da sociedade uso contrário ao interesse social, em proveito pessoal ou de terceiros, designadamente para favorecer outra sociedade na qual tenham interesse direto ou indireto; (*viii*) não prosseguir uma exploração deficitária da sociedade, no seu interesse pessoal ou de terceiro, com conhecimento ou cognoscibilidade da grande probabilidade de conduzirem a sociedade a uma situação de insolvência; (*ix*) não abusar de informação não pública e privilegiada da sociedade; (*x*) ser neutro perante ofertas públicas de aquisições; (*xi*) não usufruir vantagens de terceiros ligadas à celebração de negócios da sociedade com esses terceiros (luvas, gratificações ou comissões); (*xii*) não aproveitar as oportunidades negociais da sociedade para seu proveito ou de outras pessoas, especialmente a si ligadas, salvo consentimento válido da sociedade; (*xiii*) não utilizar meios ou informações próprios da sociedade para dái retirar proveitos, sem contrapartida para a sociedade; e (*xiv*) guardar sigilo das informações e documentos da sociedade (COSTA. *Os administradores de facto das sociedades comerciais*, p. 923-924). Jorge Manuel Coutinho de Abreu leciona que o dever de lealdade abarca (*i*) não agir em conflito de interesses, (*ii*) não concorrer, (*iii*) não usurpar oportunidades negociais, (*iv*) não usar em benefício próprio informações ou meios da sociedade (abarcando o dever de segredo) e (*v*) não abusar de sua posição (não receber vantagens patrimoniais de terceiros que firmam negócios com a sociedade) (ABREU. *Responsabilidade civil dos administradores de sociedades*, p. 25 ss); Pedro Caetano Nunes, analisando a jurisprudência portuguesa, elenca as seguintes manifestações do dever de lealdade, apesar de asseverar que tal rol não é fechado e que outras manifestações poderão vir a ser cristalizadas na jurisprudência: (*i*) negócio consido mesmo, (*ii*) apropriação de patrimônio societário, (*iii*) utilização de informação societária, (*iv*) concorrência, (*v*) apropriação de oportunidades de negócio societárias, (*vi*) atribuições patrimoniais indevidas e (*vii*) deslealdade na obtenção de remuneração, (*viii*) além de manifestações residuais, como a falsificação de atas e da escrituração e o desvio de correspondências da sociedade (NUNES. Jurisprudência sobre o dever de lealdade dos administradores, p. 184 ss). Também apotando as mais diversas condutas impostas pelo dever de lealdade, afirmando ser mais amplo que a restrição à atuação em conflito de interesses, ver: LARGUINHO. O dever de lealdade, p. 197-199. Na Espanha, por sua vez, o art. 228 da *Ley de Sociedades de Capital* assim dispõe: "**Artículo 228. Obligaciones básicas derivadas del deber de lealtad.** En particular, el deber de lealtad obliga al administrador a: a) No ejercitar sus facultades con fines distintos de aquéllos para los que le han sido concedidas. b) Guardar secreto sobre las informaciones, datos, informes o antecedentes a los que haya tenido acceso en el desempeño de su cargo, incluso cuando haya cesado en él, salvo en los casos en que la ley lo permita o requiera. c) Abstenerse de participar en la deliberación y votación de acuerdos o decisiones en las que él o una persona vinculada tenga un conflicto de intereses, directo o indirecto. Se excluirán de la anterior obligación de abstención los acuerdos o decisiones que le afecten en su condición de administrador, tales como su designación o revocación para cargos en el órgano de administración u otros de análogo significado. d) Desempeñar sus funciones bajo el principio de responsabilidad personal con libertad de criterio o juicio e independencia respecto de instrucciones y vinculaciones de terceros. e) Adoptar las medidas necesarias para evitar incurrir en situaciones en las que sus intereses, sean por cuenta propia o ajena, puedan entrar en conflicto con el interés social y con sus deberes para con la sociedad."; além disso, o art. 229 regula o dever de evitar situações em conflito de interesses. Nos Estados Unidos, via de regra, afirma-se que o dever de lealdade engloba duas condutas: transação em conflito de interesses e usurpação de oportunidade da companhia; neste sentido, por todos, ver FANTO. *Directors' and officers' liability*, p. 4-4; igualmente, remetemos a O'KELLEY; THOMPSON. *Corporations and other business associations*, p. 246. Já Robert Hamilton, por exemplo, ampliando o rol de condutas vedadas pelo *duty of loyalty*, divide-o em cinco categorias: (*i*) aquelas envolvendo transações entre conselheiros-administradores e a companhia (autonegociação); (*ii*) casos de transações entre companhias com um ou mais conselheiros-administradores em comum; (*iii*) aquelas envolvendo um conselheiro-administrador que obteve vantagem de uma oportunidade que pertencia à companhia; (*iv*) casos em que um conselheiro-administrador compete com a companhia em seus negócios; (*v*) casos em que o administrador fornece informação falsa ou enganosa para os acionistas, principalmente em transações que dependem de aprovação dos acionistas (cf. HAMILTON, Robert W.. *The law of corporations*: in a nutshell. Saint Paul, Minn.: West, 2003, p. 467). Na Inglaterra, faz-se referência aos deveres de boa-fé e lealdade, especificando que abarcariam as seguintes condutas: (*i*) atuar dentro dos poderes conferidos; (*ii*) realizar julgamento independente; (*ii*) agir de boa-fé na promoção do sucesso da companhia; (*iv*) não contratar em conflito de interesses; (*v*) não explorar propriedade, informação ou oportunidade da companhia; e (*vi*) não receber benefícios de terceiros em decorrência do cargo (DAVIES; WORTHINGTON. *Gower Principles of Modern Company Law*, p. 486). No Brasil, por exemplo, Luiz Felipe Duarte Martins Costa divide o dever de lealdade em cinco condutas: (*i*) usurpação de oportunidades da companhia; (*ii*) conflito de interesses; (*iii*) contratações intragrupo em condições equitativas; (*iv*) dever de não concorrer;

A vedação à atuação em conflito de interesses (em sentido estrito), que está no coração da relação fiduciária[33], proíbe que um interesse extrassocial (econômico ou não, direto ou indireto, ainda que por meio de interposta pessoa ou de terceiro) relevante do gestor influencie, de modo intencional ou não, decisivamente na realização de determinada operação a ponto de prejudicar interesse patrimonial minimamente significativo da companhia (mesmo que indiretamente, atingindo outro ente em que a sociedade tenha interesse), podendo causar dano à companhia, restando, então, desconsiderado o conflito de bagatela (ou seja, respeitando-se o princípio *de minimis*)[34].

O administrador tem um amplo campo de discricionariedade para gerir a companhia, mas não o pode fazer influenciado por interesses pessoais que prejudiquem o interesse social. Dessa forma, o Direito Societário é chamado com o objetivo de tutelar a sociedade (e, também, os sócios, especialmente os minoritários), buscando evitar ou reprimir a atuação em conflito de interesses – o que pode se dar por mecanismos diversos[35].

(*v*) dever de manter reserva sobre os negócios da companhia (cf. COSTA. *Contribuição ao estudo da responsabilidade civil dos administradores de companhias abertas*, p. 93-110).

[33] KEAY. *Directors' Duties*, p. 267.

[34] SPINELLI. *Conflito de interesses na administração da sociedade anônima*, p. 137-145; GUERREIRO. Abstenção de voto e conflito de interesses, p. 681 ss; ENRIQUES. *Il conflitto d'interessi degli amministratori di società per azioni*, p. 146 ss; ENRIQUES, Luca. The Law on Company Directors' Self-Dealing: A Comparative Analysis. *International and Comparative Corporate Law Journal*, v. 2, i. 3, p. 297-333, 2000, p. 299 ("For the purposes of this article, self-dealing is defined as a transaction, other than that concerning directors' compensation: (a) between the company and a director; or (b) between the company and another person, whenever a director has a '*personal interest* in the welfare of the other person involved in the transaction, or in certain collateral consequences of the transaction' (hereinafter 'third-party transactions'); or (c) between another entity whose welfare affects that of the company (e.g.because the latter has a controlling interest in the former) and a director or another person, as identified in (b) above."); FERRER. *El deber de lealtad del administrador de sociedades*, p. 419 ss; RIBAS. Capítulo III – Los Deberes de los Administradores, p. 1.636 ss. Dominique Schmidt assim conceitua a existência de conflito de interesses em sua clássica obra: "(...) l'expression *conflit d'intérêts* vise toute situation dans laquelle un actionnaire ou un dirigeant choisit d'exercer ses droits et pouvoirs en violation de l'intérêt commun soit pour satisfaire un intérêt personnel extérieur à la société, soit pour s'octroyer dans la société un avantage au préjudice des autres actionnaires" (SCHMIDT, Dominique. *Les conflits d'intérêts dans la société anonyme*. Paris: Joly, 1999, p. 25). Ver, também: GRÉVAIN-LEMERCIER. *Le devoir de loyauté en droit des sociétés*, p. 193 ss; RIPERT, G.; ROBLOT, R. *Les sociétés commerciales*, t. 2. 20 éd. Paris: LGDJ, 2011, p. 969.

[35] Sobre os diferentes modelos para disciplinar o conflito de interesses dos administradores, ver: VENTORUZZO, Marco. Articolo 2391 – Interessi degli amministratori. In: GHEZZI, Federico (org.). *Commentario alla reforma delle società – amministratori (artt. 2380 – 2396 c.c.)*.

Ao regrar o conflito de interesses, a Lei das S.A. – além de admitir a existência de normas de caráter regulatório[36], contratual[37], recomendatório[38] e estatutário[39] –, do ponto de vista preventivo, valeu-se de diferentes técnicas, adotando:

Milano: Giuffrè, 2005. p. 423-499, p. 428-431. Ver, também: CÂMARA, Paulo. Conflito de interesses no Direito Financeiro e Societário: um retrato anatómico. In: CÂMARA, Paulo et al. *Conflito de interesses no Direito Societário e Financeiro*: um balanço a partir da crise financeira. Coimbra: Almedina, 2010. p. 9-74, p. 57 ss; ENRIQUES. *Il conflitto d'interessi degli amministratori di società per azioni*, p. 19 ss; ENRIQUES, Luca. Il conflitto d'interessi nella gestione delle società per azioni: spunti teorici e profili comparatistici in vista della riforma del Diritto Societario. *Rivista delle Società*, a. 45, n. 3-4, p. 509-561, mai./ago. 2000, p. 511 ss; ENRIQUES. The Law on Company Directors' Self-Dealing, p. 299 ss; FERRER. *El deber de lealtad del administrador de sociedades*, p. 411 ss; SPINELLI. *Conflito de interesses na administração da sociedade anônima*, p. 177 ss. Para uma abordagem mais ampla, remetemos a: ANDERSON, Alison Grey. Conflicts of Interest: Efficiency, Fairness and Corporate Structure. *UCLA Law Review*, v. 25, n. 4, p. 738-795, apr. 1978; e BAHAR; THÉVENOZ. Conflicts of Interest, p. 2 ss. Tratando especificamente de transações com partes relacionadas, ver: ENRIQUES, Luca. Related Party Transactions: Policy Options and Real-World Challenges (with a Critique of the European Commission Proposal). *ECGI Working Paper Series in Law*, oct. 2014. Disponível em: <http://ssrn.com/abstract=2505188>. Acesso em: 03 jan. 2020, p. 14 ss.

[36] Há, por exemplo, necessidade de indicar, no formulário de referência, transações com partes relacionadas, além de fazer o informe sobre o Código Brasileiro de Governança Corporativa – Companhias Abertas (o qual traz regras sobre operações em conflito de interesses) (cf. Instrução CVM 480, de 07/12/2009).

[37] Nesse sentido, lembramos dos segmentos de listagem (Nível 1, Nível 2 e Novo Mercado) da B3 (B3. *Segmentos de listagem*. Disponível em: <http://www.b3.com.br/pt_br/produtos-e-servicos/solucoes-para-emissores/segmentos-de-listagem/sobre-segmentos-de-listagem/>. Acesso em: 15 jan. 2020.

[38] *V.g.*, INSTITUTO BRASILEIRO DE GOVERNANÇA CORPORATIVA. *Código das melhores práticas de governança corporativa*. 5.ed. São Paulo: IBGC, 2015; e GT INTERAGENTES. *Código Brasileiro de Governança Corporativa – Companhias Abertas*. São Paulo: IGBC, 2016.

[39] Dentre os que aceitam que o Estatuto Social arrole outros requisitos (além dos previstos em lei) que os administradores devem cumprir para que possam ser nomeados, remetemos a: VALVERDE, Trajano de Miranda. *Sociedades por ações*: comentários ao Decreto-Lei n. 2.627, de 26 de setembro de 1940, v. 2. 3. ed. Rio de Janeiro: Forense, 1959, p. 291; TEIXEIRA, Egberto Lacerda; GUERREIRO, José Alexandre Tavares. *Das sociedades anônimas no Direito brasileiro*, v. 2. São Paulo: José Bushatsky, 1979, p. 462; TOLEDO. *O Conselho de Administração na Sociedade Anônima*, p. 47; EIZIRIK, Nelson. *A Lei das S/A comentada*, v. 3. 2 ed. São Paulo: Quartier Latin, 2015, p. 85; BARBOSA, Marcelo. Seção IV – Administradores. In: LAMY FILHO, Alfredo; PEDREIRA, José Luiz Bulhões (Coord.). *Direito das Companhias*, v. 1. Rio de Janeiro: Forense, 2009. p. 1.068-1.084, p. 1.072; FALCÃO. *Interlocking board*, p. 73-77. A CVM assim também entende, cf. Parecer CVM/SJU n. 084/78, desde que os requisitos previstos no estatuto abarquem todos os administradores (Processo CVM-RJ 2007/0191, Rel. Dir. Marcelo Trindade,

(i) regra de incompatibilidade em caso de conflito permanente (estrutural) de interesses (LSA, art. 147, §3º)[40] – como também o faz, por exemplo, a Lei 13.303/2016, que dispõe sobre o estatuto jurídico das estatais, no art. 17;

(ii) em caso de conflito de interesses conjuntural (circunstancial):

    (a) proibição absoluta da realização de determinadas operações (LSA, art. 154, §2º), além da impossibilidade de os administradores aprovarem as próprias contas[41] – sem contar que exis-

---

j. 23/01/2007). Nesse sentido, o art. 2º, §2º, da Lei 12.353/2010, faz expressa referência aos "critérios e exigências para o cargo de conselheiro de administração previstos em lei e no estatuto das respectivas empresas". Já Modesto Carvalhosa entende que este tipo de cláusula seria sempre nula (CARVALHOSA. *Comentários à Lei de Sociedades Anônimas*, v. 3, p. 56, 170-172; todavia, à p. 118, faz estranha distinção, afirmando que, para a eleição dos membros da Diretoria, possível seria o estabelecimento, estatutariamente, de outros requisitos, o que não se poderia fazer para a eleição dos conselheiros de administração); também contrariamente a tal possibilidade, ver: LAZZARESCHI NETO, Alfredo Sérgio. *Lei das Sociedades por Ações Anotada*, v. I. 5 ed. São Paulo: Societatis Edições, 2017, p. 624.

[40] O art. 147 estabelece os impedimentos comuns aos conselheiros de administração e diretores. O dispositivo incide sobre todos os conselheiros, independentemente por quem tenham sido eleitos (Processo CVM-RJ 2007/0191, Rel. Dir. Marcelo Trindade, j. 23/01/2007). Por extensão legal – de acordo com os dispositivos específicos –, aplicam-se a todos aqueles sujeitos também considerados administradores, enquanto que o §3º faz referência apenas à figura dos conselheiros. Neste sentido, sobre quem incide a norma legal? Parece que o disposto no art. 147, §3º, deve ser aplicado a todo e a qualquer gestor: seria ilógico que se exigisse apenas dos conselheiros de administração a reputação ilibada e o cumprimento das exigências ali dispostas, enquanto que os diretores pudessem ter a fama marcada pela desonra e estarem em permanente conflito de interesses ou em situação de concorrência empresarial. Além disso, são próprias da natureza das relações fiduciárias tais exigências, não sendo a posição ocupada pelos mais diversos administradores tão diferente para que impedimentos diversos fossem positivados – e, se assim o fosse, certamente o contrário deveria ter sido estabelecido, já que é muito mais preocupante que o diretor-presidente, por exemplo, trabalhe para um concorrente do que um conselheiro. Ademais, entendemos que a regra remissiva do art. 145 também consegue superar a falha legislativa. Neste sentido, ver: VON ADAMEK. *Responsabilidade civil dos administradores de S/A e as ações correlatas*, p. 160; igualmente, ver: FALCÃO. *Interlocking board*, p. 127-130, 136-140. Também caminha nesta direção a Comissão de Valores Mobiliários (na Instrução CVM 367/2002, art. 4º).

[41] O membro do Conselho de Administração fica impedido (*divieto*) de votar as contas da Diretoria (art. 142, V) se também for diretor (como permite o §1º do art. 143), porque caracterizado estaria um conflito de interesses absoluto. Esta proibição, trazida da primeira parte do §1º do art. 115 da Lei 6.404/76, seria o único impedimento que o diretor-conselheiro teria ao votar as matérias concernentes aos atos de gestão e de representação da Diretoria (pois, se assim não fosse, o diretor-conselheiro pouca – ou nenhuma – função deliberativa

tem vedações em leis especiais, como no art. 2º, §3º, da Lei 12.353/2010[42] e no art. 34 da Lei 4.595/1964[43] (e que é regulamentado pela Resolução 4.693/2018 do Banco Central) ; e

---

teria no órgão colegiado); é, portanto, ainda o seu dever o de participar da deliberação sobre o relatório da administração (cf. CARVALHOSA. *Comentários à Lei de Sociedades Anônimas*, v. 3, p. 143; VERÇOSA, Haroldo Malheiros Duclerc. *Curso de Direito Comercial*, v. 3. São Paulo: Malheiros, 2008, p. 439; SPINELLI. *Conflito de interesses na administração da sociedade anônima*, p. 206).

[42] A Lei 12.353/2010, que, ao regrar a participação de representante dos empregados nos Conselhos de Administração das empresas públicas e sociedades de economia mista, suas subsidiárias e controladas e demais empresas em que a União, direta ou indiretamente, detenha a maioria do capital social com direito a voto, desde que tenham 200 ou mais empregados próprios, estabeleceu, no art. 2º, §3º, que o conselheiro de administração representante dos empregados não participará das discussões (ou seja, tal diploma legal restringe inclusive o direito de voz!) e deliberações sobre assuntos que envolvam relações sindicais, remuneração, benefícios e vantagens, inclusive matérias de previdência complementar e assistenciais. É importante ressaltar que tal regra está restrita às empresas públicas e sociedade de economia mista, suas subsidiárias e controladas e demais empresas em que a União, direta ou indiretamente, detenha a maioria do capital social com direito a voto, ou seja, para todas as outras companhias que tenham participação de representante dos empregados no Conselho de Administração, nos termos como autorizado pelo art. 140, parágrafo único, da Lei das S.A. (o que, reconhecemos, não é comum ocorrer na prática), aplicar-se-á, em tais situações (e salvo interpretação analógica do art. 2º, §3º, da Lei 12.353/2010, o que não vislumbramos), a regra geral sobre conflito de interesses prevista no art. 156 da LSA - e o mesmo se diga de empresas públicas e sociedades de economia mista controladas por Estados ou Municípios, sendo que, aqui, existem Estados com legislação específica sobre a matéria (*v.g.*, o Estado de São Paulo possui a Lei Estadual 3.741/1983, com redação dada pela Lei Estadual 4.096/1984, que prevê a obrigatoriedade de ao menos um representante dos trabalhadores na administração das sociedades anônimas em que o Estado seja majoritário) (podendo-se questionar se Estados ou Municípios poderiam editar leis referentes à matéria – ressalvada a criação da cogestão –, tendo em vista a competência privativa da União legislar sobre Direito Comercial, de acordo com o art. 22, I, da Constituição Federal). Sobre o tema, ver: VON ADAMEK, Marcelo Vieira. Notas sobre a cogestão da empresa no Direito brasileiro, em especial nas companhias com a maioria do capital votante da União (Lei 12.353/2010). In: FRANÇA, Erasmo Valladão Azevedo e Novaes. *Direito Societário Contemporâneo II*. São Paulo: Malheiros, 2015. p. 683-715 (= VON ADAMEK, Marcelo Vieira. Notas sobre a cogestão da empresa no Direito brasileiro, em especial nas companhias com a maioria do capital votante da União (Lei 12.353/2010). In: CASTRO, Rodrigo R. Monteiro de; WARDE JÚNIOR, Waldrido Jorge; GUERREIRO, Carolina Dias Tavares (coord.). *Direito empresarial e outros estudos de Direito em homenagem ao Professor José Alexandre Tavares Guerreiro*. São Paulo: Quartier Latin, 2013. p. 337-370).

[43] Tal dispositivo proíbe, como regra, que instituições financeiras realizem operações de crédito com partes relacionadas, sendo os administradores (bem como o cônjuge, o

(b) regra de procedimentalização cumulada com a análise da justiça (*fairness*) da operação (LSA, art. 156), não permitindo, então, que o administrador realize livremente operações quando esteja naquela situação em conflito de interesses.

No que tange à repressão à atuação em conflito de interesses, existe a possibilidade de invalidação da operação, do *disgorgement of profits* e da responsabilização civil e/ou administrativa (LSA, arts. 154, §§2º e 3º, 156 e 158; Lei 6.385/76, art. 11). No Brasil, há previsão restrita de sanção de natureza penal (Código Penal, art. 177, §1º, III, além da previsão existente no art. 17 da Lei 7.492/1987), diferentemente do que ocorre, por exemplo, na Itália, em que há previsão de sanção de caráter penal pela ausência de comunicação de interesse pessoal em determinada operação ou em caso de atuação em conflito de interesses (arts. 2.629-*bis* e 2634 do *Codice Civile*), ou mesmo na Alemanha, em que há tipificação do crime de desvio e abuso de confiança (§266 do *Strafgesetzbuch*); isso, de qualquer forma, não significa que o administrador não possa ser responsabilizado criminalmente por outros tipos penais previstos na legislação (como se faz referência na Suíça)[44].

O grande problema, no Brasil, é que não se conseguiu até hoje bem aplicar a regra geral de conflito de interesses prevista no art. 156 da LSA (o que não significa que as outras normas que tratam do tema tenham interpretação pacífica, muito antes pelo contrário)[45]. Isso porque, a par da velha discussão sobre se o referido dispositivo regula o conflito de interesses de modo formal ou material, sequer se determina adequadamente o que seja um interesse extrassocial do administrador que possa influenciar a sua tomada de decisão – o que é elemento central para a sua interpretação. E isso especificamente no que tange ao posicionamento que a Comissão de Valores Mobiliários – CVM tem adotado.

---

companheiro e os parentes, consanguíneos ou afins, até o segundo grau) enquadrados como partes relacionadas.

[44] STEINIGER. *Interessenkonflikte des Verwaltungsrates*, p. 280 ss.

[45] Já tivemos oportunidade de analisar as regras sobre conflito de interesses no País em SPINELLI. *Conflito de interesses na administração da sociedade anônima*, p. 181 ss. Assim, e considerando que o objetivo do presente trabalho é estudar o art. 156 da Lei das S.A., remetemos à referida obra para análise das demais regras relacionadas à atuação em conflito de interesses.

Assim, o presente ensaio tem por objetivo analisar, em um primeiro momento, a noção de interesse extrassocial do administrador conflitante com o interesse da companhia, sendo, para tanto, relevante o estudo do tema em diversos países. Ato contínuo, examinar-se-á o procedimento previsto no art. 156 da LSA bem como a forma como tal dispositivo é é interpretado no Brasil tanto pela doutrina quanto pela jurisprudência (mormente a jurisprudência administrativa no âmbito da CVM), para que, então, se possa demonstrar que a adoção do critério formal, além de não ser adequada, acaba por restringir a noção de interesse conflitante. Finalmente, propor-se-á que seja realizada uma interpretação dinâmica da Lei das S.A. com o objetivo de buscar a efetiva responsabilização dos administradores que realmente atuem em detrimento dos interesses da sociedade.

2
O interesse extrassocial do administrador e o conflito de interesses: análise comparada

Quando se fala em conflito de interesses na administração da sociedade anônima, logicamente está-se falando de um interesse do administrador da companhia que se contrapõe ao interesse da sociedade. E, ao trabalharmos a regra geral de conflito de interesses, prevista no art. 156 da Lei das S.A., é extremamente importante atentarmos para a extensão do interesse extrassocial do administrador que pode conflitar com o interesse da companhia – e, aqui, não entraremos na eterna discussão sobre o controverso conceito de interesse social[46], que sabemos funcionar como

---

[46] Particularmente, somos adeptos da teoria contratualista ou ao *shareholder orienteded model* (cf. SPINELLI. *Conflito de interesses na administração da sociedade anônima*, p. 64-66) – que, a rigor, é a orientação dos autores da LSA (cf. LAMY FILHO, Alfredo; PEDREIRA, José Luiz Bulhões. *A Lei das S.A.* (pressupostos, elaboração, aplicação). Rio de Janeiro: Renovar, 1992, p. 466). Sobre o tema, baseamo-nos fundamentalmente em: HANSMANN, Henry; KRAAKMAN, Reinier. The end of History for corporate law. *Georgetown Law Journal*, Washington, n. 89, p. 439-468, jan. 2001; ver, também: SMITH, D. Gordon. The Dystopian Potential of Corporate Law. *Emory Law Journal*, 57, p. 985-1.010, 2008. A noção de interesse social direcionada ao *shareholder model*, que encontrou forte guarida na Itália (cf. CAMPOBASSO, Gian Franco. *Diritto Commerciale*, v. 2: Diritto delle societá. 8 ed. a cura di Mario Campobasso. Torino: Utet, 2012, p. 342-343; JAEGER, Pier Giusto. *L'interesse sociale*. Milano: Giuffrè, 1972; JAEGER, Pier Giusto. L'interesse sociale rivisitato (quarant'anni dopo). *Giurisprudenza Commerciale*, ano 27, p. 795-812, 2000), é também adotada predominantemente nos Estados Unidos e vem ganhando espaço em outros países (HANSMANN, Henry; KRAAKMAN, Reinier. Reflections on the end of History for corporate law. In: RASHEED, Abdul; YOSHIKAWA, Tory (org.). *Convergence of Corporate Governance*: Promise and Prospects. London: Palgrave-MacMillan, 2012. p. 32-48), como na Alemanha (cf. BORSDORFF. *Interessenkonflikte bei Organsmitgliedern*, p. 14-16, 122-123), país tido como tradicionalmente vinculado ao *stakeholder model* (cf. HOPT. Deveres legais e conduta

um limite à perseguição de interesses próprios ou de terceiro por parte do administrador[47], mesmo porque, por uma questão lógica, ainda que se adote uma concepção mais plural de interesse social, tem-se que, em caso de conflito, deve prevalecer o interesse dos sócios enquanto sócios em relação aos interesses dos *stakeholders*[48], pois "[q]uem é 'leal' a todos,

---

ética de membros do Conselho de Administração e de profissionais, p. 113-115 – que, apesar de reconhecer que na Alemanha normalmente se defende o atingimento do *Unternehmensinteresse*, manifesta sua preferência pelo *shareholder value*); na França, caminhando no sentido da teoria contratualista, ver: SCHMIDT. *Les conflits d'intérêts dans la société anonyme*, p. 8 ss. No Reino Unido, segue-se igualmente o *shareholder value approach*, ainda que a *Section* 172 do *Companies Act* reconheça que assim o fazendo deve-se levar em consideração outros fatores e interesses de terceiros (*i.e.*, adota-se o *enlightened shareholder value approach*) (HANNIGAN. *Company Law*, p. 225 ss; DAVIES; WORTHINGTON. *Gower Principles of Modern Company Law*, p. 501 ss; WORTHINGTON. *Sealy & Worhington's Text, Cases, & Materials in Company Law*, p. 336 ss; KEAY. *Directors' Duties*, p. 117 ss); em sentido semelhante caminha o Direito português, ainda que se diga que os administradores devam levar em consideração interesses de terceiros (ABREU, Jorge Manuel Coutinho de. *Curso de Direito Comercial*, v. II. 5 ed. Coimbra: Almedina, 2016, p. 264 ss). Na Suíça, faz-se referência aos debates existentes a respeito do interesse social, existindo opiniões diversas, afirmando-se, todavia, que a tendência seria de que o interesse social seria mais amplo do que o simples interesse dos acionistas, abrangendo interesses de terceiros que devem ser sopesados, assim entendendo o *Bundesgericht* (LAZOPOULOS, Michael. *Interessenkonflikte und Verantwortlichkeit des fiduziarischen Verwaltungsrates*. Zürich: Schulthess, 2004, p. 39 ss; BÖCKLI. *Schweizer Aktienrecht*, p. 1779; em sentido diverso, sustentantdo a prevalência do *shareholder value*, ver: STEINIGER, Thomas Alexander. *Interessenkonflikte des Verwaltungsrates*. Zürich: Schulthess, 2011, p. 53 ss). Na Espanha, afirma-se que tradicionalmente defende-se a teoria contratualista (MARTÍN, Guillermo Guerra. Capítulo I – La posición jurídica de los administradores de sociedades de capital. In: ____ (coord.). *La Responsabilidad de los Administradores de Sociedades de Capital*. Madrid: La Ley, 2011. p. 37-84, p. 66; SAINZ, Esther Hernández. El deber de abstención en el voto como solución legal ante determinados supuestos de conflicto de intereses en la sociedad de responsabilidad limitada. *Revista de Derecho de Sociedades*, a. IV, n. 6, p. 105-128, 1996, p. 108-109) mas que, nos últimos anos, teria ganho força uma tendência institucionalista (RODA, Carmen Boldó. Deber de evitar situaciones de conflicto de interés y personas vinculadas a los administradores: artículos 229 y 231. In: CEBRIÁ, Luis Hernando (coord.). *Régimen de Deberes y Responsabilidad de los Administradores en las Sociedades de Capital*. Barcelona: Bosch, 2015. p. 241-280, p. 247-249). Ainda, no Brasil, diversas são as manifestações favoráveis à teoria institucionalista, sendo uma verdadeira tendência a sua defesa (*v.g.*: GATTAZ, Luciana de Godoy Penteado. *A vinculação de membros do Conselho de Administração ao acordo de acionistas*. São Paulo: Quartier Latin, 2019, p. 81-82).

[47] KREBS. *Interessenkonflikte bei Aufsichtsratsmandaten in der Aktiengesellschaft*, p. 63-64.

[48] Cf. KORT. Interessenkonflikte bei Organmitgliedern der AG, p. 717; ENRIQUES. *Il conflitto d'interessi degli amministratori di società per azioni*, p. 159 ss. No Brasil, entre outros, ver: SPINELLI. *Conflito de interesses na administração da sociedade anônima*, p. 138; SALOMÃO

particularmente havendo sujeitos em conflito, acaba desleal perante toda a gente."[49].

É difícil muitas vezes estabelecer quando o administrador está interessado em determinada operação, tendo em vista o caráter vago, polissêmico, equívoco e ambíguo do termo *interesse*[50], o que torna usualmente complexa a aplicação do instituto.

FILHO. Conflito de interesses: a oportunidade perdida, p. 186-187; COMPARATO; SALOMÃO FILHO. *O poder de controle na Sociedade Anônima*, p. 149; SZTERLING, Fernando. *A função social da empresa no Direito Societário*. 2003. 118f. Dissertação (Mestrado em Direito) – Faculdade de Direito da Universidade de São Paulo, São Paulo, 2003, p. 70. No mesmo sentido, por exemplo, em Portugal o art. 64º, 1, "b", do Código das Sociedades Comerciais estatui que "Os gerentes ou administradores da sociedade devem observar" "Deveres de lealdade, no interesse da sociedade, atendendo aos interesses de longo prazo dos sócios e ponderando os interesses dos outros sujeitos relevantes para a sustentabilidade da sociedade, tais como os seus trabalhadores, clientes e credores"; aqui, a doutrina caminha no sentido de que o interesse de longo prazo dos sócios prepondera sobre o interesse dos demais *stakeholders* sempre que exista algum conflito (os quais seriam somente ponderados) (cf. CÂMARA. O governo das sociedades e a reforma do Código das Sociedades Comerciais, p. 36 ss; CÂMARA. Conflito de interesses no Direito Financeiro e Societário: um retrato anatómico, p. 59-60; CORDEIRO. Os deveres fundamentais dos administradores das sociedades (artigo 64º/1 do CSC), p. 41-42, 49, 58; GIÃO. Conflitos de interesses entre administradores e os accionistas na sociedade anónima, p. 231-233; OLIVEIRA. Responsabilidade civil dos administradores, p. 264 – apesar de existir quem pense de modo diverso, cf. CARNEIRO DA FRADA. A business judgment rule no quadro dos deveres gerais dos administradores, p. 6-7 (= CARNEIRO DA FRADA. A business judgment rule no quadro dos deveres gerais dos administradores, p. 76-78); GOMES. Reflexões em torno dos deveres fundamentais dos membros dos órgãos de gestão (e fiscalização) das sociedades comerciais à luz da nova redacção do artigo 64º do CSC, p. 566; VASCONCELOS, Pedro Pais de. *Business judgment rule*, deveres de cuidado e de lealdade, ilicitude e culpa e o artigo 64º do Código das Sociedades Comerciais. *Direito das Sociedades em Revista*, Coimbra, a. 1, v. 2, p. 41-79, out. 2009, p. 56-57). Na Espanha: FERRER. *El deber de lealtad del administrador de sociedades*, p.487-489 – embora exista quem afirme que, ao se falar de interesse social e dever de lealdade, deve-se atentar para o interesse dos sócios e de terceiros, cf. CEBRIÁ, Luis Hernando. Presupuestos del deber de lealtad: artículo 227, 1. In: _____ (coord.). *Régimen de Deberes y Responsabilidad de los Administradores en las Sociedades de Capital*. Barcelona: Bosch, 2015. p. 137-186, p. 172 ss; RODA. Deber de evitar situaciones de conflicto de interés y personas vinculadas a los administradores, p. 244.

[49] CORDEIRO. Os deveres fundamentais dos administradores das sociedades (artigo 64º/1 do CSC), p. 41.

[50] Cf. ENRIQUES. *Il conflitto d'interessi degli amministratori di società per azioni*, p. 142. Salientando os diversos significados da palavra *interesse* e necessidade de sua delimitação (e não definição) diante das diversas referências feitas a tal expressão no ordenamento jurídico, ver: FERRO-LUZZI, Paolo. Dal conflitto di interessi agli interessi degli amministratori – profili

Juridicamente, *interesse* é a influência na vontade do sujeito em virtude da satisfação de uma necessidade em relação à obtenção de um bem considerado idôneo para tanto[51] – e o ordenamento jurídico preocupa-se, evidentemente, com o *conflito intersubjetivo* de interesses[52]. Diante disso, lógico

di sistema. *Rivista del Diritto Commerciale e del Diritto Generale dele Obligazioni*, n. 10-12, parte I, p. 661-674, 2006, p. 662-664.

[51] GÓMEZ, Isabel Garrido. *Criterios para la solución de conflitos de intereses en el derecho privado*. Madrid: Dykinson, 2002, p. 42. O indivíduo, para ter um interesse (material ou moral) em um bem, precisa ter alguma necessidade a ser satisfeita por aquele bem, mesmo que tal necessidade seja futura: o importante é, pois, que exista a necessidade, presente ou futura; inexistindo, não há qualquer interesse do sujeito de direito sobre o bem, mas sim tem-se uma relação de indiferença, cf. CARNELUTTI, Francesco. *Teoria geral do Direito*. [Trad. de ?]. [São Paulo ?]: Saraiva, [1940 ?], p. 80. Francesco Carnelutti assim conceitua *interesse*: "Se interesse è la situazione di un uomo favorevole al soddisfacimento di un bisogno, questa situazione si verifica dunque rispetto a un bene: uomo e bene sono i due termini del rapporto, che noi chiamamo interesse. Subbietto dell'interesse è l'uomo; obbietto dell'interesse è il bene" (cf. CARNELUTTI, Francesco. *Lezioni di Diritto Processuale Civile*. v. 1. Padova: La Litotipo, 1926, p. 4, grifo do autor; nos mesmos termos, ver CARNELUTTI, Francesco. *Sistema de Derecho Procesal Civil*. v. 1. Trad. de Niceto Alcalá-Zamora Y Castillo e Santiago Sentís Melendo. Buenos Aires: Uteha Argentina, 1944, p. 11). Ver, também: STESURI, Aldo. *Il conflitto di interessi*. Milano: Giuffrè, 1999, p. 6; JAEGER. *L'interesse sociale*, p. 3; STEINIGER. *Interessenkonflikte des Verwaltungsrates*, p. 7-11.

[52] Um mesmo indivíduo possui diversos interesses, visto que muitos deles são *(i)* independentes em relação aos demais (há indiferença entre eles: a satisfação de um não implica a satisfação ou renúncia de outro), existindo casos em que se tem relação de interferência, que pode ser de *(ii)* solidariedade (a satisfação de um determinado interesse ocorre somente com a satisfação de outro prévio, como ocorre no caso do interesse incidente sobre o material de construção e o seguinte que recai na construção da casa própria) ou de *(iii)* conflito (incompatibilidade, a qual se dá quando tais interesses sejam excludentes – já que as necessidades humanas são ilimitadas enquanto que os bens que as satisfazem são escassos –, ou seja, a satisfação de um implica a renúncia a outro: se tenho apenas dinheiro para o alimento, deixo de comprar minha vestimenta) (cf. CARNELUTTI. *Teoria geral do Direito*, p. 82-83; CARNELUTTI. *Lezioni di Diritto Processuale Civile*, p. 14; CARNELUTTI. *Sistema de Derecho Procesal Civil*, p. 16). Entretanto, cumpre notar que, em todas estas conjecturas, as relações de interesse ocorrem no plano individual (*relações intrasubjetivas de interesse*), não interferindo nas relações com outros sujeitos; é descabida, logo, nestas hipóteses, qualquer intervenção jurídica, visto que eventuais conflitos devem ser resolvidos de modo individual (cf. FRANÇA, Erasmo Valladão Azevedo e Novaes. *Conflito de interesses nas Assembléias de S.A.*. São Paulo: Malheiros, 1993, p. 16-17). Todavia, interesses de diferentes indivíduos podem entrelaçar-se, formando as denominadas *relações intersubjetivas* (FRANÇA. *Conflito de interesses nas Assembléias de S.A.*, p. 17-18), as quais também podem ser de *(i)* indiferença (quando a satisfação dos interesses de um sujeito não afeta a satisfação do interesse de outro), de *(ii)* solidariedade (quando os interesses de diversos indivíduos convergem, no qual da satisfação de um interesse depende a satisfação do de

é que o conceito de conflito de interesses no Direito Societário, especificamente no âmbito da administração das sociedades, seja amplo (por mais que a origem da regulação de boa parte dos países ao redor do mundo estivesse restrita à contratação entre administrador e sociedade, isso quando a própria legislação em vigor assim não restringe)[53].

---

outrem, como acontece, por exemplo, no seio de uma sociedade empresária ou do próprio ente estatal) ou de *(iii)* conflito (no qual existe verdadeiro choque entre interesses de indivíduos distintos diante da insuficiência de bens para a satisfação de todas as necessidades, confronto este que pode ser total ou parcial – ocorrendo este último quando possível a satisfação, apesar de incompleta, das necessidades de ambos os indivíduos (cf. FRANÇA. *Conflito de interesses nas Assembléias de S.A.*, p. 18) –: nesse sentido, se dois sujeitos têm necessidade de alimentar-se e não há comida para ambos, estamos perante um conflito de interesses intersubjetivo) (cf. CARNELUTTI. *Teoria geral do Direito*, p. 85-86; CARNELUTTI. *Lezioni di Diritto Processuale Civile*, p. 14-15; CARNELUTTI. *Sistema de Derecho Procesal Civil*, p. 16; conceituando o conflito intersubjetivo de interesses, Aldo Stesuri assim o refere: "In definitiva, secondo la dottrina ciò che rileva al fine di stabilire se vi sia o meno un conflitto di interessi è che un determinato interesse si ponga in obiettivo contrasto con un altro e differente interesse, al punto tale che i due interessi siano tra loro del tutto incompatibili" (cf. STESURI. *Il conflitto di interessi*, p. 9). Por tudo, apresentando tal classificação, ver CUNHA, Rodrigo Ferraz Pimenta da. *Estrutura de interesses nas Sociedades Anônimas*: hierarquia e conflitos. São Paulo: Quartier Latin, 2007, p. 38-39. E, entrando os interesses de indivíduos diversos em relação de solidariedade e de confronto, torna-se a intervenção jurídica necessária (FRANÇA. *Conflito de interesses nas Assembléias de S.A.*, p. 17) para ordená-los e para evitar a desagregação social (CARNELUTTI. *Teoria geral do Direito*, p. 86; CARNELUTTI. *Lezioni di Diritto Processuale Civile*, p. 15-16; CARNELUTTI. *Sistema de Derecho Procesal Civil*, p. 16-18), o que é particularmente importante no caso do *conflito intersubjetivo de interesses*, isto é, na situação em que a necessidade de um indivíduo com relação a um bem não puder se resolver sem o sacrifício da necessidade do outro. E é justamente o conflito intersubjetivo de interesses que é importante para nós, pois é quando, no Direito Societário, os interesses dentro do mesmo ente coletivo se contrapõem ("A possibilidade de conflitos de interesses, em Direito Societário, e nas deliberações sociais, supõe a prévia possibilidade de existir, em uma mesma entidade corporativa, mais de um interesse" *(sic)*, cf. GUERREIRO, José Alexandre Tavares. Conflitos de interesse entre sociedade controladora e controlada e entre coligadas, no exercício do voto em Assembléias Gerais e reuniões sociais. *Revista de Direito Mercantil, Industrial, Econômico e Financeiro*, São Paulo, ano 22, n. 51, p. 29-32, jul./set. 1983, p. 29), o que pode ocorrer, na esfera societária, em duas hipóteses: conflito de interesses na relação entre sócio e sociedade e conflito de interesses na administração da companhia (STESURI. *Il conflitto di interessi*, p. 101). Trabalhando a questão, ver: JAEGER. *L'interesse sociale*, p. 3 ss; STEINIGER. *Interessenkonflikte des Verwaltungsrates*, p. 7 ss. Ver, também: FRANKEL. United Sates Mutual Fund Investors, Their Managers and Distributors, p. 364. O tema já foi por nós exposto em SPINELLI. *Conflito de interesses na administração da sociedade anônima*, p. 131 ss.

[53] ENRIQUES. *Il conflitto d'interessi degli amministratori di società per azioni*, p. 19 ss.

Se analisarmos alguns ordenamentos jurídicos estrangeiros – e independentemente da estrutura de administração adotada em cada país –, uma vez que o tema é presente em todo Direito comparado[54], é possível verificar, especialmente quando da análise do tratamento geral dado à matéria (e não de hipóteses específicas), que a noção de interesse extrassocial do administrador que pode fazer com que ele fique em conflito de interesses tende a ser ampla, apesar de inexistir uma uniformidade de tratamento ao redor do mundo[55].

Na Itália, de acordo com a *fattispecie* atual do art. 2391 do *Codice Civile*, o administrador, basicamente, deve informar qualquer interesse que, por conta própria ou de terceiro, tenha em determinada operação da sociedade, precisando a sua natureza, os seus termos, a sua origem e o seu impacto[56].

---

[54] ROITMAN. *Ley de sociedades comerciales comentada y anotada*, t. IV, p. 531.

[55] Aqui, é importante referir que o dever de lealdade e o tratamento à atuação em conflito de interesses desenvolveu-se no âmbito do Direito Societário de diferentes países tendo em vista a grande influência anglo-saxônica (como ocorreu inclusive no Brasil, conforme já tivemos oportunidade de nos manifestarmos em SPINELLI. *Conflito de interesses na administração da sociedade anônima*), existindo certa convergência entre os países de *common law* e as jurisdições de *civil law* (cf. BAHAR; THÉVENOZ. Conflicts of Interest, p. 3-4). De qualquer sorte, "[a] qualidade das respostas normativas em sede de conflito de interesses, detectáveis em cada sistema jurídico, depende de um número alargado de variáveis, de entre os quais se conta a conformação típica da propriedade acionista, as concepções éticas vigentes, e as estruturas políticas em vigor." Ademais, não existe tratamento unificado no Direito Societário: as soluções conferidas são plúrimas (CÂMARA. Conflito de interesses no Direito Financeiro e Societário: um retrato anatómico, p. 12-13, 38).

[56] Na Itália, o conflito de interesses dos administradores é, basicamente, regrado pelo art. 2391 do *Codice Civile*, que assim dispõe:
"**Art. 2391. Interessi degli amministratori.**
L'amministratore deve dare notizia agli altri amministratori e al collegio sindacale di ogni interesse che, per conto proprio o di terzi, abbia in una determinata operazione della società, precisandone la natura, i termini, l'origine e la portata; se si tratta di amministratore delegato, deve altresì astenersi dal compiere l'operazione, investendo della stessa l'organo collegiale, se si tratta di amministratore unico, deve darne notizia anche alla prima assemblea utile.
Nei casi previsti dal precedente comma la deliberazione del consiglio di amministrazione deve adeguatamente motivare le ragioni e la convenienza per la società dell'operazione.
Nei casi di inosservanza a quanto disposto nei due precedenti commi del presente articolo ovvero nel caso di deliberazioni del consiglio o del comitato esecutivo adottate con il voto determinante dell'amministratore interessato, le deliberazioni medesime, qualora possano recare danno alla società, possono essere impugnate dagli amministratori e dal collegio sindacale entro novanta giorni dalla loro data; l'impugnazione non può essere proposta da chi ha consentito con il proprio voto alla deliberazione se sono stati adempiuti gli obblighi di

informazione previsti dal primo comma. In ogni caso sono salvi i diritti acquistati in buona fede dai terzi in base ad atti compiuti in esecuzione della deliberazione.
L'amministratore risponde dei danni derivati alla società dalla sua azione od omissione.
L'amministratore risponde altresì dei danni che siano derivati alla società dalla utilizzazione a vantaggio proprio o di terzi di dati, notizie o opportunità di affari appresi nell'esercizio del suo incarico."

Na Itália, quando em vigor a redação original do art. 2391 do *Codice Civile* e que mais se aproximava da redação do art. 156 da Lei das S.A. uma vez que o acento estava na contraposição (conflito) de interesses (como o faz a legislação brasileira em vigor), o entendimento que prevalecia, doutrinária e jurisprudencialmente, era o de que o conflito de interesses seria material, devendo existir evidente conflito entre o interesse do administrador e o da companhia, ou seja, a necessidade de um dano à companhia concreto e efetivo (não estava, assim, *a priori*, o administrador proibido de realizar a operação em que tivesse interesse pessoal envolvido) – sendo a deliberação realizada com interesse conflitante, próprio ou de terceiro, somente anulável caso existente dano à companhia –, mesmo que existisse posicionamento minoritário que entendesse que a regra de conflito de interesses abarcaria o conflito potencial de interesses (potencialidade de causar dano à sociedade, ou seja, que seja razoavelmente previsível que determinada operação resultará em prejuízo aos interesses da companhia quando da perseguição do interesse pessoal do administrador) e não o conflito atual (existência de dano à companhia – ou a certeza de que a sociedade sofrerá o dano), apesar de sempre se analisar o caso concreto (ver: ENRIQUES. *Il conflitto d'interessi degli amministratori di società per azioni*, p. 156-157, 187-199; ENRIQUES. Il conflitto d'interessi nella gestione delle società per azioni, p. 549-550; SOLIMENA, Luigi. *Il conflitto di interessi dell'amministratore di società per azioni nelle operazioni con la società amministrata*. Milano: Giuffrè, 1999, p. 83 ss; SALANITRO, Niccolò. Gli interessi degli amministratori nelle società di capitali. *Rivista delle Società*, a. 48, p. 47-57, 2003, p. 48; BIANCHI, Giorgio. *Gli amministratori di società di capitali*. 2 ed. Padova: CEDAM, 2006, p. 524-525; BONELLI. *La responsabilità degli amministratori di società per azioni*, p. 83-87). A perspectiva do Direito italiano restou alterada a partir da reforma promovida no art. 2391 pelo d.lgs. 6/2003, passando de um conflito material, em que existiria a necessidade de dano à companhia e com várias decisões nesse sentido, para uma noção de conflito formal em que basta a existência de um interesse extrassocial do administrador, ainda que não haja conflito (ou seja, mesmo que convergente com o interesse da sociedade) – discutindo-se se o dispositivo se aplicaria no caso de o administrador ter um interesse pessoal enquanto sócio, por exemplo –, tendo em vista o texto legal ser genérico e nem mais falar, na sua rubrica, em *conflitto d'interessi*, mas sim em *interessi degli amministratori*. O Direito italiano, aqui, priorizou a transparência, perdendo relevância se o interesse é conflitante ou não com o da companhia, apesar de não prever, de modo expresso, o dever de abstenção do conselheiro que possua interesse extrassocial (o que dá ensejo a discussões), sendo que, a rigor, somente permite a impugnação da deliberação e eventual responsabilização do gestor (sem contar que o administrador responde pelos danos causados à companhia por suas ações e omissões) caso, além de existir a potencialidade de a companhia sofrer algum dano (decorrente ou não de interesse conflitante), o dever de informar não tenha sido cumprido em toda a sua extensão (abarcando a natureza, os termos, a origem e o impacto), a deliberação não tenha sido devidamente motivada demonstrando as razões e conveniência da operação (apesar

Assim, está-se diante de uma determinada operação (*quidquid deliberandum*, pouco importando a sua natureza e ainda que seja fração de uma operação – e, logicamente, não abarcando a exploração de toda atividade econômica pela sociedade)[57] em que, no caso concreto, a participação (ou omissão) do administrador pode ser influenciada por um ganho quantitativa e qualitativamente relevante e desde que tal ganho seja socialmente reconhecível (o interesse extrassocial deve ser relevante, não abarcando aquele marginal, insignificante, remoto ou determinada operação insignificante para a sociedade)[58]. Para tanto, se no passado, parte da doutrina e da jurisprudência entendia que tal interesse extrassocial do administrador estaria restrito a um interesse do tipo econômico-patrimonial, tem-se

de existir quem não concorde que a falta de motivação levaria à anulação, mas somente à responsabilização dos administradores) ou o voto do administrador interessado tenha sido determinante. Quanto ao administrador delegado, aqui, sim, existe o dever de abstenção na realização da operação, sendo investido o órgão colegiado para tanto, sendo que, se se trata de administrador único, deve informar também à primeira assembleia. Sobre o tema, ver: Campobasso. *Diritto Commerciale*, v. 2, p. 380 ss; Conforti. *La responsabilità civile degli amministratori di società per azioni*, p. 440 ss; Ventoruzzo. Articolo 2391 – Interessi degli amministratori, p. 424-428, 440 ss; Salanitro. Gli interessi degli amministratori nelle società di capitali, p. 50 ss; Santagata, Renato. Interlocking directorates ed 'interessi degli amministratori' di società per azioni. *Rivista delle Società*, a. 54, p. 310-346, 2009, p. 320 ss. Andando no mesmo sentido, mas sustentando que o administrador tem o dever de sempre se abster, ver: Guizzi, Giuseppe. *Gestione dell'impresa e interferenze di interessi*: trasparenza, ponderazione e imparzialità nell'amministrazione delle s.p.a. Milano: Giuffrè, 2014, p. 17 ss. Ver, também, afirmando que o dispositivo deve ser interpretado tendo em vista o seu objetivo de coibir o conflito de interesses (e, assim, somente seria aplicado nesses casos): Enriques, Luca; Pomelli, Alessandro. Art. 2391 (Interessi degli amministratori). In: Alberti, Alberto Maffei (org.). *Il nuovo Diritto delle Società*, v. I. Padova: CEDAM, 2005. p. 758-778, p. 759 ss; assim também dando a entender mesmo após a reforma sofrida pelo Direito Societário italiano, sustentando, ainda, que se trata de conflito substancial (apesar de reconhecer que a deliberação pode ser impugnada, ainda que não haja conflito de interesses, em, caso não tenham sido prestadas as informações ou não tenha sido motivada a decisão), ver: Bianchi. *Gli amministratori di società di capitali*, p. 523 ss.

[57] Cf. Enriques. *Il conflitto d'interessi degli amministratori di società per azioni*, p. 199-210; Enriques-Pomelli. Art. 2391 (Interessi degli amministratori), p. 763.

[58] Enriques. *Il conflitto d'interessi degli amministratori di società per azioni*, p. 146-148; Enriques--Pomelli. Art. 2391 (Interessi degli amministratori), p. 760; Conforti. *La responsabilità civile degli amministratori di società per azioni*, p. 449-452. Salientando que tal noção é defendida na doutrina e que, de fato, somente interesses relevantes devem ensejar a incidência da regra, o que, todavia, pode gerar incertezas quando da sua aplicação, ver: Ventoruzzo. Articolo 2391 – Interessi degli amministratori, p. 440 ss, 462, nota de rodapé.

que tal entendimento foi revisto (especialmente após a reforma pela qual passou o Direito Societário – e o referido art. 2391 – pelo d.lgs. 6/2003), compreendendo-se prevalentemente que se deve interpretar o interesse do administrador como sendo tanto pessoal quanto econômico (*i.e.*, patrimonial ou não patrimonial), uma vez que, do contrário, estaria permitida a realização de uma série de atos potencialmente abusivos; e, de fato, não existiriam razões para, diante da omissão do legislador, reduzir somente à dimensão dos bens materiais a função-objetivo dos seres humanos e que o legislador, implicitamente, teria introduzido a ficção de que os homens somente seriam movidos pelo objetivo de maximizar a própria riqueza: a noção de ganho para o administrador é ampla, podendo ser desde a riqueza material até um ganho reputacional ou o gozo da amizade (conflito direto de interesses) ou no interesse de terceiro[59] (conflito indireto de interesses)[60], sendo os mais diversos os casos arrolados pela doutrina e pela jurisprudência (ser contraparte em determinado contrato, a contraparte em determinado contrato possuir relação amorosa ou de parentesco com o administrador, ser controlador ou sócio – direta ou indiretamente – de sociedade beneficiada em operação efetuada com a sociedade administrada por ele, ser administrador de duas sociedades que realizam determinada operação (*interlocking directorates*), ser administrador de uma sociedade e dependente de outra nas operações entre ambas, operação com o acionista que elegeu o administrador ou com o acionista controlador, a promoção de um parente a algum cargo diretivo, operações com credores ou devedores

---

[59] Como é o caso do administrador que realiza operação com sociedade na qual ele também é gestor: aqui, tratar-se-ia de atuação no interesse de terceiro.

[60] "Ma allora cosa deve intendersi per utilità? È forse utile riprendere la definizione di utilità proposta da Jeremy Bentham, secondo il quale per utilità deve intendersi "that property in any object, whereby it tends to produce benefit, advantage, pleasure, good, or happiness (...) or (...) to prevent the happening of mischief, pain, evil, or unhappiness to the party whose interest is considered". È utile inoltre riportare perlomeno in parte il catalogo, elaborato dallo stesso Bentham, dei *pleasures* nella prospettiva di godere dei quali gli uomini agiscono e interagiscono: essa comprende, oltre ai piaceri dela ricchezza, i piaceri dei sensi, i piaceri dell'abilità (*skill*), i piaceri dell'amicizia (*amity*), i piaceri della reputazione, i piaceri del potere, i piaceri della peità, i piaceri della benevolenza e i piaceri della malevolenza." "È del tutto ovvia l'affermazione che in alcune circostanze è evidente, ed oggettivamente riscontrabile, che una persona agisce nella prospettiva di godere di uno di questi piaceri." (ENRIQUES. *Il conflitto d'interessi degli amministratori di società per azioni*, p. 151).

do administrador, prestação de garantia a terceiro sem qualquer interesse da sociedade garantidora, etc)[61]-[62]-[63].

A Alemanha tem um desenvolvimento peculiar quanto às regras de conflito de interesses, uma vez que as disposições da *Aktiengesetz* são restritas a determinadas hipóteses e inexiste uma regra geral, sendo, então, a disciplina fortemente desenvolvida com base no dever de lealdade (*Treupflicht*), que impõe a necessidade de o administrador informar e se omitir

---

[61] Para análise de todas as hipóteses, entre outras, bem como das discussões existentes, ver: CONFORTI. *La responsabilità civile degli amministratori di società per azioni*, p. 434-435; VENTORUZZO. Articolo 2391 – Interessi degli amministratori, p. 440 ss; ENRIQUES-POMELLI. Art. 2391 (Interessi degli amministratori), p. 759 ss. De qualquer sorte, mesmo antes da reforma do Direito italiano, já havia quem assim entendia, como Luca Enriques, em quem também nos baseamos (ENRIQUES. *Il conflitto d'interessi degli amministratori di società per azioni*, p. 141 ss); igualmente, ver: BONELLI. *La responsabilità degli amministratori di società per azioni*, p. 82-87; SOLIMENA. *Il conflitto di interessi dell'amministratore di società per azioni nelle operazioni con la società amministrata*, p. 101 ss. Sobre o amplo conceito, ver, também: FERRO-LUZZI. Dal conflitto di interessi agli interessi degli amministratori – profili di sistema, p. 672; GUIZZI. *Gestione dell'impresa e interferenze di interessi*, p. 24-25; SANTAGATA. Interlocking directorates ed 'interessi degli amministratori' di società per azioni, p. 316 ss. Nesse sentido, também, de longa data já se falava, quando superado o previsto no art. 2390 do *Codice Civile*, na aplicação da regra de conflito de interesses quando o mesmo administrador ocupava cargo em companhia concorrente (SCANNICCHIO, Francesco. Amministratore di due società concorrenti. *Rivista delle Società*, a. 38, p. 642-657, gen./apr. 1993, p. 648-649).

[62] Existe a possibilidade de estabelecimento de regras mais rígidas no estatuto social (ENRIQUES. *Il conflitto d'interessi degli amministratori di società per azioni*, p. 478-479). Na Itália, há também a possibilidade de adesão voluntária ao *Codice de Autodisciplina* no caso das companhias abertas (cf. BORSA ITALIANA S.P.A. (COMITATO PER LA CORPORATE GOVERNANCE). *Codice di Autodisciplina*. 2018. Disponível em: <https://www.borsaitaliana.it/comitato-corporate-governance/codice/2018clean.pdf>. Acesso em: 14 fev. 2019). Tal *Codice* possui regras sobre administradores independentes, com critérios flexíveis a serem analisados *in concreto*, e fixação da remuneração quando esta deve ser estabelecida pelo Conselho de Administração (haja vista o disposto no art. 2389 do *Codice Civile*), cuja política é definida por este órgão a partir de proposta elaborada por um comitê específico para tanto formado por membros independentes (sendo que o administrador não pode tomar parte da reunião do comitê que decidir sobre a sua própria remuneração). No mais, há regra sobre os *sindaci*, existindo previsão a respeito de deliberação em que tenham interesse: "8.C.5. *Il sindaco che, per conto proprio o di terzi, abbia un interesse in una determinata operazione dell'emittente informa tempestivamente e in modo esauriente gli altri sindaci e il presidente del consiglio di amministrazione circa natura, termini, origine e portata del proprio interesse.*"

[63] Analisando resumidamente o ordenamento jurídico italiano, ver: FERRER. *El deber de lealtad del administrador de sociedades*, p. 280-286; ENRIQUES. The Law on Company Directors' Self-Dealing, p. 302 ss.

caso tenha interesse, próprio (direto) ou de terceiro (indireto) (sendo frequente a distinção entre *Interessenkollision*, quando há conflito com interesse do próprio administrador, com *Pflichtkollision*, hipótese na qual há conflito entre dois deveres assumidos pelo sujeito como quando administra duas sociedades)[64], relevante e colidente com o interesse da companhia, o que é analisado no caso concreto[65]. E ressalvadas as operações quotidia-

---

[64] Sobre as diferentes hipóteses de colisão de deveres (colisão entre deveres internos, colisão entre deveres internos e externos e colisão entre deveres internos de duas sociedades), incluindo a atuação na administração de duas sociedades, ver, entre outros: POELZIG, Dörte; THOLE, Christoph. Kollidierende Geschäftsleiterpflichten. *Zeitschrift für Unternehmens- und Gesellschaftsrecht*, v. 39, p. 836-867, Oct. 2010.

[65] Na Alemanha, salienta-se muito a divisão de competências entre os órgãos como mecanismo para evitar a tomada de decisões em conflito de interesses. Assim, a principal regra sobre o tema encontra-se no §112 da *Aktiengesetz*, que determina que, para a validade de operações (ou mesmo ações judiciais) entre diretores (*Vorstandmitgliedern*) e a sociedade, a companhia deve, judicial ou extrajudicialmente, ser representada pelo *Aufsichtsrat* (Conselho de Supervisão que, neste trabalho, é referido como Conselho de Administração) – ou por um comitê de membros formado pelo Conselho ou mesmo por um representante específico –, tendo-se construído o entendimento de que o diretor deve prestar informações (usualmente fazendo-se referência não só à existência da operação mas também ao conteúdo e às circunstâncias) sobre o negócio ao *Aufsichtsrat*; tal dispositivo, todavia, é específico para os negócios com o administrador como contraparte (em nome próprio ou representante de alguém); em caso de desrespeito de tal norma, há discussão se se trata de nulidade ou de ineficácia do negócio, salvo ratificação pelo Conselho de Administração. Existe, também, a previsão do §89 da *Aktiengesetz* específica sobre operações de crédito e garantias em favor, basicamente, dos diretores, das suas mulheres ou maridos, filhos menores, fiduciários, prestanomes e pessoas jurídicas que os diretores sejam mandatários, representantes ou membros do *Aufsichtsrat* ou de sociedades de pessoas que sejam sócios (sendo que tal lista é motivo de críticas), exigindo, para tais operações, autorização prévia do Conselho de Administração (ressalvados créditos não superiores a um mês de remuneração); caso isso não ocorra nem exista ratificação do *Aufsichtsrat*, o negócio será ineficaz e a soma recebida pelo administrador deve ser restituída imediatamente, sob pena de responsabilidade. Ademais, o §87 da *Aktiengesetz* determina que a remuneração dos Diretores é fixada pelo *Aufsichtsrat* (podendo a Assembleia Geral de companhias listadas em bolsa deliberar sobre o sistema de remuneração dos diretores, cf. §120(4) da *Aktiengesetz*), sendo que o programa de opções de ações é de competência da Assembleia Geral. Para operações com membros do *Aufsichtsrat*, existem restrições semelhantes nos §§114 (que trata do contrato de consultoria firmado entre determinado conselheiro de administração e a companhia – desde que não tenha por objeto matérias de competência do próprio órgão, logicamente –, não tendo o conselheiro envolvido direito de voto) e 115 (sobre operações de crédito e garantias em favor de membros do Conselho de Administração e pessoas a ele ligadas – suas mulheres ou maridos, filhos menores, fiduciários, prestanomes e pessoas jurídicas que sejam representantes ou de sociedades de pessoas que sejam sócios –, dependendo a operação de autorização do Conselho de Administração ou de

um comitê, ressalvadas operações comerciais em que o membro do Conselho realize como empresário individual e adquira bens da sociedade) da *Aktiengesetz*, sendo que, sendo competência da Diretoria a realização de determinado contrato com o conselheiro de administração, este tem o dever (de lealdade) de não influenciar a Diretoria a realizar o contrato em condições danosas à companhia – sem contar que o §113 regula a remuneração dos conselheiros de administração, que é estabelecida no Estatuto ou pela Assembleia Geral (existindo o entendimento de que remuneração pode ser fixada globalmente desde que os critérios para a individualização sejam pré-definidos e o *Aufsichtsrat* não tenha liberdade para a sua fixação). E, além disso, se entende aplicável aos administradores que representam a sociedade as normas sobre representação, sendo, então, nulos os negócios concluídos que causem dano à sociedade em que o representante tenha conspirado com o terceiro, sendo que também se entende nulo o negócio em que o administrador/representante interessado realize em prejuízo da sociedade quando o terceiro tinha consciência de tal situação ou quando fosse evidente o prejuízo à sociedade ou fosse imediata e objetivamente reconhecível. Também não se pode esquecer das poucas regras de incompatibilidade existentes para os diretores no §76 (como a existência de algum impedimento decorrente de decisão administrativa ou judicial, ser falido ou ser condenado por determinados crimes) e para os conselheiros de administração nos §§100 e 105 da *Aktiengesetz* (como a que estabelece em 10 o número máximo de cargos em diferentes Conselhos de Administração que podem ser ocupados simultaneamente ou a que determina que não pode ser conselheiro quem é representante de sociedade dependente, não podendo, também, ocupar o cargo de diretor e conselheiro de administração simultaneamente na mesma companhia), sendo que não há uma regra geral de incompatibilidade em caso de conflito de interesses e as hipóteses previstas em lei são para casos de conflito permanente de interesses (existindo a previsão de informar a existência de conflito de interesses permanente quando da eleição dos membros do Conselho de Administração no §125(1) da *Aktiengesetz* para as companhias listadas em bolsa, sem contar que o dever de lealdade poderia impor tal conduta). Diante da inexistência de uma regra geral para regrar a atuação em conflito de interesses (e como as regras existentes não conseguem capturar todas as hipóteses de conflito de interesses, bem como, eventualmente, abarcam situações em que não ocorreria conflito de interesses), doutrina e jurisprudência reconheceram que o administrador em conflito de interesses – o que deve ser analisado no caso concreto – em uma operação a ser deliberada pela Diretoria (*Vorstand*) deve comunicar aos outros administradores do seu interesse e se abster de votar, encontrando-se como fundamento jurídico para tanto, normalmente, o dever de lealdade (*Treupflicht*) – também se referindo à hipótese em que o conselheiro de administração interessado influencia a decisão da Diretoria –; a mesma lógica se encontra para o caso de membros do *Aufsichtsrat*. Ademais, entende-se haver proibição de voto em determinadas situações (o administrador não pode ser juiz em causa própria, como nas hipóteses de deliberar ou participar – mesmo que opinando – sobre a sua destituição – ou de ação referente à destituição por justa causa, no caso do Conselho de Administração –, a promoção de ação ou acordo em litígio entre a companhia e ele ou de medidas negativas relacionadas a ele, bem como no caso de negócio jurídico entre o administrador e a companhia ou de negócio entre a companhia e pessoa interposta, sociedade da qual seja controlador ou representada pelo administrador, em que, então, não teria o conselheiro direito de voto com base nos §34 e §181 do *Bürgerliches Gesetzbuch* e no §136 da *Aktien-*

gesetz, entre outros dispositivos legais aplicados analogicamente, além de se buscar fundamento no dever de diligência, na boa-fé e nos princípios gerais do direito), não existindo, de qualquer sorte, uma proibição geral de voto (o que há somente para os acionistas no §136), especialmente nas hipóteses de conflito indireto de interesses (inclusive nas contratações com parentes, hipótese em que, em princípio, o voto não é excluído), tendo em vista a insegurança jurídica que isso traria (a proibição de voto exige especial justificativa), o que gera discussões de diversas ordens (como no caso de companhias com representação paritária no Conselho de Administração e membro indicado pelos acionistas resta impedido de votar, o que acaba jogando a maioria em determinada deliberação para os representantes dos empregados). Na hipótese de descumprimento do dever de não agir em conflito de interesses, a deliberação ou o negócio, na hipótese de ter contado com o voto determinante do administrador interessado ou ter sido o negócio realizado em desrespeito às regras estabelecidas, seria inválido (ficando a decisão sujeita, se for o caso à sentença de acertamento), sendo que, todavia, eventuais contratos firmados com terceiros são preservados, salvo se o terceiro agiu em conluio ou deveria saber da atuação abusiva do diretor. Também não existe previsão geral de não participação da reunião do Conselho de Administração ou mesmo do diretor, havendo quem sustente que assim ocorra caso o administrador possa prejudicar o andamento do conclave e não exista outra forma de restaurar a ordem (não tendo, nesse caso, sequer acesso à ata) ou na hipótese de a sua participação poder prejudicar o interesse da própria companhia. Outras medidas ainda são aventadas, como, inclusive, o não repasse de certas informações pela Diretoria a determinado conselheiro de administração em conflito de interesses; também se sustenta a possibilidade de afastamento do cargo pelo período necessário para a superação do conflito, caso ele tenha uma certa duração. Finalmente, chega-se a afirmar que, especialmente na hipótese de existir risco de grave quebra do dever de lealdade e uma contraposição permanente de interesses, haveria o dever de o administrador renunciar ao cargo; todavia, seria medida extrema (*ultima ratio*) e aplicável quando medidas menos drásticas não sejam suficientes para solucionar o conflito de interesses. Existiria, também, a possibilidade de destituição judicial do conselheiro de administração por justa causa (*Aktiengesetz*, §103(3)) (além da previsão geral de destituição pela Assembleia Geral, no caso dos conselheiros de administração, cf. *Aktiengesetz*, §103(1) – e pelo Conselho de Administração, no caso dos diretores, cf. *Aktiengesetz*, §84(3)), especialmente na hipótese de um conflito duradouro. Chega-se, inclusive, a sustentar que, especialmente na hipótese de conflito permanente de interesses, existiria impedimento para a eleição, apesar de assim não estar previsto expressamente na *Aktiengesetz* e ser questão muito controversa. O administrador que age em conflito de interesses e causa algum dano à sociedade é responsável de acordo com os princípios gerais e as normas da *Aktiengesetz* (§§117(2), 93(2) e 116), além de também poder responder pelo crime de infidelidade. Ademais, o *Deutscher Corporate Governance Kodex* traz algumas regras a respeito, como: (*i*) a determinação de que empréstimos para os administradores deve ser aprovado pelo *Aufsichtsrat* (item 3.9); (*ii*) ao regular a remuneração dos diretores, estabelece, entre outras regras, que ela é estabelecida pelo Conselho de Administração (item 4.2.2); (*iii*) ao determinar que, na atuação dos diretores, o interesse da companhia deve sempre prevalecer, sendo proibida a prática de concorrência, a usurpação de oportunidades negociais, pedir ou aceitar vantagens ilícitas (para si ou outrem) de terceiros nem conferir vantagens indevidas a terceiros, bem como divulgar quaisquer conflitos de interesses aos *Aufsichtsrat* imediatamente bem como aos demais diretores, sendo que quaisquer operações com empresas do grupo e o diretor (ou pessoas próximas ou empresas com que tenham relação pessoal) devem seguir o padrão de mercado, sem contar que o *Aufsichtsrat* deve representar a companhia em operações com qualquer diretor (e que operações com pessoas próximas ao diretor somente podem ser realizadas com a autorização do Conselho de Administração) e que membros da Diretoria somente podem exercer outras atividades (especialmente em Conselhos de Administração fora do grupo) com a aprovação do *Aufsichtsrat* (item 4.3); (*iv*) na recomendação para eleição de conselheiso de administração, deve ser revelado para a Assembleia Geral as relações pessoais e negociais de cada candidato com o grupo, o corpo executivo da companhia ou com o acionista que tenha um interesse relevante na companhia (*i.e.*, que tenha direta ou indiretamente mais de 10% das ações com direito de voto da companhia) (item 5.4.1); (*v*) que se deve incluir o número que se considera adequado de conselheiros de administração independentes (estabelecendo-se que não são independentes quem tenha relação pessoal ou negocial com a companhia, seus corpos executivos, o acionista controlador ou empresa associada com o controlador que possa causar conflito de interesses substancial e não meramente temporário), sendo que os membros do *Aufsichtsrat* não podem exercer cargos de direção nem ocupar posições similares ou de aconselhamento para importantes competidores do grupo (item 5.4.2); (*vi*) a remuneração dos membros do *Aufsichtsrat* é estabelecida pela Assembleia Geral ou pelo Estatuto Social (item 5.4.6); (*vii*) os membros do *Aufsichtsrat* devem agir no interesse da companhia e do grupo (não devendo perseguir interesses pessoais nem usar oportunidades negociais do grupo), devendo informar ao Conselho de Administração qualquer conflito de interesses que venha a surgir (particularmente aqueles que possam resultar da consultoria ou função de direção com clientes, fornecedores, mutuantes ou outros terceiros), e, além disso, no relatório para a Assembleia Geral, devem informar qualquer conflito de interesses que tenha surgido e o tratamento dado, sendo que conflito de interesses relevante e aqueles que não são temporários devem acarretar no término do mandato do conselheiro de administração e que contratos de consultoria ou de prestação de serviços e trabalho entre o membro do *Aufsichtsrat* e a companhia exigem a aprovação do próprio órgão (item 5.5). Sugere-se, ainda, que o estatuto social contenha regras preventivas sobre o assunto (como normas sobre incompatibilidade ou inelegibilidade em determinadas situações, obrigatoriedade de informação à Assembleia Geral, etc. – discutindo-se se poderia existir previsão no estatuto social sobre a proibição de voto, já que seria considerado um direito irrevogável), bem como que assim o faça o regimento interno do Conselho de Administração, por exemplo, ou mesmo a criação de um comitê especial a tratar da questão. Quanto ao comportamento dos administradores em contexto de oferta hostil e eventual tomada de medidas defensivas, apesar das grande discussões a respeito, há, de certo modo, regulação no §§33 da *Wertpapiererwerbs- und Übernahmegesetz – WpÜG* ao impor, como regra, o dever de neutralidade (sendo que o item 3.7 do *Deutscher Corporate Governance Kodex* determina que os administradores realizem, em conjunto, manifestação fundamentada sobre a sua posição, determinando-se, ainda, que se abstenham de tomar quaisquer medidas, ressalvadas aquelas permitidas pela regulamentação aplicável, e devendo ser convocada uma Assembleia Geral para deliberar a respeito). Finalmente, administradores interessados que realizem operações em detrimento do interesse da companhia podem ser condenados criminalmente de acordo com o §266 do *Strafgesetzbuch*. Sobre o tema, com os mais diversos debates sobre o tratamen-

nas da companhia, os exemplos arrolados pela doutrina e os casos julgados pelos tribunais são vários, abarcando tanto as hipóteses de interesse próprio quanto de terceiros:

(i) clássico exemplo de contratação entre o administrador (ou sociedade da qual seja o único sócio ou o sócio controlador, ou, ainda, algum familiar próximo) e a companhia;

---

to a ser dado às questões referidas, ver: BAUMANNS, Pamela Maria. *Rechtsfolgen einer Interessenkollision bei AG-Vorstandsmitgliedern*. Frankfurt am Main: Peter Lang, 2004, p. 5 ss; BORSDORFF. *Interessenkonflikte bei Organsmitgliedern*, p. 43-158, 113-156, 168-177; GIESEN, Hans-Michael. *Organhandeln und Interessenkonflikt*: Vergleichende Untersuchung zum deutschen und französischen Aktienrecht. Berlin: Duncker und Humblot, 1984, p. 77 ss; HARBARTH, Stephan. Unternehmerisches Ermessen des Vorstands im Interessenkonflikt. In: ERLE, Bernd et. al. (org.). *Festschrift für Peter Hommelhoff zum 70. Geburtstag*. Köln: Dr. Otto Schmidt, 2012. p. 323-342, p. 327 ss; HENN, Günter; FRODERMANN, Jürgen; JANNOTT, Dirk. *Handbuch des Aktienrechts*. 8 Aufl.. Heidelberg: C. F. Müller, 2009, p. 327 ss, 358 ss, 365, 369-370, 410-412, 417 ss, 430, 436-441, 967; HOPT, Klaus. Übernahmen, Geheimhaltung und Interessenkonflikte: Probleme für Vorstände, Aufsichtsräte und Banken, *ZGR*, p. 333-376, 2002, p. 367 ss; HOPT. Interessenwahrung und Interessenkonflikte im Aktien-, Bank- und Berufsrecht, p. 31 ss (= HOPT. Protección y conflictos de intereses en el derecho de sociedades anónimas, bancário y professional, p. 179 ss); HÜFFER, Uwe; KOCH, Jens. *Gesellschaftsrecht*. 8 Aufl. München: C. H. Beck, 2011, p. 317-318; IHRIG, Hans-Christoph; SCHÄFER, Carsten. *Rechten und Pflichten des Vorstands*. Köln: Dr. Otto Schmidt, 2014, p. 33 ss, 75 ss, 127-131; KORT. Interessenkonflikte bei Organmitgliedern der AG, p. 717 ss; KREBS. *Interessenkonflikte bei Aufsichtsratsmandaten in der Aktiengesellschaft*, p. 65 ss; KRIEGER. Organpflichten und Haftung in der AG, p. 60; LUTTER, Marcus; KRIEGER, Gerd. *Recht und Pflichten des Aufsichtsrats*. 5 Aufl.. Köln: Otto Schmidt, 2008, p. 135 ss, 160-193, 322 ss, 346-358; MATTHIEβEN, Volker. *Stimmrecht und Interessenkollision im Aufsichtsrat*. Köln: Carl Heymanns, 1989, p. 1 ss; MENSE. *Interessenkonflikte bei Mehrfachmandaten im Aufsichtsrat der AG*, p. 91 ss; MÖLLERS. Treupflichten und Interessenkonflikte bei Vorstands- und Aufsichtsratsmitgliedern, p. 432 ss; POELZIG; THOLE. Kollidierende Geschäftsleiterpflichten, p. 836 ss; RAISER; VEIL. *Recht der Kapitalgesellschaften*, p. 117 ss; WARDENBACH, Frank. *Interessenkonflikte und mangelnde Sachkunde als Bestellungshindernisse zum Aufsichtsrat der AG*. Köln: Dr. Otto Schmidt, 1996, p. 13 ss, 299 ss; WENINGER, Heike. *Mitbestimmungsspezifische Interessenkonflikte von Arbeitnehmervertretern im Aufsichtsrat*. Köln: Carl Heymanns, 2011, p. 57 ss. Ver, ainda: REGIERUNGSKOMMISSION DEUTSCHER CORPORATE GOVERNANCE KODEX. *Deutscher Corporate Governance Kodex*. 2017. Disponível em: <http://www.dcgk.de/de/kodex.html>. Acesso em: 24 abr. 2017. Para uma análise resumida do ordenamento jurídico alemão, ver: ENRIQUES. *Il conflitto d'interessi degli amministratori di società per azioni*, p. 77-81; ENRIQUES. The Law on Company Directors' Self-Dealing, p. 302 ss; SOLIMENA. *Il conflitto di interessi dell'amministratore di società per azioni nelle operazioni con la società amministrata*, p. 77-80; FERRER. *El deber de lealtad del administrador de sociedades*, p. 277-280.

(ii) decisão sobre a promoção de ação para destituição judicial do próprio administrador por justa causa;

(iii) hipóteses de *interlocking directors* (e ressalvados os casos de incompatibilidade previstos na *Aktiengesetz*), *i.e.*, quando o administrador (conselheiros de administração ou diretores)[66] ocupa cargos em diferentes companhias que mantêm alguma relação (*v.g.*, o conselheiro de administração de fábrica de automóveis que é diretor de um subcontratado e que precisa deliberar sobre questão relacionada ao contrato – ou mesmo a alteração na produção da sociedade fornecedora que pode afetar o desempenho da companhia compradora –, o diretor do banco que é conselheiro da sociedade e que deve decidir sobre determinado mútuo a ser contratado, ou, ainda, a hipótese de decisão relacionada ao ingresso de algum processo de uma sociedade contra a outra bem como a realização de acordo em tal litígio, sem contar a hipótese em que o diretor da sociedade controladora deve votar, na sociedade controlada, sobre a sua destituição como administrador desta)[67], uma vez que o administrador tem o dever de defender o interesse de ambas as companhias e haveria uma colisão de deveres[68], sendo que desde o precedente *Schaffgotsch* (julgado em 1979 pelo *Bundesgerichtshof*) foi execrada a justificativa de que se poderia causar prejuízo a determinada socie-

---

[66] Na Alemanha, tal situação é particularmente discutida no caso dos conselheiros de administração, já que tal cargo é considerado um *Nebenamt*, ou seja, admite trabalhos paralelos (*i.e.*, não possui exclusividade) (por todos, ver: KREBS. *Interessenkonflikte bei Aufsichtsratsmandaten in der Aktiengesellschaft*, p. 11 ss; e MENSE. *Interessenkonflikte bei Mehrfachmandaten im Aufsichtsrat der AG*, p. 29 ss; RAISER; VEIL. *Recht der Kapitalgesellschaften*, p. 187-189). Todavia, considerando que os diretores também podem ocupar cargos de administração em outras sociedades do mesmo grupo, essa discussão também se aplica a tais gestores (RAISER; VEIL. *Recht der Kapitalgesellschaften*, p. 148).

[67] E a legislação chega, em determinadas situações, a regrar expressamente a matéria. Nesse sentido, lembramos o disposto nos §§89 e 115 da *Aktiengesetz*, bem como os parcos pressupostos de elegibilidade previstos nos §§100 e 105. Ademais, há quem sustente aplicável as normas dos §§113 e 114 da *AktG* em contratos firmados entre sociedades da qual o conselheiro de administrador ocupa o mesmo cargo ou o é em uma e é sócio da outra (cf. KORT. *Interessenkonflikte bei Organmitgliedern der AG*, p. 723; HÜFFER; KOCH. *Gesellschaftsrecht*, p. 317).

[68] Ou, melhor dizendo, o dever de agir no interesse de cada uma das companhias individualmente consideradas (cf. KORT. *Interessenkonflikte bei Organmitgliedern der AG*, p. 717, 719). Ver, também: POELZIG; THOLE. Kollidierende Geschäftsleiterpflichten, p. 849-850.

dade tendo em vista a atuação em benefício de outra[69], sendo que a situação se agrava quando o administrador ocupa cargos em companhias concorrentes[70] (*v.g.* o caso em que o Conselho de Administração de uma das companhias é chamado para decidir sobre o ingresso em determinado segmento ou o investimento em determinado mercado que a outra sociedade está prestes a entrar ou já tentou investir e cujo administrador comum possui informações relevantes) – o que pode ocorrer inclusive com os membros do lado

---

[69] No referido caso, o Sr. *Schaffgotsch*, presidente do Conselho de Administração e sócio comanditado da sociedade em comandita por ações que detinha a maioria das ações da companhia induziu a Diretoria, sem qualquer explicação jurídica ou comercial e também sem qualquer garantia, a realizar operação com seu próprio banco e do qual era representante e que estava em dificuldades e que, posteriormente, entrou em concordata, o que gerou prejuízo à sociedade. Cf. GIESEN. *Organhandeln und Interessenkonflikt*, p. 133-134; KREBS. *Interessenkonflikte bei Aufsichtsratsmandaten in der Aktiengesellschaft*, p. 3, 204; HOPT. Interessenwahrung und Interessenkonflikte im Aktien-, Bank- und Berufsrecht, p. 3-4 (= HOPT. Protección y conflictos de intereses en el derecho de sociedades anónimas, bancário y professional, p. 155); POELZIG; THOLE. Kollidierende Geschäftsleiterpflichten, p. 850; RAISER; VEIL. *Recht der Kapitalgesellschaften*, p. 189.

[70] Lembrando que o §§88 da *Aktiengesetz* somente possui vedação expressa ao exercício da concorrência para os membros da Diretoria (a qual pode ser contratualmente ampliada, limitada ou afastada, cf. KORT. Interessenkonflikte bei Organmitgliedern der AG, p. 718). Há, de qualquer sorte, discussão sobre a existência de impedimento em ocupar cargos em Conselhos de Administração de companhias concorrentes ainda que isso não esteja escrito em lei, existindo a tendência em se afirmar que não há tal impedimento; de qualquer sorte, o dever de lealdade impõe a necessidade de informar a referida situação (existindo tal previsão quando da eleição dos membros do Conselho de Administração no §125(1) da *Aktiengesetz* para as companhias listas em bolsa). Caso exista uma incompatibilidade permanente (e não temporária) – o que seria analisado de acordo com o caso, inclusive verificando-se se a concorrência se dá na atividade principal ou não das sociedades – que faça com que o administrador, por exemplo, reste impedido de participar rotineiramente ou torne a situação inaceitável (sendo que, caso tal situação não seja informada, ainda que surja posteriormente à posse no cargo), pode-se ter uma hipótese de destituição judicial por justa causa (isso quando não se chega a sustentar o próprio impedimento à eleição ou o dever dos acionistas de não o elegerem) ou a imposição do dever de renunciar (cf. MENSE. *Interessenkonflikte bei Mehrfachmandaten im Aufsichtsrat der AG*, p. 92 ss, 159; KREBS. *Interessenkonflikte bei Aufsichtsratsmandaten in der Aktiengesellschaft*, p. 269 ss; ver, também: KORT. Interessenkonflikte bei Organmitgliedern der AG, p. 722; HENN; FRODERMANN; JANNOTT. *Handbuch des Aktienrechts*, p. 419; WARDENBACH. *Interessenkonflikte und mangelnde Sachkunde als Bestellungshindernisse zum Aufsichtsrat der AG*, p. 62 ss).

dos empregados no Conselho de Administração, os quais têm os mesmos deveres que todos os demais conselheiros[71];

(iv) caso em que o conselheiro é membro de algum órgão público, quando, então, a decisão do conselheiro de administração pode ser influenciada por questões políticas[72];

---

[71] Na Alemanha, de acordo com o §7(2) da *Gesetz über die Mitbestimmung der Arbeitnehmer*, a depender do tamanho da sociedade, o Conselho de Administração terá representante dos sindicatos, que, justamente, podem, por exemplo, também ocupar cargos em sociedades concorrentes. Assim, por exemplo, das sociedades sujeitas à lei (§1 da *Mitbestimmungsgesetz*), aquela que tiver não mais de 10.000 empregados terá 12 conselheiros de administração, sendo seis indicados pelos acionistas e seis pelo lado dos empregados, sendo que quatro serão empregados e dois serão representantes de um sindicato, sendo que estes são escolhidos por uma eleição indireta pelos empregados (§16(1) da *Mitbestimmungsgesetz*). Sobre essa situação, entre outros exemplos, refere-se o caso do antigo presidente do sindicato IG Metall, Sr. *Franz Steinkühler*, que pertencia, ao mesmo tempo, do Conselho de Administração da *Daimler-Benz AG* e da *Volkswagen AG*; no mesmo sentido, por exemplo, existiu o caso de *Walter Riester*, representante da *IG Metall* e que era simultaneamente membro do Conselho de Administração da *Audi AG* e da *Mercedes-Benz AG* (cf. MENSE. *Interessenkonflikte bei Mehrfachmandaten im Aufsichtsrat der AG*, p. 87-88).

[72] Fala-se do caso do Ministro de Energia de Schleswig-Holstein, Sr. *Jansen*, que trabalhava pelo fim da energia nuclear e, ao mesmo tempo, era conselheiro de administração de companhia que atuava no setor, a *Hamburgische Elektrizitäts-Werke AG* (HEW), controlada por Hamburgo (71,4% do capital era detido pela *Hamburgischen Gesellschaft für Beteiligungsverwaltung – HGV*, que, por sua vez, tinha como única sócia a *Freie und Hanseastadt Hamburg*). Nesse caso, entendeu-se (tanto o *Landgericht Hamburg* quanto o *Hanseatisches Oberlandesgericht Hamburg*) que seria uma justa causa para destituição do administrador, uma vez que trabalharia para eliminar a atividade essencial da companhia (em torno de 80% da energia produzida e vendida era nuclear), sendo que tal medida seria catastrófica para ela e a conduziria à falência; e assim sustentou tendo em vista a sua duração no tempo, a incompatibilidade com o interesse social e a inexistência de outra solução, sendo inaceitável a sua permanência. Sobre o caso (dando a literatura outros exemplos, como a hipótese em que defensor dos animais é eleito conselheiro de administração de empresa de biotecnologia que desenvolve medicamentos e realiza vários experimentos com animais, ou mesmo de um pacifista nomeado para ocupar o cargo de administrador em empresa de armamentos), ver: MENSE. *Interessenkonflikte bei Mehrfachmandaten im Aufsichtsrat der AG*, p. 158; KREBS. *Interessenkonflikte bei Aufsichtsratsmandaten in der Aktiengesellschaft*, p. 3, 303 ss; HOPT. *Interessenwahrung und Interessenkonflikte im Aktien-, Bank- und Berufsrecht*, p. 34 (= HOPT. *Protección y conflictos de intereses en el derecho de sociedades anónimas, bancário y professional*, p. 182); WARDENBACH. *Interessenkonflikte und mangelnde Sachkunde als Bestellungshindernisse zum Aufsichtsrat der AG*, p. 103 ss; RAISER; VEIL. *Recht der Kapitalgesellschaften*, p. 189. Ver, também: KORT. *Interessenkonflikte bei Organmitgliedern der AG*, p. 721.

(v) além dos casos normalmente referidos de conflito de interesses em contexto de aquisição de controle (interesse da administração em preservar os cargos, *v.g.*)[73], hipótese de oferta para aquisição do controle (especialmente se se trata de oferta hostil) em que o administrador da sociedade ofertante também possui posição semelhante na (ou é acionista da) sociedade alvo (não só porque pode ter acesso a informações sigilosas, mas também porque, a depender da situação, o Conselho de Administração se manifesta sobre a oferta de compra), em uma sociedade concorrente ou no banco que auxilia a sociedade ofertante na operação[74]-[75] (e desconsiderando, aqui, o

---

[73] Sobre o tema e as técnicas de prevenção e repressão, ver: HOPT. Übernahmen, Geheimhaltung und Interessenkonflikte: Probleme für Vorstände, Aufsichtsräte und Banken, p. 359 ss.
[74] Ou, ainda, membro do conselho da sociedade ofertante é administrador do principal banco da sociedade alvo, bem como a possibilidade de o administrador do banco ocupar cargo tanto na sociedade ofertante quanto na companhia-alvo (cf. LUTTER; KRIEGER. *Recht und Pflichten des Aufsichtsrats*, p. 356-357), sem contar a situação em que conselheiro da empresa-alvo é também membro do *Aufsichtsrat* do banco que vem a financiar a companhia adquirente (GIESEN. *Organhandeln und Interessenkonflikt*, p. 135-136).
[75] Nessa situação, por exemplo, muitas vezes se faz referência à aquisição hostil da *Thyssen AG* pela *Krupp AG* em 1997, na qual *Ulrich Cartellieri* era conselheiro de administração da *Thyssen AG* e também membro da Diretoria do *Deutsche Bank AG*, o qual estava assessorando a *Krupp AG* na operação (a rigor, a operação era assessorada – e seria financiada – por um consórcio de bancos, dirigida pelo *Deutschen Morgen Grenfell*, o banco de investimentos do *Deutsche Bank*, sendo que os bancos participantes tinham assentos nos Conselhos de Administração de ambas as companhias: diretor do *Dresdner Bank*, Sr. *Jürgen Sarrazin*, era conselheiro de administração da *Krupp AG*, enquanto que o também diretor do *Dresdner Bank*, Sr. *Bernhard Walter* era conselheiro da *Thyssen AG*, dizendo-se, todavia, que particularmente problemática era a posição de *Ulrich Cartellieri*, já que o *Deutsche Bank* é quem controlava a operação). Tal situação é descrita como um conflito de interesses gritante (*eklatante Interessenkonflikt*), tendo despertado uma série de questionamentos. Sobre o tema, ver, por exemplo: MENSE. *Interessenkonflikte bei Mehrfachmandaten im Aufsichtsrat der AG*, p. 86; KREBS. *Interessenkonflikte bei Aufsichtsratsmandaten in der Aktiengesellschaft*, p. 4, 175, 241 ss; HOPT. Übernahmen, Geheimhaltung und Interessenkonflikte: Probleme für Vorstände, Aufsichtsräte und Banken, p. 364 ss. Outro exemplo diz respeito ao caso da oferta hostil da *Merck KGaA* para aquisição da *Schering AG* (que, ao final, teve a intervenção da *Bayer AG* como "cavaleiro branco"): neste caso, *Hermann-Josef Lamberti* era conselheiro de administração da *Schering AG* e, também, diretor do *Deutsche Bank AG*, que estava auxiliando a *Merck KGaA* na operação; aqui, *Hermann-Josef Lamberti* anunciou que não participaria como membro do Conselho de Administração da *Schering AG*, com o objetivo de evitar situação de conflito de interesses tendo em vista eventuais informações que teria acesso quanto a táticas de defesa, sendo que, de qualquer sorte, renunciou logo após o cargo (cf. MENSE. *Interessenkonflikte bei Mehrfachmandaten im Aufsichtsrat der AG*, p. 86).

dever de informação imposto pela *Wertpapiererwerbs- und Übernahmegesetz – WpÜG*);

(vi) caso em que o representante dos trabalhadores no *Aufsichtsrat* apoia ativamente (e não a mera participação passiva) a greve dos empregados (sendo mais grave a situação caso realize piquetes ou a greve seja ilegal), ou quando da realização de contratos ou acordos coletivos (especialmente se se trata de representante ou de membro de algum órgão do sindicato)[76] – uma vez que os representantes dos empregados não devem agir no interesse dos seus eleitores, mas sim da companhia (sendo a independência garantida pela legislação – cf. §26 da *Mitbestimmungsgesetz* e §9 da *Gesetz über die Drittelbeteiligung der Arbeitnehmer im Aufsichtsrat*), mesmo porque todos os conselheiros de administração têm, independentemente da sua origem, os mesmos direitos e obrigações[77];

(vii) tomadas de medidas defensivas em contexto de oferta hostil (para proteger o cargo, por exemplo); etc[78].

---

[76] Faz-se exemplificativamente referência ao caso de *Frank Bsirske* que, enquanto presidente de sindicado, era também representante dos empregados e vice-presidente do Conselho de Administração da *Lufthansa AG*, sendo que teve participação determinante em greve dos funcionários que gerou grande prejuízo nas vendas da companhia, não tendo sua gestão aprovada pela Assembleia Geral em junho de 2003 – não se tendo, todavia, escutado sobre outras medidas legais. Sobre o caso, ver: MENSE. *Interessenkonflikte bei Mehrfachmandaten im Aufsichtsrat der AG*, p. 87; HOPT. Interessenwahrung und Interessenkonflikte im Aktien-, Bank- und Berufsrecht, p. 4 (= HOPT. Protección y conflictos de intereses en el derecho de sociedades anónimas, bancário y professional, p. 155). Fazendo referência a situação semelhante no verão de 2008 também capitaneada por *Frank Bsirske* envolvendo negociação coletiva e a recusa na sua destituição, ver: WENINGER. *Mitbestimmungsspezifische Interessenkonflikte von Arbeitnehmervertretern im Aufsichtsrat*, p. 243-244. Citando outro caso referente à greve, afirmado que tal atuação afronta o dever de lealdade do administrador, ver: KORT. Interessenkonflikte bei Organmitgliedern der AG, p. 721. Analisando diversas situações conflituosas referente à participação de representantes dos empregados nos Conselhos de Administração (que *aumentou substancialmente a complexidade do Direito Societário*), ver: KÜBLER, Friedrich. Dual Loyalty of Labor Representatives. In: HOPT, Klaus; TEUBNER, Gunther. *Corporate Governance and Directors' Liabilities*: legal, economic and sociological analyses on corporate social responsibility. Berlin: Walter de Gruyter, 1985. p. 429-444.

[77] RAISER; VEIL. *Recht der Kapitalgesellschaften*, p. 181-182.

[78] Muitas são as hipóteses e os detalhes envolvendo as mais diversas situações de conflito de interesses no Direito alemão (abarcando, inclusive, operações com terceiros próximos ao administrador, como parentes, terceiros próximos, sociedades da qual é administrador ou procurador, interposta pessoa, etc., tendo um interesse econômico ainda que mediato,

Importante salientar que, na Alemanha, se exclui a proibição de voto para os membros do *Aufsichtsrat* nos acordos interorgânicos, ou seja, aquelas deliberações cuja transcendência está limitada à esfera interna do órgão, como a nomeação do presidente, a regulamentação do desempenho de suas funções ou a nomeação de membros de uma comissão (§107 da *Aktiengesetz*)[79].

Por sua vez, em Portugal, o art. 64º do Código das Sociedades Comerciais, ao regrar os deveres fundamentais dos gerentes ou administradores

---

cf. FLEISCHER. Zur organschaftlichen Treupflicht der Geschäftsleiter im Aktien- und GmbH-Recht, p. 1057-1058). Sobre todos os casos e suas discussões, bem como várias outras análises, ver: BAUMANNS. *Rechtsfolgen einer Interessenkollision bei AG-Vorstandsmitgliedern*, p. 1 ss (realizando a análise a partir de exemplos dados na introdução da obra, em que contratos são firmados pelo diretor com outras sociedades nas quais possui interesse por ser sócio – minoritário, controlador ou único – ou em que alguém próximo, como seu cônjuge, é sócio, ou mesmo contrato com alguém próximo a ele); BORSDORFF. *Interessenkonflikte bei Organsmitgliedern*, p. 43 ss, 113 ss, 168 ss; GIESEN. *Organhandeln und Interessenkonflikt*, p. 133 ss; HARBARTH. Unternehmerisches Ermessen des Vorstands im Interessenkonflikt, p. 328 ss; HENN; FRODERMANN; JANNOTT. *Handbuch des Aktienrechts*, p. 358 ss, 440-441, 967; HOPT. Interessenwahrung und Interessenkonflikte im Aktien-, Bank- und Berufsrecht (= HOPT. Protección y conflictos de intereses en el derecho de sociedades anónimas, bancário y professional) (com diversos casos e exemplos ao longo do texto); KORT. Interessenkonflikte bei Organmitgliedern der AG, p. 717 ss; KREBS. *Interessenkonflikte bei Aufsichtsratsmandaten in der Aktiengesellschaft* (na introdução o autor já aborda uma série de exemplos de conflito de interesses no Conselho de Administração, o que vai trabalhando, posteriormente, ao longo da obra, sendo que no Capítulo 3 trabalha a questão de conflitos pontuais de interesses e, no Capítulo 4, os conflitos de interesses permanentes); MÖLLERS. Treupflichten und Interessenkonflikte bei Vorstands- und Aufsichtsratsmitgliedern, p. 432 ss; LUTTER; KRIEGER. *Recht und Pflichten des Aufsichtsrats*, p. 349 ss; POELZIG; THOLE. Kollidierende Geschäftsleiterpflichten, p. 849-850; MENSE. *Interessenkonflikte bei Mehrfachmandaten im Aufsichtsrat der AG* (especialmente no Capítulo 1, no qual o autor aborda o papel do Conselho de Administração, o fenômeno dos conselheiros de administração que ocupam cargos em diferentes companhias e como tal fenômeno é fonte de conflito de interesses, bem como as diferentes formas de conflito de interesses); RAISER; VEIL. *Recht der Kapitalgesellschaften*, p. 137 ss, 177 ss; WARDENBACH. *Interessenkonflikte und mangelnde Sachkunde als Bestellungshindernisse zum Aufsichtsrat der AG*, p. 62 ss (analisando, especialmente, a situação de conselheiros que ocupam posições em outras sociedades, especialmente se concorrentes ou em grupos de sociedade, se ocupam posição em fornecedor ou se possuem conflito relacionado ao próprio objeto da companhia, bem como dos representantes estatais nos conselhos de administração); WENINGER. *Mitbestimmungsspezifische Interessenkonflikte von Arbeitnehmervertretern im Aufsichtsrat*, p. 57 ss (trabalhando, especificamente, o conflito de interesses dos representantes dos empregados no Conselho de Administração).

[79] SÁNCHEZ. Obligaciones básicas derivadas del deber de lealtad, p. 220-221.

e membros de órgãos de fiscalização de sociedades, expressamente prevê o dever de lealdade. E, ao disciplinar a atuação em conflito de interesses, além da regra geral do art. 410º, nº 6 (bem como diante do previsto no art. 72º, nº 2), que veda que o administrador vote em deliberações do Conselho de Administração em que tenha (por conta própria ou de terceiro – dentro do qual se inclui o acionista controlador)[80] interesse em conflito com o da sociedade (hipótese na qual o administrador deve informar o presidente sobre tal conflito), o Código das Sociedades Comerciais regula diversos casos de conflitos de interesses, tais como:

(i) negócios entre o administrador e a sociedade[81] (art. 397º)[82], (i.a) vedando de modo absoluto a realização de determinados contratos (empréstimos ou crédito, pagamentos por conta dos administradores, prestação de garantias para os gestores ou adiantamentos de remunerações superiores a um mês), sob pena de nulidade, ou (i.b) estabelecendo um procedimento de aprovação prévia pelo Conselho de Administração – e, quando existente somente um administrador, há quem proponha a aprovação pelos acionistas[83] – de contra-

---

[80] Cf. GOMES. Conflito de interesses entre accionistas nos negócios celebrados entre a sociedade anónima e o seu accionista controlador, p. 112, 157 ss (podendo, todavia, ser mostrada a licitude da operação caso tenha respeitado os padrões de mercado).

[81] A doutrina confere ampla conotação aos negócios entre administrador e sociedade em situação de conflito de interesses, especialmente porque tal dispositivo legal prevê tais negócios por interposta pessoa, referindo como sendo "os negócios entre a sociedade e um administrador ou uma terceira pessoa, nos quais o administrador tenha um interesse pessoal relativo aos resultados do negócio" (GIÃO. Conflitos de interesses entre administradores e os accionistas na sociedade anónima, p. 238 – que, à p. 240, complementa afirmando que quando o administrador não é parte direta ou indireta do negócio mas ainda assim é afetado pelo seu resultado final, estará ele em situação de conflito de interesses).

[82] Tal dispositivo, além de aplicável naturalmente ao modelo monista e anglo-saxônico de administração, também é aplicável, com base no art. 428º, às sociedades que adotam o modelo de administração de inspiração alemã, com conselho de administração executivo, conselho geral e de supervisão e revisor oficial de contas, cf. art. 278º – sendo que, de acordo com o art. 443º, n. 1, do Código das Sociedades Comerciais, "Nas relações da sociedade com os seus administradores a sociedade é obrigada pelos dois membros do conselho geral e de supervisão por este designados" –, não se esquecendo que o art. 445º, n. 1, também determina que "Aos negócios celebrados entre membros do conselho geral e de supervisão e a sociedade aplica-se, com as necessárias adaptações, o disposto no artigo 397º".

[83] V.g.: ABREU. Negócios entre sociedades e partes relacionadas (administradores, sócios), p. 17.

tos firmados diretamente ou por interposta pessoa[84] (*v.g.*, contratos firmados com sociedades na qual o administrador detém a maioria do capital, além de existir quem defenda interpretação ampla do dispositivo legal, o qual também incidiria aos contratos celebrados entre a sociedade e terceiros (re)presentados pelo mesmo administrador – inclusive com fundamento no art. 261º do Código Civil português –, bem como nos negócios firmados entre sociedades com administradores comuns mesmo que, apesar de discutível, tais gestores não representem a(s) respectiva(s) sociedade(s) no negócio em questão)[85] sem participação do administrador envolvido (pouco importando se administrador delegado ou membro da Comissão Executiva, ou mesmo mandatário da sociedade, o qual deve informar seu interesse pessoal), com parecer favorável do Conselho Fiscal (ou do fiscal único) ou da Comissão de Auditoria e que deve ser negociado *at arm's lenght*, sendo expressamente previsto que tais regras se aplicam a "actos ou contratos celebrados com sociedades que estejam em relação de domínio ou de grupo com aquela de que o contraente é administrador". Tal regra comina com nulidade o negócio celebrado em desrespeito ao procedimento e independen-

---

[84] *I.e.*, aquela pessoa "que se encontre sobre sob o domínio de influência do administrador", cf. LOURENÇO. *Os deveres de Administração e a business judgment rule*, p. 24. Ver, também: GIÃO. Conflitos de interesses entre administradores e os accionistas na sociedade anónima, p. 249; ABREU. *Responsabilidade civil dos administradores de sociedades*, p. 25 ss; ABREU, Jorge Manuel Coutinho de. Negócios entre sociedades e partes relacionadas (administradores, sócios) – sumário às vezes desenvolvido. *Direito das Sociedades em Revista*, Coimbra, a. 5, v. 9, p. 13-25, mar. 2013, p. 15-16.

[85] GOMES. Conflito de interesses entre accionistas nos negócios celebrados entre a sociedade anónima e o seu accionista controlador, p. 101 ss; GOMES, José Ferreira. *Da Administração à Fiscalização das Sociedades*: a obrigação de vigilância dos órgãos da sociedade anónima. Coimbra: Almedina, 2017, p. 367 ss. Afirma-se que tal dispositivo é aplicado não apenas aos casos em que o administrador é parte no negócio proposto, mas em todos os casos em que o administrador tenha interesse pessoal, financeiro ou de outra natureza, referente aos resultados da referida operação; confere-se uma interpretação ampla para abarcar as mais diversas hipóteses em que o administrador venha a ter um interesse pessoal envolvido (GIÃO. Conflitos de interesses entre administradores e os accionistas na sociedade anónima, p. 252 ss). Ver, também: ABREU. Negócios entre sociedades e partes relacionadas (administradores, sócios), p. 15-16. Ainda, na hipótese em que o administrador ocupa o cargo em duas companhias, entende-se aplicável a regra de conflito de interesses em caso de conflito de deveres (LARGUINHO. O dever de lealdade, p. 203 ss) – lembrando-se, aqui, que os arts. 254º, 398º, 428º e 434º do CSC proíbem a prática de concorrência pelos administradores e de outras atividades.

temente de qualquer contraposição de interesses, inviabilizando a própria ratificação dos atos praticados – existindo, todavia, ressalva a negócios no curso normal da atividade da sociedade e sem qualquer vantagem especial ao administrador[86];

(ii) fixação da remuneração dos administradores (arts. 399º e 440º)[87]-[88].

[86] "Artigo 397º Negócios com a sociedade 1 – É proibido à sociedade conceder empréstimos ou crédito a administradores, efectuar pagamentos por conta deles, prestar garantias a obrigações por eles contraídas e facultar-lhes adiantamentos de remunerações superiores a um mês. 2 – São nulos os contratos celebrados entre a sociedade e os seus administradores, directamente ou por pessoa interposta, se não tiverem sido previamente autorizados por deliberação do conselho de administração, na qual o interessado não pode votar, e com o parecer favorável do conselho fiscal ou da comissão de auditoria. 3 – O disposto nos números anteriores é extensivo a actos ou contratos celebrados com sociedades que estejam em relação de domínio ou de grupo com aquela de que o contraente é administrador. 4 – No seu relatório anual, o conselho de administração deve especificar as autorizações que tenha concedido ao abrigo do nº 2 e o relatório do conselho fiscal ou da comissão de auditoria deve mencionar os pareceres proferidos sobre essas autorizações. 5 – O disposto nos n.os 2, 3 e 4 não se aplica quando se trate de acto compreendido no próprio comércio da sociedade e nenhuma vantagem especial seja concedida ao contraente administrador." Sobre o tema, ver: ABREU. *Responsabilidade civil dos administradores de sociedades*, p. 25-26; ABREU. Negócios entre sociedades e partes relacionadas (administradores, sócios), p. 14 ss; GIÃO. Conflitos de interesses entre administradores e os accionistas na sociedade anónima, p. 248 ss; GOMES. Conflito de interesses entre accionistas nos negócios celebrados entre a sociedade anónima e o seu accionista controlador, p. 101 ss; GOMES. *Da Administração à Fiscalização das Sociedades*, p. 357 ss; LOURENÇO. *Os deveres de Administração e a business judgment rule*, p. 24; NUNES. Jurisprudência sobre o dever de lealdade dos administradores, p. 184 ss.

[87] Quanto à remuneração dos administradores, o art. 399º do CSC, juntamente com o art. 440º, determina que ela é fixada pela assembleia geral ou por uma comissão nomeada pela assembleia geral, respeitados os parâmetros legalmente estabelecidos; na hipótese de adoção de uma estrutura dualista de administração, é competente o conselho geral e de supervisão ou uma comissão por este nomeada para fixação da remuneração ou, ainda, quando assim for determinada no contrato social, a competência será da assembleia geral ou de comissão por esta nomeada (cf. art. 429º do CSC) – além de existirem recomendações sobre a matéria, por exemplo, no Código do Governo das Sociedades da CMVM, na qual estabelece-se, entre outras regras, que os parâmetros da remuneração, quando for o caso, devem ser submetidos pela respectiva comissão e pelo órgão de administração à assembleia geral anual para aprovação, bem como a necessidade de aprovação pela assembleia geral de proposta de planos de atribuição de ações e/ou de opções de aquisição de ações ou com base nas variações do preço das ações, sendo que os membros da comissão de remunerações ou equivalente devem ser independentes em relação aos membros do órgão de administração. Ademais, existem disposições específicas, por exemplo, para entidades de interesse público; aqui, a Lei 28/2009, determinou regime de aprovação e divulgação da política de remuneração dos membros dos órgãos de administração e fiscalização das entidades de interesse público (exigindo, por

Já na Espanha, o art. 227 da *Ley de Sociedades de Capital* estabelece o dever de lealdade dos administradores, determinando que eles "deberán desempeñar el cargo con la lealtad de un fiel representante, obrando de buena fe y en el mejor interés de la sociedade"[89]. O art. 228, ao arrolar as obrigações básicas derivadas do dever de lealdade, prevê, na alínea "c", que o administrador deve "[a]*bstenerse de participar en la deliberación y votación de acuerdos o decisiones en las que él o una persona vinculada tenga un conflicto de intereses, directo o indirecto*", estando excluída desta obrigação de abstenção "*los acuerdos o decisiones que le afecten en su condición de administrador, tales como su designación o revocación para cargos en el órgano de administración u otros de análogo significado*". Por sua vez, a alínea "e" dispõe que devem ser adotadas as medidas necessárias para evitar incorrer em situações em que os interesses do administrador, por conta própria ou alheia[90], possam entrar em conflito com o interesse social e com seus deveres para com a sociedade,

exemplo, a obrigatoriedade de apresentação à assembleia geral de uma declaração sobre política de remuneração dos membros dos órgãos de administração e de fiscalização). Sobre o tema da remuneração de administradores no Direito português, ver: CÂMARA. Conflito de interesses no Direito Financeiro e Societário: um retrato anatómico, p. 42 ss; GIÃO. Conflitos de interesses entre administradores e os accionistas na sociedade anónima, p. 268 ss.

[88] Sobre a regulação da atuação em conflito de interesses no Direito português (detalhando as vedações expressas e os procedimentos de informação, de deliberação e de execução) bem como quanto às consequências (que vão desde a responsabilização civil e eventualmente penal, invalidade da deliberação e destituição por justa causa até a possibilidade de insolvência culposa), ver: ABREU. *Responsabilidade civil dos administradores de sociedades*, p. 25 ss; ABREU. Negócios entre sociedades e partes relacionadas (administradores, sócios), p. 14 ss; CÂMARA. Conflito de interesses no Direito Financeiro e Societário: um retrato anatómico, p. 63 ss; GIÃO. Conflitos de interesses entre administradores e os accionistas na sociedade anónima, p. 247 ss; GOMES. Conflito de interesses entre accionistas nos negócios celebrados entre a sociedade anónima e o seu accionista controlador, p. 101 ss; GOMES. *Da Administração à Fiscalização das Sociedades*, p. 349 ss, 574 ss.

[89] Determinando, também, que "La infracción del deber de lealtad determinará no solo la obligación de indemnizar el daño causado al patrimonio social, sino también la de devolver a la sociedad el enriquecimiento injusto obtenido por el administrador".

[90] Existindo quem entenda que resta abarcada a hipótese em que um administrador é beneficiado pela atuação de outros, ou seja, quando o administrador beneficiado influencia a atuação de seus pares (HERRANZ. El deber de abstenerse de usar el nombre de la sociedad o la condición de administrador para influir indebidamente en la realización de operaciones privadas, p. 312). Ademais, aqui também se entende equiparar ao conflito de interesses a hipótese de conflito de deveres, *i.e.*, quando um administrador ocupa cargo em outra sociedade que possui interesse conflitante (PAZ-ARES, Cándido. Anatomía del deber de lealtad. *Actualidad Jurídica Uría Menéndez*, n. 39, p. 43-65, 2015, p. 53-54).

sendo que, além de outras hipóteses apontadas[91], o art. 229, 1, assim especifica, exemplificativamente[92], o dever de evitar situações em conflito de interesses, obrigando o administrador a abter-se de:

(i) Realizar transações com a sociedade, salvo se se trata de operações ordinárias, em condições normais para com os clientes e de escassa relevância, assim entendidas aquelas cuja informação não seja necessária para expressar a imagem fiel do patrimônio, a situação financeira e os resultados da entidade;

(ii) Usar o nome da sociedade ou invocar sua condição de administrador para influir indevidamente na realização de operações privadas;

(iii) Fazer uso dos ativos sociais, inclusive de informação confidencial da companhia, para fins privados;

(iv) Aproveitar-se de oportunidades negociais da companhia;

(v) Obter vantagens ou remuneração de terceiros distintos da sociedade e seu grupo associadas ao desempenho de seu cargo, ressalvados atos de mera cortesia;

(vi) Desenvolver atividades por conta própria ou alheia que acarretem efetiva concorrência, atual ou potencial, para com a sociedade ou que, de qualquer outro modo, possam ensejar um conflito permanente com os interesses da sociedade[93].

---

[91] Como a possibilidade de a própria administração fixar a sua remuneração, a depender do previsto no estatuto social, o que pode ensejar conflito de interesses (GASTAMINZA. *Comentarios a la Ley de Sociedades de Capital*, p. 595-596), bem como de operações com sociedade na qual o aministrador também ocupa algum cargo na administração ou em operações com o acionista que nomeou o administrador (PAZ-ARES. Anatomía del deber de lealtad, p. 56-57).

[92] RODA. Deber de evitar situaciones de conflicto de interés y personas vinculadas a los administradores, p. 250.

[93] Ainda, o art. 220 assim dispõe: "**Artículo 220. Prestación de servicios de los administradores.** En la sociedad de responsabilidad limitada el establecimiento o la modificación de cualquier clase de relaciones de prestación de servicios o de obra entre la sociedad y uno o varios de sus administradores requerirán acuerdo de la junta general." Sobre o tema, ver: GALLEGO. Capítulo II – Los Administradores, p. 1.569-1.577. Aqui, há discussão sobre a aplicação de tal dispositivo às sociedades anônimas – sendo que, de qualquer forma, sobre a contratação do administrador pela sociedade acabariam sendo aplicadas as demais normas referentes aos deveres dos administradores (cf. GASTAMINZA. *Comentarios a la Ley de Sociedades de Capital*, p. 602-603).

Adicionalmente, o art. 229, 2, estabelece que tais hipóteses serão de aplicação também no caso de o beneficiário dos atos ou das atividades proibidas ser uma pessoa vinculada ao administrador – sendo que o art. 231 estabelece um rol de pessoas vinculadas que se faz presumir (tratando-se de verdadeiro mecanismo de presunção, hipóteses nas quais sequer é necessário demonstrar o interesse específico do administrador na operação, sendo que a influência de outros terceiros deve restar provada)[94] a existência de conflito, indo desde relações familiares (abrangendo o cônjuge ou as pessoas com análoga relação de afetividade, bem como ascendentes, descendentes e irmãos do administrador ou de seu cônjuge, entre outros) até relações societárias (abarcando, inclusive, operações entre sociedades com administradores comuns)[95]-[96]-[97]. E, finalmente, o art. 229, 3, determina um proce-

---

[94] Cf. FERRER. Deberes de los administradores en la Ley de Sociedades de Capital, p. 99, 101; FERRER. El deber de lealtad del administrador de sociedades, p. 464 ss; RIBAS. Capítulo III – Los Deberes de los Administradores, p. 1.661; GASTAMINZA. Comentarios a la Ley de Sociedades de Capital, p. 637. Ver, também: PAZ-ARES. Anatomía del deber de lealtad, p. 56-57; DÍEZ. El deber de los administradores de evitar situaciones de conflicto de interés, p. 56-59. Apesar disso, há discussão doutrinária se o rol seria *numerus clausus* ou *numerus apertus* (sobre a discussão, ver: RODA. Deber de evitar situaciones de conflicto de interés y personas vinculadas a los administradores, p. 269).

[95] "Artículo 231. Personas vinculadas a los administradores.1. A efectos de los artículos anteriores, tendrán la consideración de personas vinculadas a los administradores: a) El cónyuge del administrador o las personas con análoga relación de afectividad. b) Los ascendientes, descendientes y hermanos del administrador o del cónyuge del administrador. c) Los cónyuges de los ascendientes, de los descendientes y de los hermanos del administrador. d) Las sociedades en las que el administrador, por sí o por persona interpuesta, se encuentre en alguna de las situaciones contempladas en el apartado primero del artículo 42 del Código de Comercio. 2. Respecto del administrador persona jurídica, se entenderán que son personas vinculadas las siguientes: a) Los socios que se encuentren, respecto del administrador persona jurídica, en alguna de las situaciones contempladas en el apartado primero del artículo 42 del Código de Comercio. b) Los administradores, de derecho o de hecho, los liquidadores, y los apoderados con poderes generales del administrador persona jurídica. c) Las sociedades que formen parte del mismo grupo y sus socios. d) Las personas que respecto del representante del administrador persona jurídica tengan la consideración de personas vinculadas a los administradores de conformidad con lo que se establece en el párrafo anterior."

[96] O que se proíbe, de qualquer sorte, é que o administrador instrumentalize tais sujeitos como pessoas interpostas bem como seja utilizado por tais pessoas para colocar em prática uma conduta vedada pelo dever de lealdade, ou seja: não se pode proibir, por exemplo, que o pai do administrador pratique concorrência com a sociedade por ele administrada única e exclusivamente pela relação de parentesco (cf. DÍEZ. *El deber de los administradores de evitar situaciones de conflicto de interés*, p. 54-56).

dimento para as hipóteses de pontual conflito de interesses (pois, em caso de conflito permanente, tem-se caso de cessação do mandato nos termos do art. 224, 2, da *Ley de Sociedades de Capital*), devendo os administradores comunicar aos demais gestores e, se for o caso, ao Conselho de Administração ou à Assembleia Geral, qualquer situação de conflito, direto ou indireto, em que tal administrador ou pessoa a ele vinculada tenham com os interesses da sociedade, sendo que o art. 230 prevê a possibilidade de autorização para a realização de tais atos (por membros independentes da administração ou da assembleia geral, a depender dos critérios de competência previstos) e desde que a operação guarde a inexistência de impacto para o patrimônio social ou que seja realizada em condições de mercado e a transparência do processo[98] – não sendo suficiente, para a incidência

---

[97] Ainda, relatam-se outros casos em que verificou existir conflito de interesses. Nesse sentido, por exemplo, refere-se à situação em que foi autorizada a prática de concorrência a três administradores de uma sociedade, sendo que tais administradores eram administradores das pessoas jurídicas sócias e representaram os sócios na assembleia geral que deliberou tal autorização. Entendeu-se que tal situação consubstancia verdadeiro conflito de interesses, sendo nula tal decisão (GASTAMINZA. *Comentarios a la Ley de Sociedades de Capital*, p. 632). Também se afirma, além da existência de conflito em operações entre sociedades com administradores comuns, que pode existir conflito de interesses do administrador em operação entre a companhia e acionista controlador ou relevante que elegeu o administrador (cf. RODA. *Deber de evitar situaciones de conflicto de interés y personas vinculadas a los administradores*, p. 275-276; DÍEZ. *El deber de los administradores de evitar situaciones de conflicto de interés*, p. 77). Para uma ampla análise da tipologia conflitual (indo desde conflito direto ao indireto, de conflito próprio ao alheio, de conflito patrimonial ao posicional, de conflito permanente ao ocasional, de conflito relativo a relações jurídicas a situações de fato), bem como referindo uma série de situações típicas (que vão adquirindo tipicidade normativa ou doutrinária, como a realização de operações entre sociedades que tenham o mesmo administrador), ver: FERRER. *El deber de lealtad del administrador de sociedades*, p. 446 ss.

[98] "**Artículo 230. Régimen de imperatividad y dispensa.**
1. El régimen relativo al deber de lealtad y a la responsabilidad por su infracción es imperativo. No serán válidas las disposiciones estatutarias que lo limiten o sean contrarias al mismo.
2. No obstante lo dispuesto en el apartado precedente, la sociedad podrá dispensar las prohibiciones contenidas en el artículo anterior en casos singulares autorizando la realización por parte de un administrador o una persona vinculada de una determinada transacción con la sociedad, el uso de ciertos activos sociales, el aprovechamiento de una concreta oportunidad de negocio, la obtención de una ventaja o remuneración de un tercero.
La autorización deberá ser necesariamente acordada por la junta general cuando tenga por objeto la dispensa de la prohibición de obtener una ventaja o remuneración de terceros, o afecte a una transacción cuyo valor sea superior al diez por ciento de los activos sociales. En las sociedades de responsabilidad limitada, también deberá otorgarse por la junta

da regra, a existência de uma dualidade de interesses sem qualquer risco de dano, mas, sim, analisando-se caso a caso, verdadeira contraposição (intencional ou não) de interesses juridicamente relevante com potencial lesivo ao patrimônio da sociedade (ou seja, não é necessária a produção do dano)[99], apesar de existir quem entenda de modo diverso[100]-[101].

general la autorización cuando se refiera a la prestación de cualquier clase de asistencia financiera, incluidas garantías de la sociedad a favor del administrador o cuando se dirija al establecimiento con la sociedad de una relación de servicios u obra.
En los demás casos, la autorización también podrá ser otorgada por el órgano de administración siempre que quede garantizada la independencia de los miembros que la conceden respecto del administrador dispensado. Además, será preciso asegurar la inocuidad de la operación autorizada para el patrimonio social o, en su caso, su realización en condiciones de mercado y la transparencia del proceso.
3. La obligación de no competir con la sociedad solo podrá ser objeto de dispensa en el supuesto de que no quepa esperar daño para la sociedad o el que quepa esperar se vea compensado por los beneficios que prevén obtenerse de la dispensa. La dispensa se concederá mediante acuerdo expreso y separado de la junta general.
En todo caso, a instancia de cualquier socio, la junta general resolverá sobre el cese del administrador que desarrolle actividades competitivas cuando el riesgo de perjuicio para la sociedad haya devenido relevante."

[99] FERRER. *El deber de lealtad del administrador de sociedades*, p. 421 ss; PAZ-ARES. Anatomía del deber de lealtad, p. 52-53, 61-62.
[100] Há quem defenda que o desrespeito ao procedimento enseja a inversão do ônus da prova (em moldes semelhantes ao que se verifica no Direito americano e a por nós sustentada no Brasil). Com opinião um pouco diversa, afirmando que não existe a necessidade de um conflito real para a incidência da regra, bem como afirmando que o controle do dever de lealdade é *ex ante* (não sendo preciso que a sociedade sofra um dano, uma vez que o administrador pode ter um ganho que, pela legislação espanhola, deve ser restituído à sociedade), ver, entre outros: MARTÍN. Capítulo I – La posición jurídica de los administradores de sociedades de capital, p. 71; RODA. Deber de evitar situaciones de conflicto de interés y personas vinculadas a los administradores, p. 265; SOBREJANO. Imperatividad y dispensa del deber de lealtad, p. 303; DÍEZ. *El deber de los administradores de evitar situaciones de conflicto de interés*, p. 61 ss (afirmando que o efetivo prejuízo à sociedade pode ser necessário para algumas consequências, como a responsabilização civil, mas não para outras, como a destituição por justa causa do administrador, uma vez que o não respeito ao procedimento ainda que a operação seja *fair* representa desrespeito ao dever de lealdade mesmo porque tal regra é de perigo abstrato).
[101] Para um panorama sobre o conflito de interesses e o procedimento estabelecido no Direito espanhol (resumidas em três fases, quais sejam: (*i*) a notificação oportuna de seu interesse – o que significa que a informação à sociedade deve ser precisa e prévia, apesar de se admitir a ratificação pela sociedade da operação realizada em caso de notificação extemporânea –, (*ii*) a abstenção quando da obtenção do processo de autorização – a ser realizado pelo órgão competente por pessoas desinteressadas, sendo que, como regra, a autorização sempre deveria ser expressa, específica e motivada em respeito ao interesse social, sob pena de restar

Na Argentina, o dever de lealdade é imposto pelo art. 59 da *Ley de Sociedades de Capital*, que também estabelece regras inderrogáveis relacionadas ao conflito de interesses. Nesse sentido, o art. 271 permite que os diretores celebrem contratos com a sociedade que sejam de sua atividade ordinária e desde que respeite as condições de mercado (hipótese na qual não é necessária qualquer autorização e a contratação é legítima), sendo que os contratos que não reunirem tais requisitos somente poderão ser celebrados mediante prévia aprovação da diretoria *o conformidad de la sindicatura* (ou conselho de vigilância) *si no existiese quórum*, devendo a assembleia geral ser informada; ainda, se reprovados os contratos celebrados pela assembleia geral, os diretores ou a *sindicatura* serão solidariamente responsáveis, e os contratos celebrados em violação ao previsto no referido dispositivo e que não forem ratificados pela assembleia geral serão nulos (respeitados os terceiros de boa-fé), sem prejuízo da respectiva responsabilidade (inclusive dos administradores, da *sindicatura* ou do conselho de vigilância que autorizaram a operação). Já o art. 272 prevê que na hipótese de o diretor ter um interesse contrário ao da sociedade (e não qualquer interesse

---

invalidada – e (*iii*) a execução – que deve ser estrita aos limites autorizados e ao que os demais administradores devem fiscalizar), bem como das condutas ensejadoras de situações de conflito de interesses e das consequências quando da prática de ilícito desleal (que vão desde a cessação do cargo dos administradores a requerimento de sócio por decisão da *junta general*, nos termos do art. 224, 2, da *Ley de Sociedade de Capital*, até a responsabilização civil, o enriquecimento sem causa, a invalidade ou a ineficácia relativa da operação – sempre restando protegidos os terceiros de boa-fé – e a eventual responsabilização penal e administrativa), ver: BROSETA PONT; SANZ. *Manual de Derecho Mercantil*, p. 487-489; DÍEZ. *El deber de los administradores de evitar situaciones de conflicto de interés*, p. 25 ss; FERRER. *El deber de lealtad del administrador de sociedades*, p. 347 ss; FERRER. Deberes de los administradores en la Ley de Sociedades de Capital; GALLEGO. Capítulo II – Los Administradores, p. 1.593 ss; GASTAMINZA. *Comentarios a la Ley de Sociedades de Capital*, p. 615 ss; HERRANZ. El deber de abstenerse de usar el nombre de la sociedad o la condición de administrador para influir indebidamente en la realización de operaciones privadas, p. 307 ss; MARTÍN. Capítulo I – La posición jurídica de los administradores de sociedades de capital, p. 65 ss; PAZ-ARES. Anatomía del deber de lealtad; RIBAS. Capítulo III – Los Deberes de los Administradores, p. 1.620 ss; RODA. Deber de evitar situaciones de conflicto de interés y personas vinculadas a los administradores, p. 244 ss; RODA; MOYA. El conflicto de intereses de los administradores en las sociedades de capital revisitado a la luz de la reciente jurisprudencia, p. 457 ss; SÁNCHEZ. Obligaciones básicas derivadas del deber de lealtad, p. 216 ss; SOBREJANO. Imperatividad y dispensa del deber de lealtad, p. 281 ss. Ver, também, RUIZ, Mercedes Sánchez. El deber de abstención del administrador en conflicto de intereses con la sociedad (art. 229.1 LSC). *Revista de Derecho de Sociedades*, n. 41, p. 175-216, 2013/2.

extrassocial, mas somente aquele que colida com o interesse da companhia), por conta própria ou de terceiros (inclusive do cônjuge ou mesmo de operações entre sociedades controlada e controladora), deverá informar tempestivamente a natureza, o alcance, a origem e a importância do interesse conflitante à diretoria e aos síndicos (ou ao conselho de vigilância) e abster-se de intervir na deliberação (não se entendendo necessário que se retire da reunião, inclusive porque pode prestar esclarecimentos adicionais durante os debates – apesar de existir quem entenda ser necessário que se ausente da reunião para evitar qualquer pressão moral), sob pena de ser responsabilizado – sendo, também, possível a impugnação da decisão. Finalmente, o art. 273 proíbe, salvo dispensa da assembleia geral, a prática de concorrência (de modo direto ou indireto), uma vez que também tende a ensejar a atuação em detrimento da companhia e em benefício próprio (ou seja, com conflito de interesses)[102]. E são vários os casos referidos pela doutrina e jurisprudência em que pode existir conflito de interesses, como *(i)* viagem ao exterior do administrador para firmar contrato em benefício próprio[103], *(ii)* contratação entre sociedades com administrador comum (ou caso o diretor de uma sociedade ocupe cargo em algum outro órgão da outra sociedade)[104] e *(iii)* fazer com que a sociedade preste garantia a dívidas pessoais[105].

De acordo com o até aqui exposto, independentemente da estrutura de administração adotada bem como das regras estabelecidas em torno

---

[102] Para uma visão panorâmica do tema na Argentina, que contém regras específicas para companhias abertas, bem como há regras que também se aplicam aos *síndicos* (*Ley de Sociedades de Capital*, art. 298) e ao *consejo de vigilancia* (*Ley de Sociedades de Capital*, art. 280), ver: GAGLIARDO. *El Directorio en la Sociedad Anónima*, p. 459 ss; HALPERIN, Isaac; OTAEGUI, Julio C. *Sociedades Anónimas*. 2 ed. Buenos Aires: Depalma, 1998, p. 535 ss; ROITMAN. *Ley de sociedades comerciales comentada y anotada*, t. I, p. 883; ROITMAN. *Ley de sociedades comerciales comentada y anotada*, t. IV, p. 515 ss; VERÓN. *Tratado de las sociedades comerciales y otros entes asociativos*, t. II, p. 812 ss. Apresentando as mais diversas discussões a respeito do tema ao longo do tempo, antes da entrada em vigor da *Ley de Sociedades Comerciales*, ver: MALAMUD, Jaime. Los contratos de los directores con las sociedades anónimas que administran. In: ETCHEVERRY, Raúl A.; RICHARD, Efraín Hugo. *Summa Societaria*, t. III. Buenos Aires: Abeledo Perrot, 2012. p. 3.733-3.743; e PINEDO, Alejandro A. Contratos entre una sociedad anónima y sus directores. Alcance de la nulidad que los afecta. In: ETCHEVERRY, Raúl A.; RICHARD, Efraín Hugo. *Summa Societaria*, t. III. Buenos Aires: Abeledo Perrot, 2012. p. 3.803-3.811.
[103] VERÓN. *Tratado de las sociedades comerciales y otros entes asociativos*, t. II, p. 814-815.
[104] ROITMAN. *Ley de sociedades comerciales comentada y anotada*, t. IV, p. 521, 533.
[105] ROITMAN. *Ley de sociedades comerciales comentada y anotada*, t. IV, p. 533.

do dever de lealdade, a tendência é que a noção de conflito de interesses na administração da sociedade anônima seja ampla, enquanto que as regras para lidar com tais situações são variadas, como igualmente ocorre em outros países de tradição romano-germânica, *v.g.* Suíça[106], França[107] e Uruguai[108].

[106] O Direito Societário suíço está basicamente regulado no direito das obrigações, que é a quinta parte do *Schweizerische Zivilgesetzbuch*. E, ao tratar das sociedades anônimas, tem-se que o art. 717, 1, prevê que os membros da administração devem agir com lealdade no interesse da companhia; deve-se dar prioridade ao interesse da sociedade, independentemente de quem elegeu os administradores, sendo que o interesse social prevalece sobre qualquer interesse pessoal dos gestores. Aqui, entende-se que qualquer favorecimento relevante é antijurídico. Inexiste regra prevendo a contratação de contratos entre o administrador e a sociedade (*Insichgeschäfte*, que abrange o contrato consigo mesmo – *Selbstkontrahien* e a dupla representação – *Doppelvertretung*); tais operações não são permitidas ressalvado quando não há prejuízo em decorrência da natureza do contrato (como quando há critérios objetivos a definir a inexistência de dano, adotando-se, por exemplo, o preço de mercado, sendo a operação realizada da mesma forma que se fosse firmada com terceiros, ou, em sendo inviável tal aferição, mediante a contratação de uma *fairness opinion*) ou se há autorização (expressa ou tácita) ou ratificação da operação por membros (administradores ou acionistas) independentes (sendo possível a implementação de comitê independente, como no caso da fixação da remuneração dos administradores, que, de regra, é de competência da administração) – presumindo-se, então, que a operação é adequada –; assim, exige-se a autorização ou a adequação material do negócio. O art. 718, 3, exige que tais contratos devem ser escritos, ressalvados aqueles realizados no curso normal dos negócios e que não superem o valor de 1.000 francos suíços. Ainda, não há uma regra sobre a atuação em conflito de interesses, sendo moldado pelo dever de lealdade – ficando a critério dos regimentos internos ou dos estatutos, o que é algo cada vez mais comum, apesar de nem sempre trazer as regras mais adequadas. Tende a prevalecer o entendimento de que não basta um mero contato de interesses para que o regimento interno ou o estatuto exclua o direito de voto; há a necessidade de um conflito intenso de interesses na operação em que o administrador, em benefício, econômico ou não, próprio ou de terceiro (inclusive acionista que o elegeu, caso seja representante de banco que opera com a sociedade, situações que envolvam parentes ou amigos, etc), bem como na hipótese de colisão de deveres (ou seja, hipótese em que companhias com administradores comuns realizem operações em conjunto), prejudique o interesse da sociedade; tal fenômeno, então, pode abarcar as mais diversas hipóteses, mesmo quando o administrador não tenha um interesse próprio nem econômico, abrangendo partes relacionadas, operações no interesse dos acionistas, sociedades com administradores comuns, etc., inclusive a questão relacionada à remuneração dos administradores e a própria alienação de controle (mesmo em contexto de ofertas hostis, hipótese em que medidas defensivas podem ser utilizadas pela administração a fim de preservar o próprio cargo e ainda que não seja contraparte da operação, evitando que negócios do interesse da companhia sejam realizadas – pelo que o art. 36 do *Ubernahmeverordnung* traz algumas restrições à atuação dos gestores e ao uso de tais táticas defensivas, bem como há previsões no 132 da *Bundesgesetz über die Finanzmarktinfrastrukturen*

und das Marktverhalten im Effekten- und Derivatehandel, sendo que, ao fim e ao cabo, as operações dependem de manifestação do *Verwaltungsrat* e deliberação da assembleia geral). O mero contato entre os interesses pode determinar a obrigatoriedade de sua divulgação, mas não a exclusão do voto. Assim, por exemplo, não se poderia impedir que o representante dos empregados no *Verwaltungsrat* participe da qualquer decisão em assunto relacionado aos empregados uma vez que o mesmo não se faz com os empregadores; todavia, o dever de se retirar e não votar existe caso se esteja diante de um interesse irreconciliável. Deve-se analisar se efetivamente há um confronto de interesses, se o interesse do administrador age de modo determinante na tomada de decisão bem como se, por determinação legal, há obrigação de agir com interesse contrário ao da sociedade. A administração deve, então, evitar situações de conflito de interesses mas, caso ocorram, há o dever de informar por parte do gestor interessado e a operação deve aprovada por administradores desinteressados – ou, excepcionalmente, por acionistas devidamente informados –, sendo que, em último caso, é possível a indicação de um administrador auxiliar; ainda, a depender, sequer informações referentes à operação devem ser compartilhadas com o administrador interessado (caso, por exemplo, também ocupe cargo em sociedade que seja contraparte da operação), além de, caso seja permanente o conflito, existir o dever de abdicar do cargo (dever de escolher qual interesse deve continuar representando) – bem como a possibilidade de destituição do administrador. Pelo exposto, o dever de lealdade impõe que medidas devem ser adotadas gradualmente a depender da situação – sendo que, para companhias abertas, há regras de divulgação de tais operações. A quebra do dever de lealdade pode causar a invalidade da operação (ao menos para os *Insichgeschäfte*) – e protegendo-se os terceiros de boa-fé –, a responsabilização civil e o dever de restituir benefícios auferidos, bem como eventual responsabilização penal; em caso de ocupar cargos em companhias concorrentes, pode-se chegar, inclusive, à vedação de tal posição. Finalmente, há discussão sobre a inversão do ônus da prova em caso de quebra dos deveres dos administradores, inexistindo consenso a respeito. Sobre o tema, ver: BÖCKLI. *Schweizer Aktienrecht*, p. 1778 ss; LAZOPOULOS. *Interessenkonflikte und Verantwortlichkeit des fiduziarischen Verwaltungsrates*, p. 35 ss; STEINIGER. *Interessenkonflikte des Verwaltungsrates*, p. 49 ss; WATTER, Rolf; MAIZAR, Karim. Structure of Executive Compensation and Conflicts of Interests – Legal Constraints and Practical Recommendations under Swiss Law. In: THÉVENOZ, Luc; BAHAR, Rashid (eds.). *Conflicts of Interest*: Corporate Governance & Financial Markets. Alphen aan den Rijn: Kluwer, 2007. p. 31-84; BAHAR, Rashid. Executive Compensation: Is Disclosure Enough? In: THÉVENOZ, Luc; BAHAR, Rashid (eds.). *Conflicts of Interest*: Corporate Governance & Financial Markets. Alphen aan den Rijn: Kluwer, 2007. p. 85-136. O *Swiss Code of Best Practice for Corporate Governance*, que fornece diretrizes e recomendações de melhores práticas de governança, prevê procedimentos para lidar com situações de conflito de interesses na administração. Tal Código determina que os membros da administração devem organizar seus interesses e negócios para evitar ao máximo conflitos de interesses com a companhia. De qualquer sorte, ao surgir um conflito de interesses, o administrador deve informar o Presidente do Conselho e que, então, deve ser tomada uma decisão sobre a gravidade de tal conflito sem a participação do membro interessado. Qualquer um que tenha interesse conflitante ou que represente tal interesse por conta de terceiro não pode participar da tomada de decisão. Ainda, transações entre a companhia e os administradores ou pessoas relacionadas devem ser realizadas *at arm's length* e ser aprovadas sem a participação da parte interessada, sendo que, se necessário, pode-se contratar uma opinião de terceiro imparcial. Além disso, tal diploma recomenda que qualquer administrador com conflito permanente de interesses não deve ser membro da administração. Ver: SWISS BUSINESS FEDERATION. *Swiss Code of Corporate Governance*. 2016. Disponível em: <https://www.economiesuisse.ch/de/publikationen/swiss-code-best-practice-corporate-governance-english>. Acesso em: 21 out. 2019.

[107] O Direito francês possui tradição com a regulação da atuação em conflito de interesses, sendo que a partir da década de 1990 passou a se reconhecer que os administradores estão sujeitos a um dever geral de lealdade. E, com base no dever de lealdade, há o dever de informar e a proibição de atuar em conflito, sendo que os conflitos de interesses não regulados encontram amparo em tal dever. No plano legislativo, existem regras sobre negócios jurídicos entre administrador e sociedade no art. L225-38 ao art. L225-43 para as companhias com Conselho de Administração (e, com regras semelhantes, no art. L225-86 ao art. L225-91 para as sociedades com Diretoria e o Conselho de Supervisão) do Código Comercial francês. De um lado, há, sob pena de nulidade (mas respeitados os terceiros de boa-fé), uma proibição para as relações financeiras (contratação de empréstimos de diferentes formas e garantias para dívidas próprias) entre administrador (e pessoas interpostas, cônjuges, ascendentes e descendentes) e sociedade – sendo que a proibição não se aplica em alguns casos, como para sociedades financeiras quando se tratarem de operações correntes e concluídas em condições normais, bem como em grupos de sociedade –; ainda, há previsão de reclusão e multa ao administrador que, de má-fé, usa de modo contrário ao interesse da sociedade os bens ou o crédito para satisfazer interesse pessoal (patrimonial ou moral), inclusive para favorecer outra sociedade ou empresa na qual seja direta ou indiretamente interessado (*Code de Commerce*, art. 242-6). Há, também, a proibição, com certas exceções, de contratos de trabalho entre a sociedade e um administrador no exercício de suas funções. Por outro lado, os negócios entre administrador e sociedade, da qual não pode votar o sujeito interessado, devem, como regra, ser submetidos a um procedimento em que se deve respeitar o *disclosure* do gestor interessado, a decisão do Conselho de Administração sobre o contrato em questão, a comunicação do contrato autorizado aos *commissaires aux comptes* e a convocação da assembleia geral, o informe especial dos *commissaires aux comptes* e a decisão da assembleia geral – sendo que o procedimento abrange uma série de pessoas, inclusive as hipóteses em que o administrador atue por pessoa interposta ou tenha interesse indireto (como a realização de contrato de trabalho ou promessa de compra e venda com sua esposa, ainda que sob o regime da separação de bens), e o art. L225-38 (como assim também o faz o art. L225-86) impõe tal procedimento a qualquer contratação que envolva acionista com mais de 10% do capital da contraparte, bem como contratação com sociedade que o administrador seja controlador, sócio de responsabilidade ilimitada, gerente, administrador ou membro do *conseil de surveillance* (ou seja, na prática, relações entre sociedades com administradores comuns). Ademais, caso a operação tenha continuidade em exercícios sociais seguintes, elas devem ser anualmente apreciadas. O desrespeito ao procedimento enseja a invalidade do contrato se existir dano à sociedade – sendo que, caso a deliberação tenha ocorrido de modo fraudulento, também há a invalidade –, bem como, entre outras consequências, a possibilidade de responsabilização civil caso a sociedade tenha sofrido danos. Ainda, a Assembleia Geral pode ratificar certa operação, desde que a deliberação seja tomada com base em um relatório dos *commissaires aux comptes* que indique as razões

pelas quais o procedimento não foi seguido bem como que o administrador interessado se abstenha de decidir – sendo tal procedimento muito utilizado em operações intragrupo. De qualquer sorte, estão exoneradas da regra as operações correntes da sociedade e realizadas em condições normais de mercado, uma vez que, *a priori*, está excluída a possibilidade de abuso apto a causar dano à sociedade; igualmente, não se aplicam as regras em operações entre sociedades em que exista o controle (direto ou indireto) totalitário. Finalmente, quanto à remuneração, usualmente é fixada por órgão distinto, mas, em sendo o caso, as mesmas normas são aplicáveis, como regra geral, ao estabelecimento da remuneração e benefícios aos administradores – sendo que há regras específicas para a remuneração dos membros do *conseil de surveillance* a partir do art. L225-82, bem como algumas normas particulares para companhias abertas. Para as sociedades por ações simplificadas são mantidas as restrições em relação à proibição de créditos e garantias, mas são flexibilizadas as normas sobre a contratação interessada tendo em vista a estrutura da sociedade (cf. arts. L227-10 a L227-12 do Código Comercial francês). Deve-se, ainda, fazer referência ao previsto no art. R225-170: em caso de ação social de responsabilidade civil contra os administradores promovida pelos acionistas, o tribunal pode nomear um administrador *ad hoc* para representar a sociedade quando houver conflito de interesses entre a sociedade e seus representantes. Sobre o tema na França, ver: COZIAN, Maurice; VIANDIER, Alain; DEBOISSY, Florence. *Droit des sociétés*. 24 éd. Paris: LexisNexis, 2011, p. 297-299, 341 ss; RIPERT; ROBLOT. *Les sociétés commerciales*, p. 469 ss, 738; FRANÇOIS; FRONDEVILLE; MARLANGE. *Dirigeant de société*, p. 183 ss. Karine Grévain-Lemercier traz referências ao conflito de interesses de representantes de certas categorias (como administrador representante dos empregados) e reafirma o dever de independência dos gestores, bem como que o dever de lealdade veda tanto o conflito de interesses direto quanto o indireto, tanto o pecuniário quanto o não pecuniário – dando diversos exemplos de situações, previstas ou não em lei –; ainda, afirma que, apesar de não existir uma regra geral estabelecendo o procedimento em situações de conflito de interesses (dever de informação e abstenção), isso seria aplicável pelas regras de governo das sociedades e pelo dever de lealdade, e que o administrador pode satisfazer o seu interesse pessoal desde que respeitado o procedimento (GRÉVAIN-LEMERCIER. *Le devoir de loyauté en droit des sociétés*, p. 129 ss). Remetemos, também, à clássica obra de SCHMIDT. *Les conflits d'intérêts dans la société anonyme*, p. 27 ss. Apresentando análise sistemática do Direito francês, ver: ENRIQUES. *Il conflitto d'interessi degli amministratori di società per azioni*, p. 46-52; ENRIQUES. Il conflitto d'interessi nella gestione delle società per azioni, p. 527-531; ENRIQUES. The Law on Company Directors' Self-Dealing, p. 302 ss; SOLIMENA. *Il conflitto di interessi dell'amministratore di società per azioni nelle operazioni con la società amministrata*, p. 65-73; FERRER. *El deber de lealtad del administrador de sociedades*, p. 266-272; GIESEN. Organhandeln und Interessenkonflikt, p. 18 ss; BAUMANNS. *Rechtsfolgen einer Interessenkollision bei AG-Vorstandsmitgliedern*, p. 160-166; FLEISCHER. Zur organschaftlichen Treupflicht der Geschäftsleiter im Aktien- und GmbH-Recht, p. 1053-1054, 1057.

[108] No Uruguai, o art. 83 da *Ley 16.060* dispõe que os administradores devem agir com lealdade – o que também é feito pelo art. 402 para *síndicos* ou para a *comisión fiscal* –, sendo que, além de os arts. 85 e 389 proibirem a prática de concorrência salvo autorização dos sócios, tem-se que o art. 84 autoriza que os administradores firmem contratos com a sociedade que se relacionem à sua atividade normal e respeitadas as mesmas condições das contratações com

terceiros, o que deve ser comunicado aos sócios – e os contratos não compreendidos em tal autorização poderão ser firmados com a autorização prévia dos sócios, sob pena de nulidade. Ao tratar especificamente das sociedades anônimas, o art. 388 traz uma regra moduladora do previsto no art. 84: *"Artículo 388 (Prohibición de contratar con la sociedad). Será de aplicación a los administradores y directores lo dispuesto en el artículo 84, con las siguientes salvedades: el administrador que celebre un contrato con la sociedad dentro de las condiciones del inciso primero del artículo referido, deberá ponerlo en conocimiento de la próxima asamblea; tratándose de un órgano colegiado, el director que lo celebre deberá comunicarlo al directorio. La autorización previa requerida por su inciso segundo deberá ser concedida por la asamblea de accionistas."* Já o art. 387, ao regular a atuação em conflito de interesses, prevê expressamente que a atuação em conflito de interesses pode se dar por um interesse contrário e extrassocial próprio ou de terceiro, estabelecendo que o administrador deve informar e se abster de praticar qualquer ato, salvo autorização da assembleia geral: *"Artículo 387 (Conflicto de intereses). Los directores que en negocios determinados tengan interés contrario al de la sociedad, sea por cuenta propia o de terceros, deberán hacerlo saber al directorio y al órgano interno de control en su caso, absteniéndose de intervenir cuando se traten y resuelvan esos asuntos. Si así no lo hicieran, responderán por los perjuicios que se ocasionen a la sociedad por la ejecución de la operación. Si se tratara de un administrador deberá abstenerse de realizar tales negocios, salvo autorización de la asamblea de accionistas.";* e diversos exemplos são referidos de conflito de interesses regrado pelo art. 387, como a contratação pela sociedade do filho de um diretor. Ainda, o art. 82 da *Ley de Mercado de Valores* (*Ley 18.627*) assim dispõe: *"Artículo 82. (Obligación de lealtad de directores).- Sin perjuicio de lo establecido en el artículo 83 de la Ley Nº 16.060, de 4 de setiembre de 1989, los directores de entidades que realicen oferta pública de valores deberán hacer prevalecer el interés social por sobre cualquier otro interés personal o de un tercero, incluso el del accionista controlante, absteniéndose de procurar cualquier beneficio personal a cargo de la sociedad que no sea la propia retribución. En el cumplimiento de sus funciones no podrán: 1. Presentar a los accionistas o público en general informaciones falsas u ocultar información que estén obligados a divulgar conforme a la ley o la reglamentación aplicable. 2. Tomar en préstamo dinero o bienes de la sociedad o usar en provecho propio o de personas relacionadas, los bienes, servicios o créditos de la sociedad. 3. Usar en beneficio propio o de personas relacionadas las oportunidades comerciales de que tuvieren conocimiento en razón de su cargo con perjuicio para la sociedad. 4. Usar de su cargo para obtener ventajas indebidas para sí o para personas relacionadas, en perjuicio de la sociedad. 5. Impedir u obstaculizar las investigaciones destinadas a establecer su propia responsabilidad o la de los empleados de la sociedad. A los efectos de esta ley, las personas físicas o jurídicas beneficiarias reales de parte del patrimonio social bajo cuya dirección o instrucciones suelan actuar los directores de una sociedad tendrán las mismas responsabilidades de los directores en cuanto sea aplicable. La reglamentación de esta ley podrá extender algunas o todas las disposiciones establecidas en este artículo, así como en el artículo siguiente, a los accionistas controlantes de la entidad que realice oferta pública de valores."* Ainda, o art. 83 do referido diploma legal estabelece regras sobre a contratação de administradores com a sociedade: *"Artículo 83. (Contratación de directores con la sociedad).- Los administradores y directores de entidades que realicen oferta pública de valores no podrán celebrar contratos con la sociedad que se relacionen con la actividad propia del giro si los mismos no son aprobados previamente por el directorio, quien deberá solicitar a dichos efectos la opinión del comité de auditoría y vigilancia de existencia preceptiva en toda entidad que realice oferta pública de valores. Si el director que pretenda celebrar contrato con la sociedad en tales circunstancias fuera miembro del comité de auditoría y vigilancia, deberá abstenerse de dar opinión en casos que lo involucren. Los contratos que no se relacionen con la actividad propia del*

Por sua vez, nos países de *common law* o tema do conflito de interesses na administração de sociedades ganhou especial atenção. Para tanto, cumpre estudarmos como o tema é tratado no Reino Unido e nos Estados Unidos.

No Reino Unido, que historicamente possui regras estritas, o *Companies Act* de 2006 impõe aos administradores o dever de realizar decisões de modo independente – não podendo, por exemplo, seguir cegamente a orientação dos acionistas que os elegeram, uma vez que o administrador tem deveres para com a companhia e não para com quem o designou. O Direito britânico adota uma noção ampla de interesse conflitante, que abrange uma real possibilidade de conflito (atual ou potencial, pecuniário ou não) direto (*v.g.*, operações entre a companhia e o próprio administrador ou com sociedade da qual ele seja o controlador) e indireto (como nos casos – ainda que não de modo exclusivo – de pessoas conectadas ao administrador, cf. *Sections* 252 a 254 do *Corporation Act*, como na hipótese de ser sócio da contraparte)[109], bem como o *conflict of duties* (como ocorre nos casos

---

giro deberán ser aprobados previamente por la asamblea de accionistas o contar con el consentimiento igual o superior al 60% (sesenta por ciento) del capital social de la sociedad."; em sentido semelhante ao previsto nos arts. 82 e 83 da *Ley 18.627* caminham os arts. 184.7 e 184.8 da *Recopilación de Normas del Mercado de Valores del Banco Central del Uruguay*. Sobre o tema, sendo referida a forte influência da teoria anglo-saxônica dos *fiduciary duties* nos diversos ordenamentos jurídicos, inclusive no Uruguai, ver: CASANOVA. *Deberes fiduciários de los administradores de sociedades*, p. 27 ss, 51-53; LAPIQUE. *Manual de Sociedades Anónimas*, p. 312 ss, 335-336; HOLZ, Eva; POZIOMEK, Rosa. *Curso de Derecho Comercial*. 3 ed. Montevideo: AMF, 2016, p. 89-90, 93, 212-213, 222.

[109] "252 Persons connected with a diretor (1) This section defines what is meant by references in this Part to a person being "connected" with a director of a company (or a director being "connected" with a person). (2) The following persons (and only those persons) are connected with a director of a company – (a) members of the director's family (see section 253); (b) a body corporate with which the director is connected (as defined in section 254); (c) a person acting in his capacity as trustee of a trust – (i) the beneficiaries of which include the director or a person who by virtue of paragraph (a) or (b) is connected with him, or (ii) the terms of which confer a power on the trustees that may be exercised for the benefit of the director or any such person, other than a trust for the purposes of an employees' share scheme or a pension scheme; (d) a person acting in his capacity as partner – (i) of the director, or (ii) of a person who, by virtue of paragraph (a), (b) or (c), is connected with that director; (e) a firm that is a legal person under the law by which it is governed and in which – (i) the director is a partner, (ii) a partner is a person who, by virtue of paragraph (a), (b) or (c) is connected with the director, or (iii) a partner is a firm in which the director is a partner or in which there is a partner who, by virtue of paragraph (a), (b) or (c), is connected with the director. (3) References in this Part to a person connected with a director of a company do not include a person who is himself a director of the company." "253 Members of a director's Family (1) This section defines what is meant by references in this Part to members of a director's family.

de operações – seja a realização de um contrato ou mesmo na hipótese de um *takeover bid* – entre companhias com administradores comuns), bastando, ainda, que exista a possibilidade de benefício ao gestor interessado. No Reino Unido os administradores também não devem aceitar benefícios (financeiros ou não, de qualquer forma e tamanho) de terceiros (salvo autorização ou ratificação dos acionistas ou previsão no estatuto social) em decorrência do cargo que ocupam e que razoavelmente possam colocá-los em posição de conflito de interesses (fazendo-se usualmente a ressalva aos *corporate hospitalities*), sendo a regra violada mesmo que não haja qualquer dano à sociedade. Ademais, as operações em que existam interesses dos administradores envolvidos devem ser (salvo algumas exceções) informadas (de modo completo e franco quanto à natureza e à extensão do interesse) – existindo como regra a necessidade de aprovação (ou ratificação) por membros (administradores ou acionistas) desinteressados (o que não abrange, por exemplo, administradores que tenham vínculo de paren-

(2) For the purposes of this Part the members of a director's family are – (a) the director's spouse or civil partner; (b) any other person (whether of a different sex or the same sex) with whom the director lives as partner in an enduring family relationship; (c) the director's children or step-children; (d) any children or step-children of a person within paragraph (b) (and who are not children or step-children of the director) who live with the director and have not attained the age of 18; (e) the director's parents. (3) Subsection (2)(b) does not apply if the other person is the director's grandparent or grandchild, sister, brother, aunt or uncle, nephew or niece." "254 Director "connected with" a body corporate (1) This section defines what is meant by references in this Part to a director being "connected with" a body corporate. (2) A director is connected with a body corporate if, but only if, he and the persons connected with him together – (a) are interested in shares comprised in the equity share capital of that body corporate of a nominal value equal to at least 20% of that share capital, or (b) are entitled to exercise or control the exercise of more than 20% of the voting power at any general meeting of that body. (3) The rules set out in Schedule 1 (references to interest in shares or debentures) apply for the purposes of this section. (4) References in this section to voting power the exercise of which is controlled by a director include voting power whose exercise is controlled by a body corporate controlled by him. (5) Shares in a company held as treasury shares, and any voting rights attached to such shares, are disregarded for the purposes of this section. (6) For the avoidance of circularity in the application of section 252 (meaning of "connected person") – (a) a body corporate with which a director is connected is not treated for the purposes of this section as connected with him unless it is also connected with him by virtue of subsection (2)(c) or (d) of that section (connection as trustee or partner); and (b) a trustee of a trust the beneficiaries of which include (or may include) a body corporate with which a director is connected is not treated for the purposes of this section as connected with a director by reason only of that fact."

tesco, matrimônio ou amizade, ou seja, pessoas vinculadas aos administradores) em operações em que exista conflito de interesses (ou seja, casos que razoavelmente não ensejarem um conflito de interesses não devem ser objeto de tal procedimento). Tal exigência de aprovação (ou ratificação) por membros desinformados não há para as *self-dealing transactions*, uma vez que os administradores, de posse da informação disponibilizada pelo gestor interessado, têm o dever de agir no interesse da companhia e, então, podem participar da tomada de decisão apesar de assim não ser recomendado – ressalvados certos casos (*long-term service contracts/directors' service contracts, substantial property transactions, loan transactions* e outras hipóteses de pagamentos específicos) em que de regra há a necessidade de aprovação dos acionistas (salvo casos de menor monta, cf. *Section* 207)[110]. Caso não tenha havido o *disclosure* (e, se for o caso, a inexistência de aprovação pelo

---

[110] "207 Exceptions for minor and business transactions (1) Approval is not required under section 197, 198 or 200 for a company to make a loan or quasi-loan, or to give a guarantee or provide security in connection with a loan or quasi-loan, if the aggregate of – (a) the value of the transaction, and (b) the value of any other relevant transactions or arrangements, does not exceed £10,000. (2) Approval is not required under section 201 for a company to enter into a credit transaction, or to give a guarantee or provide security in connection with a credit transaction, if the aggregate of – (a) the value of the transaction (that is, of the credit transaction, guarantee or security), and (b) the value of any other relevant transactions or arrangements, does not exceed £15,000. (3) Approval is not required under section 201 for a company to enter into a credit transaction, or to give a guarantee or provide security in connection with a credit transaction, if – (a) the transaction is entered into by the company in the ordinary course of the company's business, and (b) the value of the transaction is not greater, and the terms on which it is entered into are not more favourable, than it is reasonable to expect the company would have offered to, or in respect of, a person of the same financial standing but unconnected with the company." Igualmente, a *Section* 191 estabelece, no caso de *substancial property transactions*, aquilo que não é considerado substancial e, por conta disso, não necessita de aprovação dos acionistas: "191 Meaning of 'substantial' (1) This section explains what is meant in section 190 (requirement of approval for substantial property transactions) by a "substantial" non-cash asset. (2) An asset is a substantial asset in relation to a company if its value – (a) exceeds 10% of the company's asset value and is more than £5,000, or (b) exceeds £100,000. (3) For this purpose a company's "asset value" at any time is – (a) the value of the company's net assets determined by reference to its most recent statutory accounts, or (b) if no statutory accounts have been prepared, the amount of the company's called-up share capital. (4) A company's "statutory accounts" means its annual accounts prepared in accordance with Part 15, and its "most recent" statutory accounts means those in relation to which the time for sending them out to members (see section 424) is most recent. (5) Whether an asset is a substantial asset shall be determined as at the time the arrangement is entered into."

órgão competente), a operação pode ser invalidada independentemente de ter sido *fair* (pois no Reino Unido não se faz o escrutínio dos termos e condições da transação), mas a invalidação é uma escolha da companhia, perdendo-se o direito de anular a operação se (*a*) há um atraso injustificado em realizar o pleito, (*b*) a *restitutio in integrum* torna-se impossível ou (*c*) terceiros de boa-fé sejam afetados, além de que o contrato deve ser mantido se devidamente cumprido – sendo que a sociedade pode, dependendo do caso, postular os ganhos que o gestor tenha tido com a operação e/ou a indenização pelos danos suportados, entre outras consequências, como a destituição do administrador diante da conduta ilícita, a dissolução da sociedade e eventual responsabilização criminal. Há, ainda, a possibilidade de ratificação da operação por deliberação dos acionistas! Finalmente, o estatuto social pode regular a matéria, flexibilizando as regras (como ao conceder autorizações genéricas) ou tornando-as mais restritas (ao estabelecer procedimentos mais rígidos de aprovação, por exemplo)[111].

[111] No Reino Unido, o *Companies Act* de 2006 codificou, a partir da *Section* 170, os deveres gerais dos administradores em substituição às correspondentes *equitable and common law rules*. A *Section* 173 determina que o administrador tem o dever de realizar um julgamento independente (mas determina que *this duty is not infringed by his acting (a) in accordance with an agreement duly entered into by the company that restricts the future exercise of discretion by its directors, or (b) in a way authorised by the company's constitution*). A *Section* 175 traz o dever de evitar conflitos de interesses (abrangendo tanto o conflito direto quanto o indireto, bem como o conflito de deveres), estabelecendo o procedimento de que tais operações devem ser autorizadas para a sua realização (*S. 175. Duty to avoid conflicts of interest. (1) A director of a company must avoid a situation in which he has, or can have, a direct or indirect interest that conflicts, or possibly may conflict, with the interests of the company. (2) This applies in particular to the exploitation of any property, information or opportunity (and it is immaterial whether the company could take advantage of the property, information or opportunity). (3) This duty does not apply to a conflict of interest arising in relation to a transaction or arrangement with the company. (4) This duty is not infringed (a) if the situation cannot reasonably be regarded as likely to give rise to a conflict of interest; or (b) if the matter has been authorised by the directors. (5) Authorisation may be given by the directors (a) where the company is a private company and nothing in the company's constitution invalidates such authorisation, by the matter being proposed to and authorised by the directors; or (b) where the company is a public company and its constitution includes provision enabling the directors to authorise the matter, by the matter being proposed to and authorised by them in accordance with the constitution. (6) The authorisation is effective only if (a) any requirement as to the quorum at the meeting at which the matter is considered is met without counting the director in question or any other interested director, and (b) the matter was agreed to without their voting or would have been agreed to if their votes had not been counted. (7) Any reference in this section to a conflict of interest includes a conflict of interest and duty and a conflict of duties.*). Já a *Section* 176 traz o dever de não aceitar benefícios (de qualquer natureza: em dinheiro ou qualquer outro, inclusive a indicação para ocupar qualquer outra posição) de terceiros (salvo

se aprovado por acionistas ou autorizados pelo *Companies Act*) com o objetivo de evitar situações de conflito de interesses ou de deveres (sendo que, se não suscitar conflito de interesses – como ocorre com a hospitalidade ordinária, *v.g.* pagamento de almoço ou ingressos para eventos esportivos ou artísticos –, não incide a regra) (*S. 176. Duty not to accept benefits from third parties. (1) A director of a company must not accept a benefit from a third party conferred by reason of (a) his being a director, or (b) his doing (or not doing) anything as director. (2) A "third party" means a person other than the company, an associated body corporate or a person acting on behalf of the company or an associated body corporate. (3) Benefits received by a director from a person by whom his services (as a director or otherwise) are provided to the company are not regarded as conferred by a third party. (4) This duty is not infringed if the acceptance of the benefit cannot reasonably be regarded as likely to give rise to a conflict of interest. (5) Any reference in this section to a conflict of interest includes a conflict of interest and duty and a conflict of duties.*). Finalmente, a *Section* 177 dispõe sobre o dever de declarar o interesse (direto ou indireto, o que pode ocorrer das mais diversas formas e não precisa ser o gestor parte da operação) que o administrador venha a ter em determinada operação (estabelecendo, então, regra sobre transações entre a companhia e o administrador) (*S. 177. Duty to declare interest in proposed transaction or arrangement. (1) If a director of a company is in any way, directly or indirectly, interested in a proposed transaction or arrangement with the company, he must declare the nature and extent of that interest to the other directors. (2) The declaration may (but need not) be made (a) at a meeting of the directors, or (b) by notice to the directors in accordance with (i) section 184 (notice in writing), or (ii) section 185 (general notice). (3) If a declaration of interest under this section proves to be, or becomes, inaccurate or incomplete, a further declaration must be made. (4) Any declaration required by this section must be made before the company enters into the transaction or arrangement. (5) This section does not require a declaration of an interest of which the director is not aware or where the director is not aware of the transaction or arrangement in question. For this purpose a director is treated as being aware of matters of which he ought reasonably to be aware. (6) A director need not declare an interest (a) if it cannot reasonably be regarded as likely to give rise to a conflict of interest; (b) if, or to the extent that, the other directors are already aware of it (and for this purpose the other directors are treated as aware of anything of which they ought reasonably to be aware); or (c) if, or to the extent that, it concerns terms of his service contract that have been or are to be considered (i) by a meeting of the directors, or (ii) by a committee of the directors appointed for the purpose under the company's constitution.*). A *Section* 180 traz regras sobre consentimento, aprovação e autorização – enquanto que a *Section* 239 dispõe sobre a ratificação pelos acionistas dos atos já realizados (sendo que o administrador interessado que seja acionista está impedido de votar). A Parte 10, Capítulo 3 (*Section* 182 à *Section* 187), do *Companies Act* dispõe sobre a declaração de interesse em determinada operação – e a *Section* 182 determina que transações existentes quando da posse do cargo de administrador devem ser devidamente reveladas bem como revelar interesses extrassociais que tenham surgido posteriormente (cuja violação é considerada crime punido com multa, nos termos da *Section* 183). Já os Capítulos 4 e 4A da Parte 10 dispõem sobre operações com administradores que demandam, como regra, aprovação dos acionistas tendo em vista o risco de *mutual back-scratching* por serem consideradas hipóteses em que o conflito de interesses é particularmente agudo (prestação de serviços de longo prazo, transações com propriedades, empréstimos e operações de crédito e pagamentos por perda do cargo – bem como, para companhias abertas, regras sobre remuneração e pagamentos em caso de perda do cargo), sendo que há também exceções em que não há a necessidade de qualquer aprovação (como empréstimos inferiores a £10,000). Para companhias abertas, as regras são mais rígidas, com imposições de aprovação *ex ante* e obrigatoriedade de divulgação de operações com partes relacionadas. Ainda, a Parte 14 do *Companies Act* traz regras sobre doações políticas, as quais (salvo doações de não mais de £5,000 em um período de 12 meses) demadam aprovação dos acionistas. Já a Parte 28 do *Companies Act* traz regras sobre *takeovers*, o que é complementado pelo *City Code on Takeovers and Mergers*; entre as várias disposições, há aquelas que buscam evitar a atuação dos administradores (da companhia ofertante e da sociedade alvo) em conflito de interesses (estabelecendo, por exemplo, que medidas de defesa em ofertas hostis devem ser adotadas com o consentimento dos acionistas) (cf. THE PANEL ON TAKEOVERS AND MERGERS. *The City Code on Takeovers and Mergers*. Disponível em: <http://www.thetakeoverpanel.org.uk/the-code/download-code>. Acesso em: 10 set. 2019). Entre vários outros normativos específicos, o *UK Corporate Governance Code* determina que *"The board should take action to identify and manage conflicts of interest, including those resulting from significant shareholdings, and ensure that the influence of third parties does not compromise or override independent judgement"*; além disso, traz regras para a fixação da remuneração dos administradores, inclusive com a criação de comitê independente (cf. FINANCIAL REPORT COUNCIL. *The UK Corporate Governance Code*. 2018. Disponível em: <https://www.frc.org.uk/getattachment/88bd8c45-50ea-4841-95b0-d2f4f48069a2/2018-UK-Corporate-Governance-Code-FINAL.PDF>. Acesso em: 10 set. 2019. Finalmente, há também regras sobre transações com partes relacionadas para companhias abertas no Capítulo 11 das *Listing Rules* – sendo que a definição de *related party* inclui pessoas que são (ou foram nos últimos doze meses da realização da transação) administradores ou *shadow directors*, de qualquer subsidiária ou controladora, como também *associates* a essas partes (o que abrange cônjuge, companheiro ou filho, *trustes* ou *trusts*, bem como sociedades em que a pessoa relacionada ou qualquer membro da família sejam tenham direta ou indiretamente ao menos 30% do capital votante) (cf. FINANCIAL CONDUCT AUTHORITY. *Listing Rules*. 2019. Disponível em: <https://www.handbook.fca.org.uk/handbook/LR.pdf>. Acesso em: 10 set. 2019). Sobre o tema, ver: Davies; Worthington. *Gower Principles of Modern Company Law*, p. 461 ss; Worthington. *Sealy & Worhington's Text, Cases, & Materials in Company Law*, p. 341 ss; Hannigan. *Company Law*, p. 179 ss; Keay. *Directors' Duties*, p. 59 ss; Loose; Griffiths; Impey. *The Company Director*, p. 18 ss; Stafford; Richie. *Fiduciary Duties*, p. 32 ss, 235 ss; Slynn; Kluyver. Directors' Duties, p. 73 ss; Langford. *Company Directors' Duties and Conflicts of Interest*, p. 1 ss; Knapp, Vanessa. Fair Dealing and Connected Persons. In: Boxell, Tim (org.). *A Practitioner's Guide to Directors' Duties and Responsibilities*. 5th ed. London: Sweet & Maxwell, 2013. p. 143-182; Taggart, Andrew; Coleman, Jemima. Service Contracts and Remuneration. In: Boxell, Tim (org.). *A Practitioner's Guide to Directors' Duties and Responsibilities*. 5th ed. London: Sweet & Maxwell, 2013. p. 183-227; Carter, Caroline. Directors' Powers and Proceedings. In: Boxell, Tim (org.). *A Practitioner's Guide to Directors' Duties and Responsibilities*. 5th ed. London: Sweet & Maxwell, 2013. p. 255-290, p. 267 ss. Com análise sistemática do Direito inglês, ver: Enriques. *Il conflitto d'interessi degli amministratori di società per azioni*, p. 53-62; Enriques. Il conflitto d'interessi nella gestione delle società per azioni, p. 531-537; Enriques. The Law on Company Directors' Self-Dealing, p. 302 ss; Ferrer. *El deber de lealtad del administrador de sociedades*, p. 303-311; Fleischer. Zur organschaftlichen Treupflicht der Geschäftsleiter im Aktien- und GmbH-Recht, p. 1053-1054, 1057; Gião.

Finalmente, devemos analisar como o tema é tratado nos Estados Unidos, país em que a matéria é extremamente desenvolvida[112]. E, como regra geral[113], existe um procedimento para as operações em que há conflito de

---

Conflitos de interesses entre administradores e os accionistas na sociedade anónima, p. 245-247.

[112] Para a análise do tema nos Estados Unidos, ver: BAINBRIDGE, Stephen M.. *Corporation law and economics*. New York: West Group, 2002, p. 306-321; CLARK. *Corporate Law*, p. 141 ss; COX; HAZEN. *Cox & Hazen on corporations*, p. xx; DOOLEY, Michael P. *Fundamentals of corporation law*. Westburry; New York: The Foudation Press, 1995, p. 578 ss; EISENBERG, Melvin Aron. *Corporations and other business organizations*. New York: Foundation Press, 2000, p. 434 ss; EISENBERG, Melvin Aron. Self-interested transactions in corporate law. *Journal of Corporate Law*, n. 13, p. 997-1009, 1988; FANTO. *Directors' and officers' liability*, p. 4-6 ss; FERBER. *Corporation law*, p. 69 ss; GEVURTZ. *Corporation law*, p. 321 ss; HAMILTON. *The law of corporations*, p. xx; HENN, Harry G.; ALEXANDER, John R.. *Laws of corporations and other business enterprises*. 3. ed. St. Paul, Minn.: West Group, 1983, p. 637 ss; JACOBSON, Mary A.. Interested director transactions and the (equivocal) effects of shareholder ratification. *Delaware Journal of Corporate Law*, n. 21, p. 981-1025, 1996; O'KELLEY; THOMPSON. *Corporations and other business associations*, p. 270 ss; YABLON, Charles M.. On the allocation of burdens of proof in corporate law: an essay on fairness and fuzzy sets. *Cardozo Law Review*, n. 13, p. 497-518, nov. 1991. Também apresentando uma análise sistemática do Direito norte-americano, inclusive no que tange a conflito de interesses dos administradores em contexto de ofertas hostis, ver: HERTIG, Gerard; KANDA, Hideki. Related party transactions. In: KRAAKMAN, Reinier et alli. *The anatomy of corporate law*: a comparative and functional approach. New York: Oxford University Press, 2007. p. 101-130; GIÃO. Conflitos de interesses entre administradores e os accionistas na sociedade anónima, p. 242-245; ENRIQUES. *Il conflitto d'interessi degli amministratori di società per azioni*, p. 62-68; ENRIQUES. Il conflitto d'interessi nella gestione delle società per azioni, p. 537-542; ENRIQUES. The Law on Company Directors' Self-Dealing, p. 302 ss; GHEZZI, Federico. I "doveri fiduciari" degli amministratori nei "Principles of Corporate Governance". *Rivista delle società*, Milano, n. 2-3, p. 465-549, 1996; SOLIMENA. *Il conflitto di interessi dell'amministratore di società per azioni nelle operazioni con la società amministrata*, p. 53-65; FERRER. *El deber de lealtad del administrador de sociedades*, p. 280-303; BAUMANNS. *Rechtsfolgen einer Interessenkollision bei AG-Vorstandsmitgliedern*, p. 166-177; BORSDORFF. *Interessenkonflikte bei Organsmitgliedern*, p. 19-42, 75-112, 161-168; FLEISCHER. Zur organschaftlichen Treupflicht der Geschäftsleiter im Aktien- und GmbH-Recht, p. 1053-1054, 1057; QUATTRINI, Larissa Teixeira. *Os deveres dos administradores de sociedades anônimas abertas*: estudo de casos. São Paulo: Saraiva, 2014, p. 92 ss; VILELA, Renato. *Conflito de interesses nas companhias de capital aberto e o novo padrão de transparência do IFRS*: um estuto empírico dos mecanismos voluntários dedicados às transações entre partes relacionadas. 2012. 163f. Dissertação (Mestrado em Direito e Desenvolvimento) – Escola de Direito de São Paulo da Fundação Getúlio Vargas, São Paulo, 2012, p. 25 ss. O tema já foi por nós abordado (SPINELLI. *Conflito de interesses na administração da sociedade anônima*, p. 214 ss), sendo que baseamos grande parte do aqui escrito em nossa obra pretérita.

[113] Além das regras específicas. Nesse sentido, por exemplo, a *Section* 402 da *Sarbanes-Oxley* proíbe a realização de empréstimos aos administradores em companhias abertas. Por sua vez,

interesses dos administradores, levando à adoção de um conflito substancial de interesses. As operações em conflito de interesses, usualmente (*v.g.: Delaware General Corporation Law, Section* 144; *California Corporations Code, Section* 310; *New York Business Corporation Law, Section* 713; *Revised Model Business Corporation Act, Sections* 8.60 a 8.63; e *Principles of Corporate Governance* do *American Law Institute, Sections* 5.02 e 1.14), devem (*i*) ser decididas por *disinterested directors*[114] (ou, por vezes, por um comitê específico – sendo, também, possível a decisão por *disinterested shareholders*), bem como admitida a ratificação dos atos realizados pelo *Board of Directors* ou pela Assembleia Geral –, (*ii*) devidamente informados de todas as circunstâncias do caso (*full disclosure*) e (*iii*) respeitar os padrões (valor e condições) de mercado no momento da sua realização, *i.e.*, devem passar pelo *fairness test* (o que requer o exame de toda a operação[115] – devendo,

---

a *Section* 143 do *Delaware General Corporation Law* apresenta regra diferente sobre empréstimos e garantias: "§ 143 Loans to employees and officers; guaranty of obligations of employees and officers. Any corporation may lend money to, or guarantee any obligation of, or otherwise assist any officer or other employee of the corporation or of its subsidiary, including any officer or employee who is a director of the corporation or its subsidiary, whenever, in the judgment of the directors, such loan, guaranty or assistance may reasonably be expected to benefit the corporation. The loan, guaranty or other assistance may be with or without interest, and may be unsecured, or secured in such manner as the board of directors shall approve, including, without limitation, a pledge of shares of stock of the corporation. Nothing in this section contained shall be deemed to deny, limit or restrict the powers of guaranty or warranty of any corporation at common law or under any statute." A *Section* 315 do *California Corporations Code* estabelece, como regra geral, que tais espécies de operações devem ser aprovadas por acionistas desinteressados – sendo que, em certas condições, pode ser aprovado por administradores desinteressados desde que a operação seja benéfica à companhia –, não se aplicando tal disposição, entre outras hipóteses, quando tal operação se dá no curso normal dos negócios. O *New York Business Corporation Law* (*Section* 714) também proíbe, como regra, a realização de empréstimos e a prestação de garantias aos administradores, salvo aprovação de acionistas desinteressados ou se administradores desinteressados aprovam um plano para tais operações e entendem que a operação específica é feita no interesse da companhia.

[114] Nos EUA, a maioria das jurisdições estabelece que, ao ser a matéria aprovada pelo voto da maioria dos *disinterested directors*, ainda que os interessados tenham participado da deliberação, não há motivo para afirmar que o requisito legal não foi cumprido (cf. GEVURTZ. *Corporation law*, p. 336; BAINBRIDGE. *Corporation law and economics*, p. 310-312).

[115] James Cox e Thomas Hazen comentam: "(...) fairness is more encompassing than the adequacy of consideration; it includes the entirety of the transaction [*Johnson v. Witkowski; Voss Oil Co. v. Voss*]" (COX; HAZEN. *Cox & Hazen on corporations*, p. 528). No caso *Cookies Food Products, Inc. v Lakes Warehouse, Inc.* (julgado pela *Iowa Supreme Court*), foram contestados diversos contratos que a autora mantinha com o seu acionista controlador (que também era

ainda, ficar sublinhado que, para tal análise, irrelevante é o ganho que obtenha o administrador interessado, desde que, é claro, não tenha sido a sociedade prejudicada[116], além de dever a operação ser útil para a companhia[117]). E a orientação no Direito americano evoluiu no sentido de

seu conselheiro) e com outra sociedade igualmente de sua propriedade, alegando-se que seria possível realizar as mesmas transações, no mercado, por um preço inferior; entretanto, a Corte julgou improcedente a ação diante da alegação de que o controlador estaria usufruindo de recompensa por ter ajudado a companhia, no passado, a ter atravessado todas as imensas dificuldades que enfrentou, além, é claro, de não serem os valores dos contratos exorbitantes (ou seja, eram razoáveis – apesar de maiores em comparação aos encontrados no mercado) ("Also, one must be wary of expecting that courts will apply this sort of test with a blind eye to surrounding circumstances. *Cookies Food Products, Inc. v Lakes Warehouse, Inc.*, provides a good illustration. *Cookies* involved a challenge to various contracts between a corporation and its dominant director (as well as majority shareholder), under which the director, and another company, he owned, provided various services to distribute the corporation's product – barbecue and taco sauce, not cookies – and shared with the corporation the director's recipe for taco sauce. The minority shareholders, who challenged these contracts, produced evidence that one generally could obtain the sorts of services provided by the defendant for much less than the contracts gave the defendant. Nevertheless, the majority of the court found the contracts to be fair. Critical to this finding was that the corporation had been struggling before the defendant began his efforts to distribute its product and that, as a result of the defendant's efforts, the corporation had become highly successful. In other words, the majority felt that sometimes the best proof of value may be in the results"), cf. GEVURTZ. *Corporation law*, p. 328-329; ver, igualmente, EISENBERG. *Corporations and other business organizations*, p. 462.

[116] "As far as what to measure, courts generally compare the value of what the corporation gave up in the transaction versus the value of what it received. For example, in *Lewis [v. S.L. & E., Inc.]*, the court compared whether the rent which the corporation received equaled the value of the use of the building the company gave. This concept of fairness may seem obvious, yet it has an important corollary which is contrary to a commonly held intuitive notion about fairness. This corollary is that the defendants' profits on the deal are largely irrelevant to the deal's fairness. In other words, contrary to what might seem intuitively correct, the fact that directors make even huge profits in a transaction with their corporation does not make the transaction unfair" (GEVURTZ. *Corporation law*, p. 326).

[117] Assim se decidiu, por exemplo, no caso *Fill Business Inc. v. Alexander Hamilton Life Ins. Co.*, no qual o administrador comum das duas companhias firmou um contrato de *leasing* entre estas, sendo que os termos do negócio estavam de acordo com os padrões de mercado; apesar disso, foi tal transação invalidada, tendo em vista que o contrato não tinha qualquer interesse para a sociedade autora. Desta forma, firmou-se um negócio de longa duração justamente no momento em que a companhia devedora passava por dificuldades financeiras (o seu próprio futuro era, pois, colocado em dúvida), cf. EISENBERG. *Corporations and other business organizations*, p. 454; GEVURTZ. *Corporation law*, p. 328; FANTO. *Directors' and officers' liability*, p. 4-11.

que o procedimento estabelecido serve para distribuir o ônus da prova[118]. As consequências do descumprimento das regras são a anulação do ato, trazendo consigo o dever de devolver, para a companhia, qualquer benefício (ainda que ínfimo) que tenha auferido (*disgorgement of profits*), além da possibilidade de condenação a reparar os danos suportados pelo ente coletivo; ainda, há casos em que foram impostas sanções adicionais, como as *punitive damages* ou mesmo a ordem de devolução de qualquer remuneração que os gestores tenham recebido enquanto quebravam o dever de lealdade[119]-[120].

---

[118] Assim, caso respeitado o procedimento (*i.e.*, o interesse do administrador foi devidamente informado e a decisão tomada por pessoas desinteressadas), a operação pode ser revista (caso não seja *fair* ou represente *gift or waste, i.e.*, desperdício de ativos) uma vez que quem decidiu pode não ter recebido todas as informações ou ter sofrido pressão para aprovar a operação; todavia, quem questiona o ato deve comprovar a iniquidade. Por sua vez, caso não tenha sido respeitado o procedimento, há a presunção de que a operação ocorreu em prejuízo da companhia, apesar de poder ser mantida desde que o gestor interessado demonstre que o ato passa pelo *fairness test*. Ver: YABLON. On the allocation of burdens of proof in corporate law; FANTO. *Directors' and officers' liability*, p. 4-11 – 4-12; GEVURTZ. *Corporation law*, p. 339 ss; HAMILTON. *The law of corporations*, p. 489-490; COX; HAZEN. *Cox & Hazen on corporations*, p. 531-533; BAINBRIDGE. *Corporation law and economics*, p. 313-316; BRANSON, Douglas M.. Assault on another citadel: attempts to curtail the fiduciary standard of loyalty applicable to corporate directors. *Fordham Law Review*, n. 57, p. 375-402, dec. 1988, p. 385 ss; EISENBERG. Self-interested transactions in corporate law, p. 1005; HERTIG; KANDA. Related party transactions, p. 106-107. Cabe frisar que tal consequência é importante porque aquele que possui o ônus da prova apresenta grandes chances de sair derrotado da lide: o seu esforço argumentativo é muito maior do que o da outra parte (cf. YABLON. On the allocation of burdens of proof in corporate law, p. 498, 517; e GEVURTZ. *Corporation law*, p. 337).

[119] FANTO. *Directors' and officers' liability*, p. 4-14; GEVURTZ. *Corporation law*, p. 386; EISENBERG. *Corporations and other business organizations*, p. 444-445.

[120] No Direito norte-americano, os Estatutos e os Códigos de Conduta dos administradores também podem detalhar ou restringir ainda mais as obrigações e os deveres (cf. FANTO, 2005, op. cit., p. 1-10 – 1-11). Nesse sentido, a própria Bolsa de Valores de Nova York (*New York Stock Exchange*) solicita (na §303A.10 do *Listed Company Manual*) que as companhias nela listadas tenham um Código de Ética aplicável a todos os empregados, administradores e demais colaboradores, trazendo uma ampla definição de conflito de interesses – além de conceito sobre uso de oportunidades da companhia, dever de sigilo, dever de informar e *insider trading* –, afirmando existir a necessidade de proibir tais práticas e criar procedimentos para que sejam elas, quando ocorrerem, denunciadas, investigadas e punidas (FANTO, 2005, op. cit., p. 4-8; NEW YORK STOCK EXCHANGE. *Listed company manual*. 2010. Disponível em: <http://www.nyse.com>. Acesso em: 21 jan. 2020); da mesma forma, a *Sarbanes-Oxley Act* (*Section* 406) prevê a existência de um Código de Ética para as companhias abertas, sendo que deve existir regra específica sobre o conflito de interesses (FANTO. *Directors' and officers' liability*, p. 3-74 – 3-78).

Nesse sentido, o intuito do Direito norte-americano é o de que a operação seja aprovada por aqueles membros do *board* (ou do comitê específico) – sendo possível a aprovação pelos acionistas – que não tenham qualquer interesse na operação ou relação com as partes que assim se encontrem (o que inclui o acionista controlador)[121]. Apesar disso, as definições legais nem sempre correspondem a um desinteresse fático do conselheiro (o que, obviamente, limita a efetividade dos dispositivos)[122], além de existirem julgamentos controversos, como no caso *Maldonado v. Flynn*, em que se decidiu que o *director*, que também era sócio do escritório de advocacia que prestava serviços para a companhia, poderia ser considerado independente quando deliberou sobre a concessão de *stock option* para os *officers*. De fato, porque, por mais que pudesse ter interesse em manter um bom relacionamento com estes para que o seu escritório conservasse o contrato de consultoria, considerou-se que aquele não obteve, no caso concreto, nenhum benefício (a prestação de serviços de advocacia já vinha de longa data, não dependendo daquele ato específico e nem sendo este condição para que o contrato de prestação de serviços fosse mantido): não haveria como presumir, então, que o mero fato de ser consultor retiraria a sua independência e imparcialidade – a presunção, pelo contrário, é a de que age no interesse da companhia[123]. No entanto, há situações nas quais a tolerância com o relacionamento externo (e prévio) existente entre o *director* e a *corporation* é menor, colocando, assim, em cheque o posicionamento majoritário[124].

[121] "If these directors are independent of the majority shareholder's control, then they could provide disinterested director approval of a transaction between the corporation and the majority shareholder" (GEVURTZ. *Corporation law*, p. 348-350). O difícil é, como o próprio autor admite, provar a independência dos *directors*, já que, na prática, normalmente ocorre sua presunção. Nesse sentido, o melhor é verificar a existência de algum vínculo (especialmente econômico) externo entre o conselheiro e o controlador ou se existe (ou não) significativo benefício econômico para permanecer como membro do *board*. Contudo, salienta ainda o jurista, tal realidade nem sempre é abarcada pelo conceito estrito normalmente dado pela legislação americana sobre quando está o administrador em conflito de interesses, o que traz à tona a necessidade de sua ampliação.
[122] Via de regra, a definição legal de desinteresse é sempre mais restrita do que as situações fáticas de interesse e de vinculações pessoais, cf. EISENBERG. Self-interested transactions in corporate law, p. 1002-1005.
[123] COX; HAZEN. *Cox & Hazen on corporations*, p. 535.
[124] James Cox e Thomas Hazen demonstram que existem situações nas quais a tolerância com o relacionamento externo (e prévio) existente entre o *director* e a *corporation* é menor – o

Assim, as legislações americanas, normalmente, restringem o interesse pessoal do administrador – direto ou indireto, ou seja: tal interesse pode ser de alguém a ele relacionado[125] – como sendo de caráter econômico (finan-

que pode colocar em cheque o entendimento majoritário de quem deva ser considerado independente em situações de *conflict-of-interest transactions*: "Though it may be argued that independence for the purposes of determining whether the antifraud provision has been violated is quite different from what is demanded for the business judgment rule [Galef v. Alexander], with some consistency federal courts have concluded that the mere fact the director is a member of a law firm that is retained by the corporation does not overcome a presumption the director is independent [Brickman v. Tyco, Inc.; Saylor v. Bastedo]. Even the receipt of legal fees in excess of $1 million in three of the four preceding years was held not to blemish the aura of attorney-director's independence [Tabas v. Mullane]. Decisions in the state court, however, are less dismissive of challenges to the attorney-director's independence. Though the receipt of fees by itself does not remove the atorney-director's independence, they along with other factors such as prior or present business relationship with the senior executive can remove the attorney-director from being considered independent [Kahn v. Tremont; Steiner v. Meyerson]." "A useful perspective on the meaning of independence, especially with regard to the attorney-director's independence, arises in the context of the operation of the special litigation committee in derivative suit litigation. When a demand upon the board of directors has been excused because a majority of its members are not deemed to be sufficiently independent to render an impartial assessment of the suit's merits, the corporation can resuscitate its voice on this question by creating a subcommittee of directors who do possess the requisite independence. In that context, the courts have consistently held the committee's independence requires that it be advised by counsel that has no prior relationship with the derivative suit defendants, including attorneys who have served as the company's outside counsel. Similarly, in the context of undertaking defensive maneuvers in the face of a hostile takeover, courts emphasize the importance of the outside directors being advised by counsel other than the company's customarily retained law firm. From these instances we could easily extrapolate a result that, at least in conflict-of-interest transactions involving senior management, the director who also customarily provides legal services to the company is not independent. That is, the relationship that prevents the attorney from being viewed as independent when advising on the derivative suit or takeover defense should also prevent that attorney from being considered an independent director with respect to those decisions. If this is so, then it would appear to question the attorney-director's independence, in other transactions where the attorney-director's judgment can be seen as possibly being compromised by her reluctance to block a transaction that is beneficial to a senior officer upon whose good will the attorney-director's continued role as counselor to the company depends" (Cox; HAZEN. *Cox & Hazen on corporations*, p. 536-537).

[125] Árdua é a tarefa de especificar quando o administrador age em conflito de interesses por estar ligado a terceiro. Para solucionar tal questão, nos Estados Unidos, o *Revised Model Business Corporation Act* traz um rol de indivíduos relacionados ou vinculados ao *director* e que, caso contratem com a companhia ou caso tenham interesse em determinada operação de monta a influenciar a decisão do gestor, presume-se que tenha este agido em conflito de interesses.

ceiro), como assim o fazem o *Revised Model Business Corporation Act, Section* 8.60, e os *Principles of Corporate Governance* do *American Law Institute, Section* 1.23. Na verdade, o próprio *duty of loyalty* é conceituado, via de regra, com base no interesse financeiro do administrador[126]. De qualquer sorte, muito além dos casos paradigmáticos de conflitos de interesses (operações entre a companhia e os administradores ou entre a companhia e entidades em que os administradores tenham relevante interesse financeiro direto ou indireto, cf. *Delaware General Corporation Law, Section* 144, *California Corporations Code, Section* 310, *New York Business Corporation Law, Section* 713), a interpretação que se confere não é tão restrita, podendo abranger

---

O *Revised Model Business Corporation Act, Section* 8.60, assim definie: "'Related person' means: (iv) the individual's spouse; (v) a child, stepchild, grandchild, parent, step parent, grandparent, sibling, step sibling, half sibling, aunt, uncle, niece or nephew (or spouse of any such person) of the individual or of the individual's spouse; (vi) a natural person living in the same home as the individual; (vii) an entity (other than the corporation or an entity controlled by the corporation) controlled by the individual or any person specified above in this definition; (viii) a domestic or foreign (A) business or nonprofit corporation (other than the corporation or an entity controlled by the corporation) of which the individual is a director, (B) unincorporated entity of which the individual is a general partner or a member of the governing body, or (C) individual, trust or estate for whom or of which the individual is a trustee, guardian, personal representative or like fiduciary; or (ix) a person that is, or an entity that is controlled by, an employer of the individual." É importante frisar que o *RMBCA* traz um quadro bem detalhado, o qual não se repete, via de regra, nas legislações estaduais – as quais tendem a apresentar um rol mais simplificado ou nem isso. Para uma análise exemplificativa de como alguns Estados abordam o conflito indireto de interesses, ver DOOLEY. *Fundamentals of corporation law*, p. 593. O problema de arrolar os indivíduos sobre os quais se presume existir conflito de interesses é que, por exemplo, o rol trazido pelo *Revised Model Business Corporation Act*, tido como fechado, acabaria por excluir a incidência da regra sobre situações notoriamente conflitivas: "If a transaction does not satisfy the statutory definition of a conflicted interest transaction, no liability or equitable relief may be granted on grounds that the director had an interest in the transaction. Suppose a corporation enters into a contract with the cousin of a director. Cousins are not related persons as defined by the statute. The contract thus is not a conflicted interest transaction, as defined by the statute, and a court has no authority to set it aside or otherwise grant relief" (cf. BAINBRIDGE. *Corporation law and economics*, p. 319). Para uma crítica do padrão adotado por diversas legislações norte-americanas de arrolar uma série pessoas que, se vinculadas ou relacionadas com algum administrador e se possuírem algum interesse em determinada operação da companhia, fazem com que o gestor se encontre em conflito de interesses, ver DOOLEY. *Fundamentals of corporation law*, p. 593.

[126] Ver: EISENBERG, Melvin Aron. The duty of good faith in corporate law. *Delaware Journal of Corporate Law*, n. 31, p. 1-75, 2006.

operações entre sociedades na qual o administrador é sócio[127], com administradores comuns (*interlocking directorates*)[128] bem como no interesse do

---

[127] Nesse sentido, a doutrina traz como exemplo a hipótese em que o administrador detém algumas ações de um fabricante de aviões como forma de investimento pessoal e firma, entre as duas sociedades, contrato de compra e venda de aeronaves; mais do que nunca, toda a questão gira em torno de descobrir se a posição acionária do gestor influenciou substancialmente o seu julgamento como administrador da outra companhia (cf. GEVURTZ. *Corporation law*, p. 354). Dessa forma, por exemplo, Cox & Hazen mencionam o caso *Shapiro v. Grennfield*, no qual se considerou existir interesse conflitante em operação na qual os administradores eram sócios de companhia que formou uma *joint venture* com a sociedade que dirigem, com o objetivo de explorarem um *shopping center* (COX; HAZEN. *Cox & Hazen on corporations*, p. 522).

[128] Quando o gestor ocupa cargos em duas companhias que mantêm relações comerciais entre si, é muito provável que exista conflito de interesses, especialmente se se tratar de um grupo societário (HENN; ALEXANDER. *Laws of corporations and other business enterprises*, p. 643). Sobre esta situação, o caso *Weinberger v. UOP* (julgado em Delaware no ano de 1993) afirma que, na existência de administradores comuns em sociedades de um mesmo grupo, não há independência para a deliberação sobre operações intragrupo. Ver: DOOLEY. *Fundamentals of corporation law*, p. 627; BAINBRIDGE. *Corporation law and economics*, p. 355-357; HAMILTON. *The law of corporations*, p. 487-488: "The message of *Weinberger*, is that independent directors should be added to the boards of partially owned subsidiaries to permit arms-length bargaining if the parent wishes to enter into a transaction with the subsidiary that implicates intrinsic fairness. Of course, if independent directors are available, their decision must be consistent with the business judgment rule if their action is to have any effect". Nesse sentido, devem os administradores fidelidade a ambas as sociedades, não podendo aqueles se utilizarem de suas posições em uma das companhias para beneficiarem a outra. E encontramos previsão nessa toada no *Delaware General Corporation Law* (*Section* 144), bem como no *New York Business Corporation Law* (*Section* 713); ainda, o *Revised Model Business Corporation Act*, na *Section* 8.60, arrola esta hipótese como um dos casos em que se presume a existência de conflito de interesses. Já o *California Corporations Code*, *Section* 310, também estabelece que *a mere common directorship does not constitute a material financial interest*; todavia, assim refere em seguida: *"(b) No contract or other transaction between a corporation and any corporation or association of which one or more of its directors are directors is either void or voidable because such director or directors are present at the meeting of the board or a committee thereof which authorizes, approves or ratifies the contract or transaction, if (1) The material facts as to the transaction and as to such director's other directorship are fully disclosed or known to the board or committee, and the board or committee authorizes, approves or ratifies the contract or transaction in good faith by a vote sufficient without counting the vote of the common director or directors or the contract or transaction is approved by the shareholders (Section 153) in good faith, or (2) As to contracts or transactions not approved as provided in paragraph (1) of this subdivision, the contract or transaction is just and reasonable as to the corporation at the time it is authorized, approved or ratified."*. Por sua vez, os *Principles of Corporate Governance*, do *American Law Institute*, na *Section* 5.02, referem que o fato de o administrador ocupar cargos em duas sociedades não importa que, quando da realização de contrato entre estas, encontremos uma situação de conflito de interesses, salvo se: (1) os administradores participam pessoalmente

controlador ou do acionista (ou grupo de acionistas) que elegeu o administrador (especialmente se existente algum vínculo, como de emprego)[129], além da situação relacionada à fixação da remuneração dos administradores (que compete ao *board of directors*)[130], em operações de M&A[131] e em

e contribuam substancialmente nas negociações em nome das duas companhias; ou (2) a transação seja aprovada pelo Conselho de Administração das duas sociedades, sendo o voto do conselheiro, que participa de ambos os Conselhos, determinante para a aprovação da operação. Em contrapartida, a *Section* 5.07 dispõe que não incidem as regras sobre conflito de interesses caso o administrador comum (1) não tenha resultado de uma situação de acionista controlador, (2) não tenha o gestor interesse financeiro significativo em uma das sociedades e (3) também não tenha negociado (ou dado o voto decisivo) para a aprovação da operação. Para um resumo da controvérsia no Direito norte-americano, porém, ao asseverar que, ao final – sendo este o entendimento jurisprudencial dominante –, deve-se analisar caso a caso (em outras palavras, chegou-se à conclusão de que não se pode simplesmente proibir ou restringir desnecessariamente a prática de negócios entre sociedades que possuam administradores comuns, sob pena de perdas comerciais, mesmo porque *common directors are better than dummy directors*) – fazendo-se, portanto, remissão à regra geral do conflito de interesses –, ler COX; HAZEN. *Cox & Hazen on corporations*, p. 533-534. Ver, ainda: CLARK. *Corporate Law*, p. 159; SOLIMENA. *Il conflitto di interessi dell'amministratore di società per azioni nelle operazioni con la società amministrata*, p. 60-61.

[129] Neste sentido, Cox & Hazen referem o precedente *Strassburger v. Earley* (no qual eram os conselheiros também empregados do acionista controlador, agindo em conflito de interesses ao realizarem ato de gestão benéfico a este): "(...) when two of the company's four directors received significant salaries as employees of the majority shareholder, the court held the two directors breached their fiduciary duty by being indifferent to their duty of loyalty by supporting the repurchase of the majority shareholder's stock with the effect of boosting the president's ownership interest from 6.9 percent to 55 percent." (COX; HAZEN. *Cox & Hazen on corporations*, p. 519). E fazendo remissão ao caso *Zakibe v. Ahrens & McCarron, Inc*, ver COX; HAZEN. *Cox & Hazen on corporations*, p. 521-522. E o próprio *Revised Model Business Corporation Act* arrola tal possibilidade na *Section* 8.60. Ainda sobre o tema, remetemos a HERTIG; KANDA. Related party transactions, p. 121-122; FANTO. *Directors' and officers' liability*, p. 4-35 – 4-37; GEVURTZ. *Corporation law*, p. 347 ss.

[130] Para resolver o problema, normalmente, o Direito ianque remete à regra geral sobre conflito de interesses (ou, quando regula expressamente a questão, como o faz, por exemplo, a *Section* 5.03 dos *Principles of Corporate Governance* do *American Law Institute*, não se encontra nenhuma grande diferença em relação à regra geral, ressalvadas algumas pequenas peculiaridades). De qualquer sorte, o *California Corporations Code, Section* 310, prevê que *a director is not interested within the meaning of this subdivision in a resolution fixing the compensation of another director as a director, officer or employee of the corporation, notwithstanding the fact that the first director is also receiving compensation from the corporation*. Para o aprofundamento do tema, recomendamos as seguintes obras: EISENBERG. Self-interested transactions in corporate law, p. 1006; FANTO. *Directors' and officers' liability*, p. 4-16 – 4-24; COX; HAZEN. *Cox & Hazen on corporations*, p. 548-578; CLARK. *Corporate Law*, p. 191 ss. Todavia, principalmente após diversos escândalos

corporativos, tornou-se cada vez mais comum a designação de comitês especiais, formados por conselheiros independentes, para a deliberação da matéria: "Finally, regardless of the treatment of traditional self-dealing, all major jurisdictions (including the U.S.) require boards to approve the compensation of top executive officers. To be sure, judicial scrutiny of board performance in this respect has been loose – U.S. compensation decisions are generally protected by the business judgment rule, while German decisions require only an adequate relationship between the compensation such as stock options have emerged, regulatory and investor pressure have prompted listed companies to adopt self-regulatory measures, such as assigning compensation decisions to specialized committees on the board staffed entirely by independent directors – a trend that can only be reinforced by post-Enron reforms" (HERTIG; KANDA. Related party transactions, p. 107). E assim estabelece, por exemplo, a própria *Listed company manual* da Bolsa de Valores de New York, ao prever a necessidade de as companhias abertas terem comitês específicos para trabalhar a questão envolvendo a remuneração dos administradores (*Section* 303A.05).

[131] "Although the tension between shareholders and managers is perhaps most obvious in hostile takeovers, where there is a substantial risk incumbente directors and managers will be fired if the acquisition is successful, similar conflicts of interest can arise in negotiated acquisitions. Because approval by the target's board of directors is a necessary prerequisite to most acquisition methods, the modern corporate statutory scheme gives management considerable power in negotiated acquisitions. To purchase the board's cooperation the bidder may offer side payments to management, such as an equity stake in the surviving entity, employment or non-competition contracts, substantial severance payments, continuation of existing fringe benefits, or other compensation arrangements. Although it is undoubtedly rare for side payments to be so large as to affect materially the price the bidder would otherwise be able to pay target shareholders, side payments may affect management's decision making by causing them to agree to na acquisition price lower than that which could be obtained from hard bargaining or open bidding." "Even where management is not consciously seeking side payments from the bidder, a conflict of interest can still arise: 'There may be at work [in negotiated acquisitions] a force more subtle than a desire to maintain a title or office in order to assure continued salary or perquisites. Many people commit a huge portion of their lives to a single large-scale business organization. They derive their identity in part from that organization and feel that they contribute to the identity of the firm. The mission of the firm is not seen by those involved with it as wholly economic, nor the continued existence of its distinctive identity as a matter of indifference.'" "Although such motivations are understandable, they conflict with the shareholders' economic interests." "Corporate acquisitions thus are a classic example of what game theorists refer to as 'final period problems.' In repeat transactions, the risk of self-dealing by one party is constrained by the threat that the other party will punish the cheating party in future transactions. In a final period transaction, this constraint disappears. Because the final period transaction is the last in the series, the threat of future punishment disappears." "Despite these significant accountability concerns, the Delaware cases consistently apply the business judgment rule to board decisions to approve a merger." (BAINBRIDGE, Stephen M.; ANABTAWI, Iman. *Mergers and Acquisitions*: a transactional perspective. New York: Foundation Press, 2017, p. 111-113).

contexto de ofertas hostis[132]. Ademais, a tendência é de expandir o conceito de interesse pessoal que venha a influenciar a tomada de decisões por parte do administrador[133]: "(...) Moreover, why should we limit conflicts

---

[132] Tal situação é examinada de maneira extenuante pela doutrina e pela jurisprudência norte-americanas. Cabe ressaltar que a análise do interesse pessoal do administrador quando lança mão de táticas de defesa em contexto de oferta hostil é apenas uma das questões a ser apreciada – já que o exame é muito mais complexo e envolve outros aspectos e, também, os outros deveres fiduciários. Entre os vários modelos adotados, tende a prevalecer o *intermediate standards of review*, utilizado em casos emblemáticos (como *Unocal Corp. v. Mesa Petroleum Co.*, *Moran v. Household International, Inc.*, *Revlon v. MacAndrews & Forbes Holdings, Inc.* e *Blasius Industries v. Atlas Corp.*) – além das suas combinações e evoluções (como as constatadas em *Paramount Communications, Inc. v. Time, Inc.*, *Paramount Communications, Inc. v. QVC Network, Inc.*, *Unitrin, Inc. v. American General Corp.*, *Carmody v. Toll Brothers, Inc.*, *Quickturn Design Systems, Inc. v. Shapiro*, *Adlerstein v. Wertheimer*, *MM Companies, Inc. v. Liquid Audio, Inc.*, *Omnicare, Inc. v. NCS Healthcare, Inc.* e *Versata Enterprises, Inc. v. Selectica, Inc.*) –, por meio do qual se reconhece a competência dos administradores de adotar medidas de defesa, sendo que a *business judgment rule* não é aplicada de modo imediato por estarem os administradores em situação de conflito de interesses, devendo a administração da companhia-alvo demonstrar que a oferta hostil era uma ameaça para sociedade e seus acionistas e que a medida de defesa foi proporcional (não pode ser coercitiva nem preclusiva) ao risco existente – o que é facilitado pela presença de membros independentes –, devendo os administradores terem realizado razoável investigação sobre as condições da oferta e as consequências da tomada de controle para a companhia e não podendo adotar mecanismos que impeçam que os acionistas votem na eleição dos membros do Conselho; demonstrado tudo isso, inverte-se o ônus da prova, devendo, então, os requerentes comprovar a má-fé da administração. De qualquer sorte, quando evidente que a companhia está à venda, devem os administradores buscar o melhor preço para os acionistas. Sobre o tema, ver: GEVURTZ. *Corporation law*, p. 673 ss; O'KELLEY; THOMPSON. *Corporations and other business associations*, p. 755 ss; BAINBRIDGE. *Corporation law and economics*, p. 610 ss; BAINBRIDGE; ANABTAWI. *Mergers and Acquisitions*, p. 608 ss; SCALZILLI, João Pedro. *Mercado de Capitais*: ofertas hostis e técnicas de defesa. São Paulo: Quartier Latin, 2015, p. 159 ss; NASCIMENTO, João Pedro Barroso do. *Medidas Defensivas à Tomada de Controle de Companhias*. São Paulo: Quartier Latin, 2011, p. 201 ss.

[133] Nos Estados Unidos, ainda que a tendência seja de conceituar o conflito de interesses com a contratação entre administrador e sociedade, a grande crítica que se faz é que se acaba por restringir a regra em demasia. Nesse sentido, existem precedentes norte-americanos que, contestando tal delimitação, alargam o âmbito de incidência da legislação para outros atos administrativos que possam influenciar a tomada de decisão do administrador, como ocorre no caso *Cede & Co. v. Technicolor, Inc.*, como podemos vislumbrar de sua descrição e análise, nas palavras de Frankin Gevurtz: "*Cede & Co. v. Technicolor, Inc.* illustrates some of the difficulty courts face in deciding what is a material financial interest. The plaintiffs in *Cede* claimed that the board of Technicolor breached both the directors' duty of care and the directors' duty of loyalty in voting to merge the company. In order to establish the duty of loyalty claim, the plaintiffs argued that various members of Technicolor's board had conflicts of interest.

just to the financial interest of the directors? For example, few would say that a director does not face a conflict in voting on a transaction between the corporation and his or her spouse – even if they are not in a community property state. Yet, suppose the transaction (say, a loan from a bank) is with a party (say, a real estate developer) who has employed the son of the corporation's president; is this a conflict-of-interest?"[134].

Diante da análise do tratamento do tema do conflito de interesses em outros países, pode-se observar que a regulação da matéria não encontra um consenso, variando de país a país. De qualquer sorte, e respeitadas as diferenças, fato é que se entende, como regra, que a atuação do adminis-

---

Specifically, one of Technicolor's directors would obtain a finder's fee if the merger went through, while several other directors of job prospects with the corporation after the merger. The Delaware Supreme Court held that a director's financial interest in a transaction had to be material in order to trigger the fairness standard (even though Delaware's conflict-of-interest statute does not use the term "material"). The Delaware Supreme Court rejected, however, the trial court's use of a reasonable person standard in determining if a given director's self-interest in a transaction was material. On remand, the trial court judge interpreted this to require an "actual person" test of materiality; in other words, the test focuses on what effect the financial interest, in fact, had on the director in question. This could requires the court to look at evidence that the particular director involved was especially susceptible or immune to opportunities for self-enrichment, or evidence that the director, in fact, behaved differently in the transaction than one would expect from a reasonable person with the same self-interest. Applying this test, the trial court held the finder's fee was a conflict-of-interest, but the possibilities of increased compensation or improved job prospects after the merger were not tangible or large enough in this particular case to count. The Delaware Supreme Court affirmed this approach and result on appeal", cf. GEVURTZ. *Corporation law*, p. 354-355. Prossegue o referido autor: "In fact, however, the financial interests in *Technicolor* did not fit within the definition of even an indirect conflict-of-interest under the typical conflict-of-interest statute, such as Delaware's. The finder's fee, which the court found to present a material conflict for one director, was not a financial interest in the party Technicolor contracted to merge with. Rather, it was a financial interest in the transaction itself. The finder's fee gave the recipient director a monetary interest in the merger going through, albeit not necessarily an interest in giving favorable terms to the other party to the merger. Nevertheless, both Delaware courts involved in *Technicolor* did not feel themselves limited in finding a conflict-of-interest to situations within Delaware's conflict-of-interest statute." "This illustrates that the statutory definition we started out with might be too narrow. Directors may have economic interests in a transaction which lead a court not to trust them, even though the transaction is not between the corporation and a director, or between the corporation and another firm in which the corporation's director has a financial interest or management role" (GEVURTZ. *Corporation law*, p. 355).

[134] GEVURTZ. *Corporation law*, p. 355.Ver, também: BAINBRIDGE. *Corporation law and economics*, p. 319.

trador pode restar influenciada por interesse extrassocial direto ou indireto, econômico ou não. E isso será importante para a análise da regra existente no Direito brasileiro, o que passaremos a fazer a partir do próximo Capítulo.

3
O art. 156 da Lei das S.A.: procedimento

No Brasil, a regra geral da atuação em conflito de interesses aparece no art. 156 da Lei das S.A., que assim dispõe:

> "Art. 156. É vedado ao administrador intervir em qualquer operação social em que tiver interesse conflitante com o da companhia, bem como na deliberação que a respeito tomarem os demais administradores, cumprindo-lhe cientificá-los do seu impedimento e fazer consignar, em ata de reunião do conselho de administração ou da diretoria, a natureza e extensão do seu interesse.
>
> § 1º Ainda que observado o disposto neste artigo, o administrador somente pode contratar com a companhia em condições razoáveis ou eqüitativas, idênticas às que prevalecem no mercado ou em que a companhia contrataria com terceiros.
>
> § 2º O negócio contratado com infração do disposto no § 1º é anulável, e o administrador interessado será obrigado a transferir para a companhia as vantagens que dele tiver auferido."

Tal dispositivo apresenta um procedimento dividido em algumas etapas, as quais objetivam que a decisão seja tomada por (*i*) administradores desinteressados e (*ii*) plenamente informados, além de se exigir que (*iii*) seja a operação razoável e equitativa[135].

---

[135] Sobre o procedimento previsto no art. 156 da Lei das S.A., de onde extraímos boa parte das observações realizadas, ver: SPINELLI. *Conflito de interesses na administração da sociedade anônima*, p. 207 ss. Ver, também, entre outros: BARRETO, Julio. *O conflito de interesses entre a companhia e seus administradores*. Rio de Janeiro: Renovar, 2009, p. 199 ss; CAMPOS. Seção V – Deveres e Responsabilidades, p. 1.160 ss; COSTA. *Contribuição ao estudo da responsabilidade civil dos administradores de companhias abertas*, p. 99 ss; EIZIRIK. *A Lei das S/A comentada*, v. 3, p. 153-155;

Dessa forma, em primeiro lugar, respeitadas as competências dos órgãos sociais[136], o órgão decisório deve atuar de modo independente: a decisão (idealmente expressa, não se podendo, todavia, rejeitar a realidade e, então, a existência de aprovações tácitas como forma de tutela da confiança) referente a qualquer operação deve ser tomada por administradores desinteressados (ou seja, não podem estar sob a influência do interesse extrassocial, ainda que seja de outro administrador – *i.e.*, não pode estar influenciado pelo interesse de um de seus pares), ou seja, o gestor interessado não pode tomar parte do ato de gestão, sendo vedado opinar, sugerir ou, sob qualquer forma, influenciar a decisão administrativa[137], não podendo participar dos debates nem, evidentemente, votar ou tomar a decisão (apesar de poder e dever prestar esclarecimentos aos demais); deve, e assim se pode extrair da redação do art. 156 da Lei das S.A., ausentar-se do recinto (ainda que componha a mesa que conduz os trabalhos) após a prestação das informações necessárias e do esclarecimento das dúvidas existentes uma vez que não pode influenciar de qualquer forma a decisão[138] (sendo que tal proce-

---

LEÃES, Luiz Gastão Paes de Barros. Conflito de interesses no âmbito da administração da companhia. In: ____. *Novos pareceres*. São Paulo: Singular, 2018. p. 629-635, p. 633-634; VON ADAMEK. *Responsabilidade civil dos administradores de S/A e as ações correlatas*, p. 161 ss.

[136] Dessa forma, caso a operação em que o gestor possua interesse conflitante não entre em sua competência, mas sim na de outro, desnecessário é qualquer procedimento especial – feita a ressalva de o art. 156, mesmo nestas situações, requerer que aquele informe sobre o seu interesse –, ficando sob a responsabilidade do administrador competente a realização do ato de gestão em que o seu colega tenha interesse contraposto ao da sociedade (cf. VALVERDE. *Sociedades por ações*, p. 315: "A deliberação conjunta dos diretores não será necessária tôda vez que, pelos estatutos, o ato ou a operação a efetuar-se não entra na competência do diretor impedido, porém na de outro diretor. Êste poderá, sob sua responsabilidade, contratar com o seu colega, com interêsses contrários ou opostos aos da sociedade no negócio a efetuar-se. Pois o objetivo da lei é evitar que o diretor interessado na operação abuse de suas funções para auferir vantagens ou lucros à custa da sociedade."). Contrariamente a este posicionamento, Modesto Carvalhosa afirma que, no caso de competência individual de um diretor para a realização de determinado ato, necessariamente deverá existir deliberação colegiada por parte da Diretoria caso algum outro membro do órgão tenha interesse contraposto ao da companhia (cf. CARVALHOSA. *Comentários à Lei de Sociedades Anônimas*, v. 3, p. 278).

[137] COSTA. *Contribuição ao estudo da responsabilidade civil dos administradores de companhias abertas*, p. 101-102; MARTINS, Fran. *Comentários à Lei das Sociedades Anônimas*, v. 2. t. 1. Rio de Janeiro: Forense, 1978, p. 388-389; CARVALHOSA. *Comentários à Lei de Sociedades Anônimas*, v. 3, p. 275.

[138] Nesse sentido, *v.g.*, MARTÍN. Capítulo I – La posición jurídica de los administradores de sociedades de capital, p. 73; PARENTE. *O dever de diligência dos administradores de Sociedades Anônimas*, p. 206. De qualquer sorte, há quem entenda que o administrador pode comparecer

dimento, inclusive o afastamento, deve restar consignado em ata)[139]. De qualquer forma, entendemos que o presidente do órgão de administração, quando este deliberar de modo colegiado, não tem poderes (ressalvadas as hipóteses específicas expressas em lei ou mesmo no estatuto social) para declarar o impedimento do voto e, então, não computar o voto, mesmo porque a LSA dispõe que deve o próprio administrador interessado assim o fazer além de não prever tal possibilidade de tutela[140].

O objetivo da Lei das S.A. é que o ato de gestão seja tomado pelos colegas de órgão administrativo daquele que se encontra em conflito de interesses, desde que estejam estes últimos desinteressados (já que de nada adianta ter um gestor um interesse em determinada operação e, mesmo que se abstenha, seja esta aprovada pelos seus companheiros com o objetivo de ajudá-lo – fazendo prevalecer, portanto, o *esprit de corps*, tudo o que não se deseja: os administradores devem agir de boa-fé, não podendo decidir com o objetivo de realizar uma simples acomodação dos interesses do companheiro de profissão). Logo, se a situação conflitiva aparecer na pessoa do diretor quando deve cumprir a sua atribuição individual, deve aquele informar os demais membros da Diretoria da existência e da extensão de sua posição antagônica, cabendo aos demais convocar uma reunião para deliberar sobre a matéria de modo colegiado – sendo imperiosa a abstenção daquele que esteja interessado[141]. Por sua vez, caso a decisão a respeito da

---

para assistir à reunião do órgão social, sem participação com voto na tomada de decisão (*v.g.*: LAZZARESCHI NETO. *Lei das Sociedades por Ações Anotada*, v. I, p. 679).

[139] INSTITUTO BRASILEIRO DE GOVERNANÇA CORPORATIVA. *Código das melhores práticas de governança corporativa*, p. 97; GT INTERAGENTES. *Código Brasileiro de Governança Corporativa – Companhias Abertas*, p. 60.

[140] PACHECO, João Marcelo G.; SILVA, Thiago José da. Poderes e deveres do presidente do Conselho de Administração. In: ROSSETTI, Maristela Abla; PITTA, André Grünspun. *Governança Corporativa*: avanços e retrocessos. São Paulo: Quartier Latin, 2017. p. 849-869, p. 868. Nossa opinião vai ao encontro, ao comentar o art. 115, §1º, da Lei das S.A., à de FRANÇA. *Conflito de interesses nas Assembléias de S.A.*, p. 98, em nota de rodapé. Em sentido diverso, ver: GUERREIRO. Abstenção de voto e conflito de interesses, p. 689-691; COSTA. *Contribuição ao estudo da responsabilidade civil dos administradores de companhias abertas*, p. 103, em nota de rodapé; ENRIQUES. *Il conflitto d'interessi degli amministratori di società per azioni*, p. 243-249; MARTÍN. Capítulo I – La posición jurídica de los administradores de sociedades de capital, p. 74 – sustentando que o presidente do órgão de administração poderia submeter à votação colegiada a eventual existência de conflito e, então, o direito de voto.

[141] COSTA. *Contribuição ao estudo da responsabilidade civil dos administradores de companhias abertas*, p. 102-103.

operação social em que tenha interesse conflitante seja efetuada na forma colegiada, o gestor (conselheiro de administração ou diretor), da mesma forma, deve informar os seus pares, não podendo participar da deliberação[142]-[143]. Ademais, como ocorre em outras jurisdições, diante do previsto

---

[142] Apesar do disposto no art. 156, Modesto Carvalhosa afirma que a competência para deliberar sobre operações em que qualquer administrador (inclusive diretores) tenha interesse conflitante é do Conselho de Administração; apenas na inexistência deste é que caberia à Diretoria decidir de modo colegiado sobre o assunto (CARVALHOSA. *Comentários à Lei de Sociedades Anônimas*, v. 3, p. 277).

[143] O administrador com interesse contraposto ao da sociedade pode compor o *quorum* de instalação, como dispõem, por exemplo, o *Delaware General Corporation Law* (Section 144), o *California Corporations Code* (Section 310) e o *New York Business Corporation Law* (Section 713) (cf. CARVALHOSA. *Comentários à Lei de Sociedades Anônimas*, v. 3, p. 78, 278; STESURI. *Il conflitto di interessi*, p. 127; BONELLI. *Gli amministratori di S.P.A. dopo la riforma delle società*, p. 116-117, BIANCHI. *Gli amministratori di società di capitali*, p. 547; COX; HAZEN. *Cox & Hazen on corporations*, p. 523). No que diz respeito ao *quorum* de deliberação, historicamente, a deliberação é tomada pela maioria de votos dos administradores desinteressados, ainda que em número menor ao *quorum* normal de deliberação – e, caso no órgão exista apenas um único administrador desinteressado, acreditamos que compete a este a decisão (cf. STESURI. *Il conflitto di interessi*, p. 127). De qualquer sorte, lembramos que a participação do administrador interessado, a menos que tenha sido esta essencial, não anula a deliberação: ora, o objetivo da lei é o de fazer com que os administradores desinteressados decidam a matéria e, assim, ao ser a matéria aprovada pelo voto da maioria dos administradores desinteressados, ainda que os interessados tenham participado da deliberação, não há motivo para afirmar que o requisito legal não foi cumprido – como ocorre nas Assembleias Gerais, o voto do administrador conflitado é nulo, o que enseja a anulabilidade da deliberação caso sua participação tenha sido necessária ao atingimento do resultado (GEVURTZ. *Corporation law*, p. 336; BAINBRIDGE. *Corporation law and economics*, p. 310-312; ENRIQUES. *Il conflitto d'interessi degli amministratori di società per azioni*, p. 302-303; FRANÇA, Erasmo Valladão Azevedo e Novaes. Atos e operações societárias em fraude à lei, visando à tomada ilícita do controle de companhia aberta – abuso do poder de controle e conflito de interesses caracterizados – invalidade. *Revista de Direito Mercantil, Industrial, Econômico e Financeiro*, São Paulo, ano 45, n. 143, p. 255-270, jul./set. 2006, p. 268; FRANÇA. *Conflito de interesses nas Assembléias de S.A.*, p. 99-100; FRANÇA, Erasmo Valladão Azevedo e Novaes. *Invalidade das deliberações de Assembléia das S.A.* São Paulo: Malheiros, 1999, p. 117; CARVALHOSA, Modesto. CARVALHOSA, Modesto. *Comentários à Lei de Sociedades Anônimas*. v. 2. 2. ed. rev. São Paulo: Saraiva, 1998 417-418). Finalmente, na hipótese de todos os administradores de um determinado órgão se encontrarem em posição de confronto de interesses, a deliberação sobre a operação deve ser realizada pelo órgão em posição hierárquica imediatamente superior; nesse sentido, se o conflito for de todos os diretores, a decisão sobre a operação cabe ao Conselho de Administração; por outro lado, caso o conflito esteja no seio do Conselho, é a Assembléia Geral o órgão responsável por julgar a realização do ato (cf. COSTA. *Contribuição ao estudo da responsabilidade civil dos administradores de companhias abertas*, p. 103, nota de rodapé; BARBI FILHO, Celso. Contratação entre a sociedade

no próprio art. 121 da Lei das S.A. e por ser quem decide sobre a promoção de ação de responsabilidade contra os administradores nos termos do art. 159 da Lei das S.A., pode a decisão ser tomada por acionistas desinteressados[144]: como são os maiores interessados em proteger o patrimônio da sociedade – mesmo porque é a sociedade a destinatária dos deveres fiduciários dos administradores –, não há porque proibir que os sócios decidam a questão em substituição à administração, desde que, é óbvio, não estejam ligados ao administrador (ou não seja este um dos acionistas) nem se atente contra as competências indelegáveis dos órgãos sociais – e mesmo porque, ao fim e ao cabo, compete aos acionistas deliberar eventual ação de responsabilidade civil e anulação destas operações[145].

A decisão sobre a operação deve ser específica, determinando com a maior precisão possível os elementos da operação; ainda, a autorização deve ser para cada operação. Não se recomenda, portanto, que a deliberação seja genérica[146].

De qualquer sorte, ainda que não seja recomendado que assim se proceda, a decisão por membros independentes não inviabiliza que o gestor interessado (ou, melhor dizendo, o diretor interessado, tendo em vista a repartição de competências dos órgãos administrativos promovida pela Lei 6.404/76) venha a realizar os expedientes para a instrumentalização da operação (ainda que a melhor cautela sugira que um de seus pares fique

---

por cotas de responsabilidade limitada e seu próprio administrador. *Revista Forense*, Rio de Janeiro, ano 92, v. 333, p. 51-64, jan./mar. 1996, p. 61).

[144] Arnoldo Wald, ao tratar do caso específico de contrato firmado com a sociedade, expõe que, tendo o conselheiro de administração conflito de interesses, pode a Assembléia Geral deliberar sobre a matéria (em analogia ao art. 122 da Lei das S.A.), especialmente porque não está no rol das competências privativas do Conselho de Administração (art. 142); além disso, na *medida em que pode destituir os membros da Administração, é evidente que também pode rever os seus atos (o que constitui um poder implícito, por ser um minus em relação ao poder de destituição que a lei confere ao plenário dos acionistas ordinários – nos termos do Art. 122, II)*. Não se deve esquecer ainda da competência que possuem para promover a ação social de responsabilidade (art. 159). Ver: WALD, Arnoldo. A evolução do regime legal do Conselho de Administração, os acordos de acionistas e os impedimentos dos conselheiros decorrentes de conflito de interesses. *Revista de Direito Bancário, do Mercado de Capitais e da Arbitragem*, São Paulo, ano 4, v. 11, p. 13-30, jan./mar. 2001, p. 25-27.

[145] Quanto ao *quorum* de instalação, pode ser computado para a sua formação o daqueles acionistas interessados. Já no que concerne ao *quorum* de deliberação, é o da maioria dos votantes (contando-se, portanto, somente os votos das *disinterested shares*).

[146] SOLIMENA. *Il conflitto di interessi dell'amministratore di società per azioni nelle operazioni con la società amministrata*, p. 171.

responsável por tais atos), uma vez que, nesse caso, não terá discricionariedade, devendo seguir o estabelecido na decisão realizada por membros desinteressados[147].

Mas não basta isso: em segundo lugar, para que ocorra uma correta deliberação por acionistas ou por administradores desinteressados, é essencial que sejam corretamente informados – inclusive porque o mérito da decisão, neste caso, pode e deve ser sindicado. Desse modo, o dever de lealdade impõe que o administrador que possua interesse extrassocial relevante, mesmo que não vote, informe aos demais sua posição de modo imediato[148] (antes da realização da operação, evidentemente, por meio de uma declaração ou mesmo na reunião do órgão, mas lembrando-se ser possível a sua ratificação – sendo que, em caso de atraso na prestação das informações, é adequado que o gestor interessado justifique o retardo), devendo revelar a sua existência, a natureza e a extensão do interesse extrassocial[149] e as

---

[147] PONTES DE MIRANDA, Francisco Cavalcanti. *Tratado de Direito Privado*, t. 50. 2 ed. Rio de Janeiro: Editor Borsoi, 1965, p. 404. Em sentido contrário: "A vedação atinge, sob a ótica da companhia, a participação do administrador em relação a atos ou fatos que já tenham sido autorizados pela companhia, seja em Assembleia Geral, reunião de Conselho de Administração ou Diretoria. O mesmo se dá com relação à participação do administrador em conflito de interesses como mandatário da companhia." "Todavia, a vedação não se estende à participação do administrador como representante do outro interesse que tenha originado o conflito. A proibição de intervenção restringe-se ao administrador da ponta da companhia, de sorte que o administrador em conflito poderia, em tese, representar o outro interesse, intervindo na operação social, mas não na condição de administrador." (CAMPOS. Seção V – Deveres e Responsabilidades, p. 1.160-1.161); à p. 1.162-1.163, assim continua: "A vedação não se restringe apenas à deliberação, de sorte que mesmo que não tenha intervindo na deliberação, o administrador não pode dar execução ao ato que tiver sido deliberado, quando estiver em conflito de interesses. A execução do ato caberá aos administradores que estiverem livres dessa situação." "Pode acontecer a situação em que todos os administradores estejam em conflito de interesses e, nessa hipótese, se o conflito for dos diretores, a matéria deverá ser submetida aos Conselho de Administração, e remanescendo o conflito de todos os administradores, a questão deverá ser posta para deliberação da Assembleia Geral. Esse fato, contudo, não solucionará a execução da deliberação tomada, já que a representação da sociedade cabe à Diretoria, que terá, portanto, que dar execução à deliberação, se for o caso. Embora não seja exigível, dependendo da questão pode ser recomendável que o Conselho de Administração (ou a Assembleia Geral, se não houver Conselho) elejam diretores para o fim específico de dar cumprimento à deliberação. Outra alternativa seria a execução da deliberação por mandatários, com poderes específicos."

[148] BÖCKLI. *Schweizer Aktienrecht*, p. 1799.

[149] Sobre os termos *natureza e extensão* do interesse conflitante do administrador, Eduardo de Sousa Carmo assim afirma: "O texto legal diz da *natureza e extensão* do interesse do

condições em que a operação será realizada (preço, forma de pagamento, obrigações e direitos das partes, multas contratuais, etc.)[150], sendo recomendável que também informe os eventuais benefícios que possa auferir e possíveis impactos para a companhia[151] (e tal dever existe mesmo que o administrador não participe da deliberação pelo fato de a decisão ser de competência de outro órgão social ou que não exista deliberação colegiada para a decisão referente à operação)[152], fazendo consignar em ata de reunião do órgão tais informações[153-154-155]. Caso se mostre necessário (como

---

administrador. Convenhamos que o termo *natureza* é, no caso, particularmente vago, mas pode ser entendido como o nexo causal que vincula o administrador ao negócio. Já a *extensão* do interesse significa a sua medida, em apreciação quantitativa. Por exemplo: César detém 60% das ações da companhia que vai lucrar na operação que completará com a S.A. de que é ele diretor. Na hipótese, as ações são a natureza do vínculo causal e as 60%, ou qualquer outro percentual, a extensão da medida de seu interesse." (CARMO. *Relações jurídicas na Administração das Sociedades Anônimas*, p. 134).

[150] E assim leciona Alfredo Sérgio Lazzareschi Neto: "O registro da natureza e da extensão do conflito é indispensável: 'Além disso, em reunião que vá tratar da operação que o administrador tenha conflito de interesses, mesmo que ele não vote, deve sempre registrar a natureza e extensão do interesse conflitante.' (Colegiado da CVM, PAS RJ 12/01, Rel. Diretor Pedro Oliva Marcilio de Sousa, j. 12.1.2006). Afinal, sem o registro da natureza e da extensão do conflito, o natural é que o interesse adote e defenda opiniões que só a consciência reprova." (LAZZARESCHI NETO. *Lei das Sociedades por Ações Anotada*, v. I, p. 686).

[151] COSTA. *Contribuição ao estudo da responsabilidade civil dos administradores de companhias abertas*, p. 103; MARTINS. *Comentários à Lei das Sociedades Anônimas*, v. 2, p. 388-389. E Modesto Carvalhosa assim comenta: "Essa declaração de interesse há de ser objetiva, ou seja, visando a causar efeitos no mundo jurídico. Evidentemente que não precisará ele revelar que deseja obter vantagem patrimonial. Em todo o negócio jurídico dessa natureza a vantagem patrimonial é legítima. A revelação deve, portanto, versar sobre os efeitos que tal transação traria para a companhia, em termos de concorrência, mercado, investimento etc." (CARVALHOSA. *Comentários à Lei de Sociedades Anônimas*, v. 3, p. 276).

[152] ENRIQUES. *Il conflitto d'interessi degli amministratori di società per azioni*, p. 214-215.

[153] "O objetivo precípuo deste registro em ata não é propriamente advertir os demais administradores sobre o conflito de interesses, pois a advertência lhes será feita de viva voz pelo impedido, no conclave; o propósito da regra é claramente acautelatório. O lançamento do registro em ata facilita a fiscalização da gestão social e, de modo mais específico, a verificação da conduta dos demais administradores, colegas do impedido, à luz dos critérios de diligência e lealdade. O registro em ata funciona, pois, como verdadeiro alerta para os acionistas e fiscais e, por extensão, constrange os partícipes da deliberação a atuarem com lisura e lealdade para a companhia" (VON ADAMEK. *Responsabilidade civil dos administradores de S/A e as ações correlatas*, p. 163). Ademais, é considerada uma boa prática de governança corporativa que apareça tudo o que ocorreu na reunião do Conselho de Administração ou da Diretoria na ata, inclusive as abstenções por conflito de interesses (INSTITUTO BRASILEIRO DE GOVERNANÇA

pelo fato de as circunstâncias terem mudado, ou porque as informações prestadas são ou se tornaram imprecisas ou incompletas), informações adicionais podem ser solicitadas e/ou devem ser prestadas – mesmo porque, apesar de um interesse poder durar a vida toda, ele também pode, com o tempo, mudar[156]. Ao fim do dia, as informações prestadas devem ser suficientes, não podendo o gestor interessado simplesmente revelar a existência do interesse extrassocial sem referir detalhes sobre a natureza, extensão e escopo de modo completo e franco para que o órgão competente tome a decisão de modo informado[157].

Ainda, não deve ser admitida informação genérica, sendo que, se as circunstâncias fáticas restam alteradas, faz-se necessária nova comunicação (ou seja, as informações devem ser atualizadas caso seja necessário) e,

CORPORATIVA. *Código das melhores práticas de governança corporativa*, p. 64). Apesar de todo o procedimento estabelecido em lei, Silvio Yanagawa afirma que ele não é suficiente, sendo um erro prever a publicidade apenas para o órgão administrativo; para o referido autor, dever-se-ia publicizar o interesse conflitante também à Assembléia Geral, ainda que depois de tomada a decisão no âmbito administrativo, a quem caberia decidir, em um segundo momento, sobre a operação (ratificando ou retificando o ato, mas sempre com respeito a terceiros de boa-fé) (cf. YANAGAWA, Silvio Hitoshi. Contratos entre sociedade e seus administradores. Conflito de interesses. *Revista de Direito Mercantil, Industrial, Econômico e Financeiro*, São Paulo, ano 14, n. 20, p. 115-118, 1975, p. 117-118).

[154] Interessante é a situação do administrador (ou qualquer pessoa) que descobre que outro possui interesse conflitante com a sociedade em uma dada operação, apesar de este ter omitido essa ocorrência dos demais colegas; deve ele, em cumprimento ao seu dever de diligência, cientificar os demais de tal situação. A rigor, se o administrador não informa sobre o seu interesse pessoal na operação, qualquer pessoa pode cientificar os demais gestores ou acionistas (cf. INSTITUTO BRASILEIRO DE GOVERNANÇA CORPORATIVA. *Código das melhores práticas de governança corporativa*, p. 97). No mesmo sentido caminha o Código Brasileiro de Governança Corporativa – Companhias Abertas (GT INTERAGENTES. *Código Brasileiro de Governança Corporativa – Companhias Abertas*, p. 60).

[155] Modesto Carvalhosa defende, em posição singular, ser essencial, também, uma espécie de declaração em que o administrador negaria qualquer intuito de prejudicar o ente coletivo: "Como terceiro requisito, deverá o administrador declarar que, embora contrastantes os interesses, a mutação patrimonial proposta entre a companhia e ele não visa a prejudicá-la em suas atividades. Assim, deverá o administrador explicitar que, com o negócio jurídico, não irá ele concorrer com a companhia direta ou indiretamente ou, de qualquer forma, interferir no seu mercado ou cercear seu plano de investimentos. Enfim, que o benefício próprio que terá com o negócio não prejudicará a existência, o funcionamento e as perspectivas da companhia." (CARVALHOSA. *Comentários à Lei de Sociedades Anônimas*, v. 3, p. 276).

[156] STEINIGER. *Interessenkonflikte des Verwaltungsrates*, p. 10-11.

[157] LANGFORD. *Company Directors' Duties and Conflicts of Interest*, p. 193-194.

se for o caso, nova decisão. Entretanto, não se pode exigir que o administrador divulgue informações que não sejam essenciais para a deliberação, como, por exemplo, no caso de um contrato entre aquele e a sociedade, qual é o seu preço de reserva (ou seja, a quantia pela qual está disposto a vender – ou a comprar – o produto), visto que o objetivo da regra é evitar que seja a companhia prejudicada – e não que obtenha ganhos indevidos em detrimento do gestor[158].

Busca-se assim, inclusive, *reequilibrar a bagagem de informações das partes* (companhia e administrador interessado), uma vez que o administrador acaba, por estar dentro da sociedade (ou seja, ser *insider*), provavelmente tendo uma série de dados que podem beneficiá-lo na conclusão da operação[159].

Por outro lado, em cumprimento ao dever de diligência (LSA, art. 153) por parte dos demais administradores, deve-se ter cuidado com as informações disponibilizadas àquele que possua interesse extrassocial – como se sustenta na Alemanha. Dependendo das circunstâncias, é imperioso que se guarde reserva, não disponibilizando os documentos relacionados à operação para o gestor que tenha interesse extrassocial envolvido (*fire wall* ou *Trennwand*)[160].

---

[158] ENRIQUES. *Il conflitto d'interessi degli amministratori di società per azioni*, p. 224-225: "In sostanza, non pare sufficiente la notizia assolutamente generica che l'amministratore è in conflitto d'interessi, essendo necessaria, al fine di permettere un giudizio informato da parte degli amministratori e dei sindaci, soprattutto sul rischio "giuridico" dell'operazione, anche la conoscenza della natura dell'interesse dell'amministratore. Ma, al contempo, l'amministratore non é tenuto a fornire *tutte* le informazioni sull'operazione che egli abbia acquisito nella sua qualità di controparte ovvero in virtù della sua relazione con la controparte e tanto meno a svelare alla società, nel caso in cui, ad esempio, si tratti di un'operazione di acquisto di un determinato bene da parte di questa, il prezzo di riserva della controparte, ossia il prezzo al di sotto il quale questa non è disposta a vendere il bene. Per la dimostrazione di ciò, è sufficiente rinviare a quanto notato sopra *sub I* circa la funzione del dovere di comunicazione e, in genere, della disciplina del conflito d'interessi, con la quale l'ordinamento mira ad evitare che la società subisca un danno, non già ad assicurare che essa in situazioni del genere realizzi un superprofitto (come sarebbe quello che essa potrebbe percepire se, in situazioni di conflitto d'interessi, fosse posta in condizione di strappare condizioni particolarmente convenienti, grazie a un'artificiosa conoscenza del valore dell'operazione per la controparte."

[159] ENRIQUES. *Il conflitto d'interessi degli amministratori di società per azioni*, p. 39-40; ENRIQUES. Il conflitto d'interessi nella gestione delle società per azioni, p. 524.

[160] Nesse sentido, ver: BÖCKLI. *Schweizer Aktienrecht*, p. 1799-1800. Isso, de qualquer sorte, é medida que deve ser adotada em situações agudas de conflito, nas quais caso o administrador interessado seja informado possa utilizar tais dados de modo contrário ao interesse da sociedade e isso causar prejuízos aos interesses da companhia (LAZOPOULOS. *Interessenkonflikte und Verantwortlichkeit des fiduziarischen Verwaltungsrates*, p. 140-141).

E em terceiro e último lugar, no momento em que a deliberação ou a operação é realizada (o que não significa que situações posteriores não devam ser consideradas)[161], ela deve ser guiada pelo interesse social e, assim, além de ser razoável e equitativa (obedecendo as condições de qualquer ato semelhante no mercado), precisa ser útil à sociedade (ou seja, precisa passar pelo *fairness test*)[162]. Logo, ainda que o administrador informe os demais gestores de seu interesse pessoal e se abstenha de intervir na deliberação, deve a deliberação ou operação ser razoável e equitativa, obedecendo às condições de qualquer ato semelhante no mercado. Nesses termos, é necessário verificar a *similitude do negócio celebrado com o administrador em face de idênticas operações de mercado, firmadas entre pessoas que não se situam em posição conflitante, de tal modo a demonstrar que é indiferente ou melhor (nunca pior) contratar com o administrador em relação a um terceiro*[163]-[164] – o que nem sempre é de fácil comprovação[165].

[161] "Of course, this does not mean later events are irrelevant to assessing the fairness of a deal at the time the directors made it. If later events are ones the directors anticipated (or should have anticipated), they bear upon the fairness of the transaction at the time the corporation enters the contract. For example, in *Globe Woolen Co. v. Utica Gas & Electric Co.*, a power company made a contract to supply electricity to mills operated by a wool company. The principal stockholder [, director and president] of the wool company was one of the power company's directors [and officers]. The contract guaranteed that the wool company's total power costs under the contract would not exceed the wool company's power costs of prior years – no matter how much electricity the wool company used – or else the power company would not only provide the wool company with all its electricity free, but the power company would also pay liquidated damages to the wool company. Possibly reacting to the obvious incentive in the contract, the wool company changed the operations at its mills in a way which dramatically increased its overall energy usage. Ultimately, the power company was supplying the mills with huge quantities of electricity and, instead of receiving payment from the wool company, the power company was actually having to pay the wool company for the privilege. The court voided the contract, explaining that the director with the conflict-of-interest either anticipated or should have anticipated this result at the time the parties entered the contract." (GEVURTZ. *Corporation law*, p. 328). Ver, também: O'KELLEY; THOMPSON. *Corporations and other business associations*, p. 271-274.
[162] Incorporamos o *fairness test* do Direito americano, cf. COMPARATO, Fábio Konder. Compra e venda de ações – acionista controlador – alienação de controle – incorporação – assembléia especial – cartas-patentes. *Revista Forense*, Rio de Janeiro, ano 78, v. 278, p. 136-147, abr./jun. 1982, p. 145.
[163] COSTA. *Contribuição ao estudo da responsabilidade civil dos administradores de companhias abertas*, p. 103-104. Ver, também: CARVALHOSA. *Comentários à Lei de Sociedades Anônimas*, v. 3, p. 278; Processo Administrativo Sancionador CVM n. RJ 2005/1443, Rel. Dir. Pedro Oliva Marcilio de Sousa, j. 10/05/2006.
[164] Nesse sentido, o Tribunal de Justiça do Estado de São Paulo já comparou o valor de compra de um imóvel da companhia por parte do administrador com o valor de revenda realizada

Deve-se avaliar se o preço aplicado segue o valor de mercado (particularmente quando há, por exemplo, cotação em bolsa), se as deliberações ou operações realizadas guardam similitude com as idênticas ou análogas

dois anos depois, constatando que existiu uma diferença (maior) de cerca de 3.600%; assim, considerou que o contrato firmado entre a sociedade e o seu administrador foi feito a preço vil, sem condições razoáveis e equitativas, idênticas às que prevalecem no mercado ou em que a empresa contrataria com terceiros (TJSP, 4ª Câmara Civil, APC 24.125-1, Rel. Des. Ney Almada, j. 01/10/1987. In: EIZIRIK, Nelson. *Sociedades Anônimas*: Jurisprudência. Rio de Janeiro: Renovar, 1996, p. 411-414). Da mesma forma, o referido Tribunal cuidou de caso em que o valor do aluguel ajustado estava em patamar diverso do prevalente no mercado (TJSP, 8ª Câmara Cível, APC 23.534-4, Rel. Des. Antônio Rodriguez, j. 18/12/1996. In: EIZIRIK, Nelson. *Sociedades Anônimas*: Jurisprudência, t. 2. Rio de Janeiro: Renovar, 1998, p. 175-187). Por fim, fazemos remissão ao precedente em que diretores adquiriram crédito de certeza, liquidez e exigibilidade duvidosa que terceiro tinha para com a sociedade e, após lançarem a dívida nas demonstrações contábeis, efetuaram seu pagamento por valor muito superior ao que adquiriram (não se esquecendo que também se considerou existente a prática de atos de liberalidade) (TJDF, 8ª Câmara Cível, APC 19.054, Rel. J. Relator Juiz Martinho Garcez Neto, j. 29/07/1953. In: MIRANDA JÚNIOR, Darcy Arruda. *Repertório de Jurisprudencia do Código Comercial (e Legislação Complementar)*: Arts. 287 a 294, Arts. 1º a 123 – Sociedades Anônimas. v. 2. t. 1. São Paulo: Max Limonad, 1960, p. 403-441). Apesar disso, há quem diga que, ao menos em uma hipótese, pode não respeitar a operação os padrões de mercado: quando todos os sócios anuíram ao ato ou com ele consentiram expressamente (cf. BARBI FILHO. Contratação entre a sociedade por cotas de responsabilidade limitada e seu próprio administrador, p. 63), o que muito se aproxima do que é dito nos Estados Unidos.

[165] "La prima prova (inadeguatezza del corrispettivo) si presenta nel concreto molto più ardua di quanto possa apparire. Anche nei contratti nei quali la valutazione della adeguatezza del corrispettivo è più semplice, come ad es. in un contratto di compravendita, il prezzo può variare notevolmente a seconda della varie condizioni contrattuali, delle quantità oggetto del contratto, della posizione contrattuale delle parti, ecc. Se poi un amministratore vuole evitare un possibile raffronto con un prezzo di mercato facilmente determinabile, in molti casi egli potrà stipulare condizioni particolari (di pagamento, di finanziamento, di concessione di opzioni per altri contratti, di premi o sconti, ecc.) che impediscano un immediato raffronto fra il prezzo concordato e quello di mercato (per converso, la pattuizione di condizioni disusuali può destare il sospetto che il contratto abbia colutamente mascherato condizioni di favore per la controparte, specie se questo sia il risultato complessivo cui in realtà il contratto finisce col pervenire)" "In taluni casi, anche se abbastanza marginali nella gestione delle imprese, la stessa particolarità dell'operazione può rendere difficile una qualsiasi valutazione in termini di "adeguatezza del corrispettivo": si pensi, ad es., all'acquisto di un giornale la cui gestione sia in perdita; oppure a donazioni o contributi a partiti, associazioni, manigestazioni, ecc. Queste operazioni possono facilitare altri rapporti, o possono migliorare l'immagine della società, ed essere, nel lungo periodo, di notevole utilità per la società, anche se manda la possibilità di una precisa valutazione in termini di adeguatezza del corrispettivo pagato dalla società" (BONELLI. *La responsabilità degli amministratori di società per azioni*, p. 90-91, em nota de rodapé).

já feitas pela companhia com terceiro independente ou por outras sociedades e se há oferta ou condições melhores de contratação com terceiros, sendo possível, caso se faça necessário, a contratação de um perito independente para avaliar se a operação realizada teria sido feita nos mesmos termos entre partes independentes[166]. E isso se aplica não só ao valor mas a todas as condições em que a operação é feita[167], devendo-se, por exemplo, apurar o custo financeiro dos atos praticados[168]. Deve-se, portanto, analisar toda a operação, como ocorre em outros países (*v.g.*, EUA).

Todavia, para ser considerada *fair*, não basta que o valor pago ou o benefício auferido pela companhia, além de suas condições, sejam adequados se comparados com operações semelhantes no mercado: como ocorre nos Estados Unidos, é importante que também seja ela útil para a sociedade –

---

[166] SOLIMENA. *Il conflitto di interessi dell'amministratore di società per azioni nelle operazioni con la società amministrata*, p. 122 ss; BÖCKLI. *Schweizer Aktienrecht*, p. 1797; PARENTE. *O dever de diligência dos administradores de Sociedades Anônimas*, p. 206;

[167] COSTA. *Contribuição ao estudo da responsabilidade civil dos administradores de companhias abertas*, p. 104. Assim já decidiu o Superior Tribunal de Justiça: "Representação comercial. Contrato. Sociedade anônima. Interesse de diretor. Incide a regra do Art. 156, parágrafo 1º, da Lei 6.404/76 (S/A) sobre o contrato celebrado com representante comercial, no interesse de um de seus diretores, contendo cláusulas inusuais e lesivas aos interesses da representada, entre elas a da determinação de prazo longo de dez anos e previsão de indenização correspondente ao total das comissões devidas pelo tempo restante, em caso de rescisão do contrato." "Penso que o r. acórdão afastou-se da regra do §1º do art. 156 da Lei das Sociedades Anônimas (Lei nº 6.404/76) ao admitir como razoável e eqüitativa a cláusula que prevê – para o caso de rescisão unilateral do contrato com prazo determinado de dez anos – o pagamento de indenização equivalente às comissões devidas "pelo tempo que faltar até o seu término"." "Basta ver que, no caso dos autos, tendo o contrato vigência de setembro de 1988 a maio de 1989, a sua revogação por iniciativa da representada determinaria a obrigação de indenizar pelo valor total correspondente às comissões de mais de nove anos. Mesmo a Lei nº 8.420, de 8 de maio de 1992, superveniente à celebração do contrato e que veio regular a indenização em caso de rescisão de contrato por tempo determinado, alterando o disposto na Lei nº 4.886/65 (art. 27, § 1º), prevê a multiplicação pela metade dos meses faltantes. Uma cláusula que prevê o dobro do que ao legislador pareceu adequado – parâmetro aqui usado apenas para auxiliar no juízo sobre a razoabilidade – não é eqüitativa nem razoável, integrando um contrato de inusitada duração predeterminada de 10 anos e que teve vigência por menos de um." "Assim, a partir dos fatos como reconhecidos nas instâncias ordinárias, quanto à celebração do contrato, relação do diretor com a empresa autora e com a empresa ré, a existência das cláusulas contratuais e do seu conteúdo, a hipótese dos autos significa descumprimento à regra do art. 156, § 1º da Lei nº 6.404/76." (STJ, 4ª Turma, REsp 156076/PR, Rel. Min. Ruy Rosado de Aguiar, j. 05/05/1998).

[168] SOLIMENA. *Il conflitto di interessi dell'amministratore di società per azioni nelle operazioni con la società amministrata*, p. 134.

o que é especialmente importante nos casos em que a operação não possui comparativo no mercado – porque, se assim não for, é óbvio que o administrador agiu no interesse pessoal e, muito embora exista contraprestação adequada, é o negócio totalmente estéril para o ente coletivo[169]; aqui, deve-se apurar não apenas a adequação das condições da operação, mas também é preciso levar em consideração os específicos interesses da sociedade envolvidos[170]. E isso é particularmente importante quando a operação for excepcional e quando não se encontrar comparativo no mercado, já que é difícil ter plena segurança sobre a razoabilidade do preço e das condições nesta situação[171].

De qualquer sorte, como se diz nos Estados Unidos, para tal análise é irrelevante o ganho (lucro) que obtenha o administrador interessado, desde que, é claro, não tenha sido a sociedade prejudicada[172].

Ainda, é importante atentar para o fato de que o *caput* do art. 156 trata do conflito de interesses nas mais diversas circunstâncias, enquanto que o §1º refere-se àquela mais evidente, que é a da contratação firmada entre administrador e sociedade[173]. Contudo, é necessária a realização de uma interpretação extensiva do dispositivo, devendo *qualquer operação* (como o próprio *caput* do dispositivo legal dispõe) realizada quando um gestor possua interesse extrassocial envolvido ser razoável, equitativa e útil à companhia; e assim se entende porque tal medida é adotada pelo legislador brasileiro justamente para evitar a influência indireta do administrador em conflito de interesses[174] (apesar de que, não restam dúvidas, também serve de tutela contra a influência direta do referido sujeito).

Finalmente, o art. 156 estabelece sanções de duas ordens para o caso de seu descumprimento: no plano da validade e no plano da eficácia.

---

[169] Ver, também: BIANCHI. *Gli amministratori di società di capitali*, p. 529; CARVALHOSA. *Comentários à Lei de Sociedades Anônimas*, v. 3, p. 279; BARRETO. *O conflito de interesses entre a companhia e seus administradores*, p.219-220.

[170] SOLIMENA. *Il conflitto di interessi dell'amministratore di società per azioni nelle operazioni con la società amministrata*, p. 133-134.

[171] COSTA. *Contribuição ao estudo da responsabilidade civil dos administradores de companhias abertas*, p.104.

[172] No mesmo sentido, ver BARRETO. *O conflito de interesses entre a companhia e seus administradores*, p. 218-219.

[173] YANAGAWA. Contratos entre sociedade e seus administradores, p. 115.

[174] MARTINS. *Comentários à Lei das Sociedades Anônimas*, v. 2, p. 390; TOLEDO. *O Conselho de Administração na Sociedade Anônima*, p. 62; BARBI FILHO. Contratação entre a sociedade por cotas de responsabilidade limitada e seu próprio administrador, p. 62-63.

No plano da validade, o §2º dispõe que o negócio celebrado com o desrespeito ao §1º é anulável (devendo sempre ser respeitado, contudo, o direito dos terceiros de boa-fé, como ocorre em outros países)[175] – admitindo-se, então, a convalidação[176] e a ratificação[177] (pelo órgão competente)[178] da ope-

---

[175] BARRETO. *O conflito de interesses entre a companhia e seus administradores*, p. 245-246, 258-259; FRANÇA. *Invalidade das deliberações de Assembléia das S.A.*, p. 131-136.

[176] Quanto ao prazo decadencial para se anular o ato realizado em conflito de interesses, entendemos que deva ser respeitado, analogicamente, o estabelecido no art. 286 da Lei n. 6.404/76, como também já lecionou FRANÇA. Atos e operações societárias em fraude à lei, visando à tomada ilícita do controle de companhia aberta, p. 268; FRANÇA, Erasmo Valladão Azevedo e Novaes. Invalidade de deliberações conexas de companhia. *Revista de Direito Mercantil, Industrial, Econômico e Financeiro*, São Paulo, ano 46, n. 145, p. 255-269, jan./mar. 2007, p. 260, em nota de rodapé.

[177] Salientando a possibilidade de ratificação, ver: BARBI FILHO. Contratação entre a sociedade por cotas de responsabilidade limitada e seu próprio administrador, p. 56; CAMPOS. Seção V – Deveres e Responsabilidades, p. 1.167; CARVALHOSA. *Comentários à Lei de Sociedades Anônimas*, v. 3, p. 269; EIZIRIK. *A Lei das S/A comentada*, v. 3, p. 155; LAZZARESCHI NETO. *Lei das Sociedades por Ações Anotada*, v. I, p. 689; LEÃES, Luiz Gastão Paes de Barros. Conflito de interesses. Deliberação tomada pelos administradores sobre fiança prestada pelos acionistas controladores, em benefício da companhia. In: _____. *Estudos e pareceres sobre Sociedades Anônimas*. São Paulo: Revista dos Tribunais, 1989, p. 32; MARCONDES, Sylvio. Conflito de interesses entre a sociedade e seu administrador. In: _____. *Problemas de Direito Mercantil*. São Paulo: Max Limonad, 1970. p. 233-247; MARTINS. *Comentários à Lei das Sociedades Anônimas*, v. 2, p. 391; VON ADAMEK. *Responsabilidade civil dos administradores de S/A e as ações correlatas*, p. 162-163. Assim, como afirma Sampaio de Lacerda, passa a companhia a ter o direito de manter a operação caso seja esta benéfica para o seu patrimônio social (LACERDA, José Cândido Sampaio de. *Comentários à lei das Sociedades Anônimas*, v. 3. São Paulo: Saraiva, 1978, p. 198).

[178] Em nosso entender, a ratificação pode operar-se pela Assembléia Geral (cf. LEÃES. Conflito de interesses, p. 32 – sendo que entendemos que a ratificação, pela Assembléia Geral, de operação realizada em conflito de interesses pelos administradores, equivale a uma renúncia à promoção da ação social; neste sentido, possui eficácia limitada, dependendo do resultado do conclave, como assevera Luiz Felipe Duarte Martins Costa: "A renúncia tomada por maioria de votos, pois, tem apenas o condão de impedir a propositura de ação social *ut universi* contra os administradores; caso os acionistas contrários à renúncia reúnam os 5% (cinco por cento) do capital social necessários para a propositura da ação social *ut singuli* estarão legitimados para tanto", cf. COSTA. *Contribuição ao estudo da responsabilidade civil dos administradores de companhias abertas*, p. 232). Este é o mesmo entendimento defendido por Sylvio Marcondes ainda à época do Decreto-Lei n. 2.627/40 (MARCONDES. Conflito de interesses entre a sociedade e seu administrador, p. 242-244); igualmente, Wilson de Souza Campos Batalha remete a precedente do Supremo Tribunal Federal (de relatoria do Min. Adaucto Lúcio Cardoso), proferido à época da vigência do Decreto-Lei n. 2.627/40, no qual se decidiu ser válido o ato do diretor que interveio em operação social em que tinha interesse oposto ao da sociedade,

ração. Andou bem o legislador ao determinar a anulação do negócio[179] (mudando a orientação existente até a Lei 6.404/76, quando se afirmava que seria a operação nula, gerando várias discussões)[180]-[181]. Tal dispositivo deve ser interpretado de modo extensivo, abrangendo a anulabilidade toda e qualquer operação feita com interesse conflitante e que não seja razoável, equitativa e útil[182].

pois havia sido ratificado pela Assembléia Geral (BATALHA, Wilson de Souza Campos. *Comentários à Lei das Sociedades Anônimas*. v. 2. Rio de Janeiro: Forense, 1977, p. 707-708). De qualquer sorte, a ratificação também pode se dar pelo órgão administrativo competente para deliberar sobre a operação (assim dá a entender Luiz Gastão Paes de Barros Leães, ao lecionar que, por ser anulável a operação realizada em conflito de interesses, poderia ela ser ratificada, *inclusive por outro órgão social, como a assembléia* (ou seja: nada impediria que, além do próprio órgão administrativo, a Assembléia Geral também ratificasse tal ato de gestão praticado em conflito de interesses) (cf. LEÃES. Conflito de interesses, p. 32). Ou seja, não necessariamente a ratificação deve ocorrer pela Assembleia Geral, como sustentam Modesto Carvalhosa e Larissa Quattrini (CARVALHOSA. *Comentários à Lei de Sociedades Anônimas*, v. 3, p. 282; QUATTRINI. *Os deveres dos administradores de sociedades anônimas abertas*, p. 91).

[179] Criticando a escolha feita pelo legislador, ver CARVALHOSA. *Comentários à Lei de Sociedades Anônimas*, v. 3, p. 282; MARTINS. *Comentários à Lei das Sociedades Anônimas*, v. 2, p. 391; TOLEDO. *O Conselho de Administração na Sociedade Anônima*, p. 63.

[180] VON ADAMEK. *Responsabilidade civil dos administradores de S/A e as ações correlatas*, p. 167, em nota de rodapé; COSTA. *Contribuição ao estudo da responsabilidade civil dos administradores de companhias abertas*, p. 104; YANAGAWA. Contratos entre sociedade e seus administradores, p. 118. E Celso Barbi Filho assim justifica a correta opção pela anulabilidade da operação realizada em conflito de interesses: "Um negócio jurídico é anulável quando, apesar de ter sido firmado por agente capaz, com objeto lícito e forma prescrita ou não defesa em lei, é celebrado com um vício na vontade do agente. No caso do contrato entre a sociedade por cotas e seu gerente, quando este age por si próprio e pela sociedade, presume-se que a vontade desta está viciada, pois nela existirá a mácula do conflito entre o interesse individual e o coletivo, presentes no espírito do administrador. Por isso, o contrato entre a sociedade e seu administrador não é nulo, mas anulável, prevalecendo se nenhum interessado contra ele se insurgir" (BARBI FILHO. Contratação entre a sociedade por cotas de responsabilidade limitada e seu próprio administrador, p. 61).

[181] Não se pode, portanto, falar em nulidade da operação, como se fez no regime anterior à Lei das S.A. ao se aplicar o art. 1.133, I, do Código Civil de 1916 (atual art. 497, I, do Código Civil) (cf. TJRJ, 3ª Câmara Cível, APC 4.142/88, Rel. Des. Elmo Arueira, j. 14/11/1989. *Revista de Direito do Tribunal de Justiça do Estado do Rio de Janeiro*, n. 7, p. 183-185, abr./jun. 1991).

[182] BARRETO. *O conflito de interesses entre a companhia e seus administradores*, p. 244-246. Alfredo Sérgio Lazzareschi Neto, realizando uma interpretação literal, entende que a anulação seria somente de contratos entre a companhia e o administrador, enquanto que outras operações, então, não seriam anuláveis – cabendo, apenas, ação de responsabilidade (LAZZARESCHI NETO. *Lei das Sociedades por Ações Anotada*, v. I, p. 689).

Já no plano da eficácia, o gestor que infringiu o §1º do art. 156 fica obrigado a devolver para a companhia todas as vantagens que tiver obtido na operação social em detrimento da companhia (o que independe, então, de qualquer dano suportado pela sociedade), além, é claro, da sua responsabilidade pelos danos (danos emergentes e lucros cessantes)[183] que, eventualmente, tal ato de gestão tenha causado ao patrimônio social[184], nos termos do art. 158. Isso tudo, evidentemente, sem contar a possibilidade de afastamento do cargo, bem como de eventual responsabilidade administrativa e/ou criminal se for o caso.

Quanto ao procedimento, grande discussão existe sobre se o conflito é material ou formal, debate este que é extremamente relevante por justificar a própria existência do procedimento previsto no art. 156 da LSA – e, em nosso sentir, como consequência, deve-se realizar o debate em torno do próprio conceito de conflito de interesses.

3.1. O conflito material de interesses e sua consolidação doutrinária

Diante do previsto no art. 156, *caput*, da Lei das S.A., tem-se que o dispositivo abrange toda e qualquer operação, ou seja, trata-se de conceito largo, alcançando "qualquer ato ou fato que envolva a companhia e o administrador" tiverem um interesse conflitante[185].

Assim, no Brasil, a doutrina confere, de regra, um conceito amplo ao interesse extrassocial do administrador, o qual pode fazer com que ele esteja em posição de conflito de interesses. Considerando que a regra geral prevista no art. 156 da Lei das S.A. não apresenta qualquer restrição, entende-se, majoritariamente, que a regra abrange conflitos diretos ou indiretos[186], patrimoniais ou não[187-188].

---

[183] LAZOPOULOS. *Interessenkonflikte und Verantwortlichkeit des fiduziarischen Verwaltungsrates*, p. 162.
[184] COSTA. *Contribuição ao estudo da responsabilidade civil dos administradores de companhias abertas*, p. 104; VON ADAMEK. *Responsabilidade civil dos administradores de S/A e as ações correlatas*, p. 163.
[185] CAMPOS. Seção V – Deveres e Responsabilidades, p. 1.160.
[186] Cf. BARBI FILHO. Contratação entre a sociedade por cotas de responsabilidade limitada e seu próprio administrador, p. 63; CARVALHO DE MENDONÇA. *Tratado de Direito Commercial brasileiro*, v. 4, p. 64; CARVALHOSA. *Comentários à Lei de Sociedades Anônimas*, v. 3, p. 274; LACERDA. *Comentários à lei das Sociedades Anônimas*, v. 3, p. 197; VALVERDE. *Sociedades por ações*, p. 326-327; VON ADAMEK. *Responsabilidade civil dos administradores de S/A e as ações correlatas*, p. 161.
[187] Nesse sentido, ver: SPINELLI. *Conflito de interesses na administração da sociedade anônima*, p. 137 ss. Ver, também: BARRETO. *O conflito de interesses entre a companhia e seus administradores*, p. 166.

Diz-se que o conflito de interesse seria um conceito subjetivo, não existindo fórmula geral, devendo, então, ser analisado caso a caso[189].

E, diante disso, os mais variados exemplos de situações de conflito de interesses são dados, passando desde as hipóteses mais conhecidas até aquelas de mais difícil averiguação[190]: *(i)* contratação entre o administrador e a companhia (situação com a qual a jurisprudência já se deparou algumas vezes)[191] – ou com sociedade controlada pelo administrador[192] ou

---

[188] Observe-se que o IBGC também caminha no sentido de conferir uma noção ampla de interesse conflitante na administração da sociedade: "Há conflito de interesses quando alguém não é independente em relação à matéria em discussão e pode influenciar ou tomar decisões motivadas por interesses distintos daqueles da organização." (INSTITUTO BRASILEIRO DE GOVERNANÇA CORPORATIVA. *Código das melhores práticas de governança corporativa*, p. 97)..

[189] CHEDIAK, Julian Fonseca Peña. O conflito de interesses do administrador de sociedade anônima: uma sugestão de alteração no enfoque do tema. In: VON ADAMEK, Marcelo Vieira (Coord.). *Temas de Direito Societário e Empresarial Contemporâneos – Liber Amicorum Prof. Dr. Erasmo Valladão Azevedo e Novaes França*. São Paulo: Malheiros, 2011. p. 409-417, p. 413.

[190] Como já tivemos oportunidade de analisar, referindo diversos exemplos (SPINELLI. *Conflito de interesses na administração da sociedade anônima*, p. 145 ss).

[191] Os casos mais comuns são os referentes a contratos de compra e venda (TJRJ, 3ª Câmara Cível, APC 4.142/88, Rel. Des. Elmo Arueira, j. 14/11/1989. *Revista de Direito do Tribunal de Justiça do Estado do Rio de Janeiro*, n. 7, p. 183-185, abr./jun. 1991; TJSP, 4ª Câmara Civil, APC 24.125-1, Rel. Des. Ney Almada, j. 01/10/1987. In: EIZIRIK, Nelson. *Sociedades Anônimas*: Jurisprudência. Rio de Janeiro: Renovar, 1996, p. 411-414; TJSP, Agravo de Petição 242.166, Rel. Des. Martins Ferreira, j. 30/06/1975. *Revista dos Tribunais*, ano 64, v. 479, p. 103-104, set. 1975; TJSP, APC 253.616, Rel. Des. Acácio Rebouças, j. 16/08/1976. *Revista dos Tribunais*, ano 65, v. 490, p. 107-108, ago. 1976). Igualmente, há julgado relativo ao aceite cambial dado pelo diretor em nome da firma e, ao mesmo tempo, em seu benefício (como tomador) (TJSP, 6ª Câmara Cível, Agravo de Petição 93.096, Rel. Des. Euler Bueno, j. 17/04/1959. *Revista dos Tribunais*, ano 48, v. 287, p. 409-410, set. 1959). Também já surgiu a discussão em relação ao contrato de compra e venda firmado por sociedade em que o administrador também atuou como mandatário da parte vendedora (tendo sido o debate permeado, em grande medida, pela validade do contrato consigo mesmo, cf. 2º TACivSP, 2ª Câmara, Apelação 46.244, Rel. Juiz Álvares Crus, j. 06/10/1976. *Revista dos Tribunais*, a. 66, v. 498, p. 138-147, abr. 1977).

[192] Carlos Lobo e Rafael Ney afirmam, quando se trata de *conflitos de interesses indiretos com a interposição de uma sociedade controlada pelo administrador, que a doutrina está a se referir a sociedades familiares de pequeno porte, que são verdadeiras longas-mãos de seus controladores ou administradores; não a sociedades abertas, macroempresas organizadas hierarquicamente, com variada distribuição de competências* (LOBO; NEY. Conflito de interesses entre o administrador e a companhia, p. 279; no mesmo sentido: LOBO. Conflito de interesses entre a companhia e seu administrador, p. 26-27). Nós, particularmente, não concordamos com tal posicionamento, visto que o tamanho da companhia controlada pelo gestor em conflito de interesses não pode ser critério determinante da existência ou não do seu interesse pessoal em algum ato.

da qual ele participe[193] – ou quando o administrador tenha algum interesse econômico ainda que não seja contraparte na operação (como na hipótese de recebimento de comissão) – sendo, por vezes, o conflito de interesses conceituado com base em tais situações[194]; *(ii)* contratação com pessoas relacionadas ou vinculados ao administrador (ou em situações em que tais pessoas tenham interesse em certa operação), abrangendo desde parentes até operações com o controlador ou com sociedades em que o administrador (ou tais pessoas) também sejam administradores[195]; *(iii)* atos realizados no interesse do controlador ou do acionista (ou grupo de

---

[193] Entretanto, para Modesto Carvalhosa, não ocorre conflito de interesses quando o administrador seja sócio minoritário e não participante da direção (ou sem influência de poder) da contraparte da sociedade anônima no contrato (CARVALHOSA. *Comentários à Lei de Sociedades Anônimas*, v. 3, p. 275). Concordamos, contudo, com as críticas feitas por Luiz Felipe Duarte Martins Costa, pois, mesmo nesta situação, pode sim ocorrer conflito de interesses, já que existe a possibilidade de o gestor *manipular a redação do contrato da sociedade por ele administrada e gerar ganhos, ou benefícios, para a sociedade em que investe, recebendo o retorno disso por meio de possíveis dividendos* ou da venda de sua participação acionária (COSTA. *Contribuição ao estudo da responsabilidade civil dos administradores de companhias abertas*, p. 102, em nota de rodapé). Manifestando-se sobre a possibilidade de conflito de interesses quando da relação entre sociedades que possuem administradores em comum, ver: VILELA. *Conflito de interesses nas companhias de capital aberto e o novo padrão de transparência do IFRS*, p. 10.

[194] Spencer Vampré e Sampaio de Lacerda, por exemplo, assim o fazem (VAMPRÉ, Spencer. *Tratado elementar de Direito Commercial*, v. 2. Rio de Janeiro: F. Briguiet & Cia., 1922, p. 273; LACERDA. *Comentários à lei das Sociedades Anônimas*, v. 3, p. 196). De modo semelhante, ainda que não conceituando a atuação em conflito de interesses nestes termos, normalmente se prendem os autores nos casos referidos (*v.g.*, REQUIÃO, Rubens. *Curso de Direito Comercial*, v. 2. 25. ed. rev. e atual. por Rubens Edmundo Requião. São Paulo: Saraiva, 2008, p. 219-220; VERÇOSA. *Curso de Direito Comercial*, v. 3, p. 465); Carvalhosa & Eizirik também se detêm nas hipóteses mencionadas ao comentarem o art. 147, §3º, II, da Lei 6.404/76 (CARVALHOSA, Modesto; EIZIRIK, Nelson. *A nova Lei das Sociedades Anônimas*. São Paulo: Saraiva, 2002, p. 315).

[195] No Brasil, encontramos o seguinte julgado em que se considerou existente conflito de interesses tendo em vista que dois indivíduos ocupavam cargos de diretores em duas companhias e atuaram de maneira ativa, de ambos os lados, para a realização de contrato de locação comercial entre as sociedades fora dos padrões de mercado: TJSP, 8ª Câmara Cível, APC 23.534-4, Rel. Des. Antônio Rodriguez, j. 18/12/1996. In: EIZIRIK, Nelson. *Sociedades Anônimas*: Jurisprudência, t. 2. Rio de Janeiro: Renovar, 1998, p. 175-187. Há, igualmente, precedente referente a contrato de representação comercial contendo cláusulas inusuais firmado com sociedade detida pela esposa e pelo filho do administrador (STJ, 4ª Turma, REsp 156076/PR, Rel. Min. Ruy Rosado de Aguiar, j. 05/05/1998). Ver, também: LEÃES. Os deveres funcionais dos administradores de S.A., p. 653. Ainda, manifestando-se favoravelmente à incidência do art. 156 em operações realizadas entre a companhia e o controlador, ver: QUATTRINI. *Os deveres dos administradores de sociedades anônimas abertas*, p. 266.

acionistas) que elegeu o administrador (especialmente se mantém com ele qualquer outro vínculo, como o de emprego, ou, quem sabe, mesmo pelo fato de que, caso não realize o desejo do sócio, corre o risco de ser destituído do cargo ou sofrer as mais variadas represálias)[196]; (iv) em situações de ofertas hostis, nas quais os administradores, por exemplo, no intuito de preservarem os seus cargos, podem influenciar a decisão dos acionistas

---

[196] Esta é a situação do parecer exarado por Carlos Lobo e Rafael Ney. No caso em comento, a Comissão de Valores Mobiliários, ao constatar que o Consultor-Geral Jurídico (cargo este que não faz parte da administração da sociedade) da controladora era conselheiro de administração da sociedade controlada, notificou o administrador para saber o motivo pelo qual participou da deliberação de empréstimo para a companhia dominante, infringindo, assim, o art. 156. Em posição oposta, os juristas mencionados não concordam que, nesta hipótese, existe conflito de interesses, visto que a alegação de que o conselheiro age no interesse da controladora para preservar o seu posto nesta sairia do campo jurídico e ingressaria nas plagas da difamação. Ver: LOBO; NEY. Conflito de interesses entre o administrador e a companhia, p. 275-286; no mesmo sentido: LOBO. Conflito de interesses entre a companhia e seu administrador, p. 24 ss. Situação como essa deveria, de acordo com tal entendimento, ser sancionada com base no art. 154 da Lei das S.A. Larissa Quattrini assim se manifesta: "Por exemplo, um acionista minoritário elege um membro do Conselho de Administração de determinada companhia. O referido acionista minoritário é uma construtora e, durante o mandato do conselheiro eleito, a companhia decide construir uma nova sede social. Se o conselheiro intervier para que a companhia contrate a construtora/acionista que representa, ficará caracterizado o conflito de interesses." (QUATTRINI. *Os deveres dos administradores de sociedades anônimas abertas*, p. 89). Cumpre, entretanto, transcrevermos a ressalva feita por Alexandre Couto Silva, com a qual concordamos inteiramente: "O fato de a sociedade ter um controlador não pressupõe que os diretores sejam dominados ou controlados por tal acionista controlador. O autor deve provar que o administrador atuou em benefício do controlador, não bastando simplesmente como meio de prova a alegação de que o administrador foi eleito ou indicado por tal acionista" (SILVA, Alexandre Couto. *Responsabilidade dos administradores de S/A:* business judgment rule. Rio de Janeiro: Elsevier, 2007, p. 249); no mesmo sentido, asseverando que os administradores não agem em conflito de interesses pelo simples fato de seguirem orientação do acionista controlador (como, inclusive, dispõe o art. 116, *caput*, *b*, da Lei das S.A), caso tal orientação seja do interesse social, ver PENTEADO, Mauro Rodrigues. Reorganização operacional e societária. Ação declaratória de nulidade de deliberações de Conselho de Administração de S/A. Suposto conflito de interesses. *Revista de Direito Mercantil, Industrial, Econômico e Financeiro*, São Paulo, ano 46, n. 146, p. 237-268, abr./jun. 2007, p. 243 ss. Caminhando no sentido de que não há conflito de interesses quando o administrador decida sobre contrato entre a companhia e o grupo de acionistas que o elegeu, ver: EIZIRIK. *A Lei das S/A comentada*, v. 3, p. 154. O fato é que o administrador (e aqueles a ele equiparados, como os conselheiros fiscais) deve atuar de modo independente, no interesse da companhia, sem sofrer pressão do controlador ou do grupo de acionistas que o elegeu (Lei das S.A., art. 154, §1º).

ou adotar técnicas de defesa[197]; e, entre outras, *(vi)* decisões realizadas a fim de beneficiar a atuação concorrente do administrador (não realizando novos investimentos ou mesmo procurando negociar com a sociedade para ampliar a sua atividade concorrencial)[198]. Isso decorre, inclusive, por conta das múltiplas posições que o administrador pode ocupar – e, como sabemos, ocupa – no mercado[199].

Nesse sentido, observa-se, sem a preocupação de detalhar todas as hipóteses e as possíveis normas incidentes em cada uma delas nos mais diversos ordenamentos jurídicos, que em vários países, inclusive no Brasil – exceto, de modo preponderante, para a Comissão de Valores Mobiliários –, o administrador pode ser considerado em conflito de interesses caso tenha um interesse relevante, próprio ou de terceiro, econômico ou

---

[197] SCALZILLI. *Mercado de Capitais*, p. 106, 167 ss; NASCIMENTO. *Medidas Defensivas à Tomada de Controle de Companhias*, p. 234-235; SALOMÃO FILHO, Calixto. Alienação de controle: o vaivém da disciplina e seus problemas. In: ____. *O novo Direito Societário*. 5. ed. rev. e ampl. São Paulo: Saraiva, 2019. p. 243-278, p. 278; SOUZA, Paloma dos Reis Coimbra de. *A tomada de controle de companhia aberta*: a *poison pill* brasileira. 2011. 200f. Dissertação (Mestrado em Direito) – Faculdade de Direito da Universidade de São Paulo, São Paulo, 2011, p. 94-95.

[198] COSTA. *Contribuição ao estudo da responsabilidade civil dos administradores de companhias abertas*, p. 106-107; SALOMÃO NETO. *O trust e o Direito brasileiro*, p. 146; SALOMÃO NETO. *Trust e deveres de lealdade e sigilo na sociedade anônima brasileira*, p. 316 ss; EIZIRIK, Nelson. Deveres dos administradores de S.A. Conflito de interesses. Diretor de S.A. indicado para conselho de companhia concorrente. In: ____. *Temas de Direito Societário*. Rio de Janeiro: Renovar, 2005. p. 65-88; CAMPOS. Seção V – Deveres e Responsabilidades, p. 1.170. Utilizando como exemplo o administrador de uma companhia ser empregado da outra, ver: CARVALHOSA; EIZIRIK. *A nova Lei das Sociedades Anônimas*, p. 311. Esta situação bem justifica a afirmação de Sylvio Marcondes em que refere que, por não estar previsto em lei, tal conduta é abarcada pelas regras de atuação em conflito de interesses (MARCONDES, Sylvio. Conflito de interesses entre a sociedade e seu administrador. In: ____. *Problemas de Direito Mercantil*. São Paulo: Max Limonad, 1970. p. 233-247, p. 237).

[199] Nesse sentido, Egberto Lacerda Teixeira e José Alexandre Tavares Guerreiro, ao iniciarem suas lições sobre o art. 156 da Lei das S.A., assim asseveram: "A lei vigente não impõe ao administrador a obrigação de se dedicar única e exclusivamente ao exercício de seu cargo na sociedade. Poderá ele ter outras atividades comerciais, bem como participar, a qualquer título, de outras sociedades. Essa orientação, que também seguia o Decreto-lei 2.627, não é adotada por outros ordenamentos que, a respeito, contemplam sérias restrições. O direito brasileiro, entretanto, – escreve Sylvio Marcondes – certamente informado pela razão de que, na economia do País, os empreendimentos a realizar são muitos e os homens capacitados são poucos, não opõe barreiras a essa acumulação de atividades pelos sócios ou administradores das sociedades." (TEIXEIRA; GUERREIRO. *Das sociedades anônimas no Direito brasileiro*, v. 2, p. 474-475). Ver, também: LAZZARESCHI NETO. *Lei das Sociedades por Ações Anotada*, v. I, p. 624.

não, que possa influenciar a sua atuação, devendo, então, incidir as normas referentes à matéria.

E em assim sendo, historicamente, a doutrina usualmente afirma que o conflito de interesses deve ser apreciado de acordo com o caso concreto – fazendo-se, então, a análise *ex post factum* –; esta é, sem dúvida, a posição majoritária[200], como também ocorre em diversos países[201]. Tanto é assim

[200] A fim de examinar o Decreto 434/1981, remetemos a CARVALHO DE MENDONÇA. *Tratado de Direito Commercial brasileiro*, v. 4, p. 64. Para comentar o Decreto 2.627/40, ver: VALVERDE. *Sociedades por ações*, p. 326; PONTES DE MIRANDA. *Tratado de Direito Privado*, p. 401-404; COSTA, Philomeno J. da. Comentário a acórdão do Supremo Tribunal Federal. *Revista de Direito Mercantil, Industrial, Econômico e Financeiro*, São Paulo, ano 11, n. 6, p. 77-85, 1971, p. 81-84. Analisando o art. 156 da Lei das S.A., ver: BATALHA. *Comentários à Lei das Sociedades Anônimas*, v. 2, p. 707-708; BARRETO. *O conflito de interesses entre a companhia e seus administradores*, p. 199 ss, 256-257; CAMARGO, André Antunes Soares de. *Transações entre partes relacionadas*: um desafio regulatório complexo e multidisciplinar. 2 ed. São Paulo: Almedina, 2014, p. 183 ss, 251 ss; CAMPOS. Seção V – Deveres e Responsabilidades, p. 1.156 SS; EIZIRIK. Contratação em condições de favorecimento, p. 96-97; EIZIRIK. *A Lei das S/A comentada*, v. 3, p. 150 ss; EIZIRIK, Nelson. Eleição de Membro do Conselho de Administração para Atuar como Conselheiro de Companhia não Concorrente. Inexistência de Impedimento. In: ____. *Direito Societário*: Estudos e Pareceres. São Paulo: Quartier Latin, 2015. p. 97-115, p. 101 ss; EIZIRIK, Nelson; GAAL, Ariádna B.; PARENTE, Flávia; HENRIQUES, Marcus de Freitas. *Mercado de capitais*: regime jurídico. 2. ed. rev. e atual. Rio de Janeiro: Renovar, 2008, p. 456-461; FALCÃO. *Interlocking board*, p. 102-110; FRANÇA, Erasmo Valladão Azevedo e Novaes. Conflito de interesses de administrador na incorporação de controlada. In: ____. *Temas de Direito Societário, Falimentar e Teoria da Empresa*. São Paulo: Malheiros, 2009. p. 334-360, p. 356-358; LACERDA. *Comentários à lei das Sociedades Anônimas*, v. 3, p. 197; LEÃES. Conflito de interesses, p. 31-32; LEÃES. Conflito de interesses no âmbito da administração da companhia, p. 633-634; LEÃES. Os deveres funcionais dos administradores de S.A., p. 648, 653; LOBO. Conflito de interesses entre a companhia e seu administrador, p. 23; LOBO; NEY. Conflito de interesses entre o administrador e a companhia, p. 277-278; PARENTE. *O dever de diligência dos administradores de Sociedades Anônimas*, p. 182; SILVA. *Responsabilidade dos administradores de S/A*, p. 43-50; SPINELLI. *Conflito de interesses na administração da sociedade anônima*, p. 245 ss; SOUZA. *A tomada de controle de companhia aberta*, p. 95; VON ADAMEK. *Responsabilidade civil dos administradores de S/A e as ações correlatas*, p. 163-166. Assim dando a entender, ver: SADDI, Jairo. Conflito de interesses no Mercado de Capitais. In: CASTRO, Rodrigo R. Monteiro de; ARAGÃO, Leandro Santos de. *Sociedade Anônima*: 30 anos da Lei 6.404/76. São Paulo: Quartier Latin, 2007. p. 339-360, p. 359. Ainda, apesar de defender que o conflito de interesses do acionista seja formal (ao menos para o controlador) (cf. SALOMÃO FILHO, Calixto. Conflito de interesses: novas esperanças. In: ____. *O novo Direito Societário*. 5. ed. rev. e ampl. São Paulo: Saraiva, 2019. p. 201-209), diante do art. 156, entende que o dispositivo trata de conflito substancial de interesses; ainda que o direito positivo reconheça o conflito formal nos casos em que a própria natureza do negócio implica conflito de interesses (negócios onerosos entre a companhia e o administrador), isso não corresponderia uma definição formal de sanção: a

que, mesmo inexistindo qualquer previsão no Decreto 2.627/40 (e nem nas legislações anteriores), Trajano de Miranda Valverde[201][202] afirmava não ocorrer conflito de interesses no caso de o administrador realizar atos (normalmente contratos) de acordo com as condições de mercado (ou respeitando os preços de tarifa ou fixos) – o que, hoje, é positivado no art. 156, §2º.

3.2. O conflito formal de interesses e a Comissão de Valores Mobiliários

Por sua vez, a CVM[203] – juntamente com parcela reduzida da doutrina[204] – entende, de modo pacífico, que o conflito de interesses na administração

---

aplicação de sanções demandaria a existência de prejuízo à companhia (cf. SALOMÃO FILHO. Alienação de controle: o vaivém da disciplina e seus problemas, p. 267-269; ver, também: SALOMÃO FILHO, Calixto; RICHTER JÚNIOR, Mário Stella. Interesse social e poderes dos administradores na alienação de controle. *Revista de Direito Mercantil, Industrial, Econômico e Financeiro*, São Paulo, v. 89, p. 65-78, jan./fev. 1993, p. 72-73; SALOMÃO FILHO. Conflito de interesses: a oportunidade perdida, p. 191 ss; SALOMÃO FILHO. Deveres fiduciários do controlador, p. 303-304) – apesar de ter dado a entender que o conflito de interesses seria formal (COMPARATO; SALOMÃO FILHO. *O poder de controle na Sociedade Anônima*, p. 389-391). Salientamos, finalmente, o posicionamento de Mauro Rodrigues Penteado, quem, em entendimento singular, assevera que a regra geral (do *caput* do art. 156) trata de conflito substancial de interesses, enquanto que o art. 156, §1º (que cuida dos contratos firmados entre administrador e sociedade) regula um conflito formal de interesses (PENTEADO. Reorganização operacional e societária, p. 251-252).

[201] Afirmando ser essa a tendência, ver: BONELLI. *La responsabilità degli amministratori di società per azioni*, p. 84 ("Anche l'esperienza comparatistica mostra che oggi non si dà più rilevanza alla sussistenza di indici tipici che possano rivelare il conflitto (in genere l'indice è costituito dalla circostanza che l'amministratore, o un suo prestanome, o suoi parenti, o società amministrata dagli stessi amministratori, o società collegata, siano controparte della società), ma si richiede, perché sussista il conflitto, che l'operazione da compiersi sia effettivamente – per il suo contenuto e modalità – pregiudizievole alla società" (sendo que o autor, na continuidade de sua lição, assevera que esta é a orientação seguida nos Estados Unidos, na Inglaterra e na França).

[202] VALVERDE. *Sociedades por ações*, p. 326-327; com outras palavras, Pontes de Miranda afirmava inexistir responsabilidade civil do administrador se inexistisse dano para a companhia (mesmo que não respeitado o procedimento previsto no art. 120 do Decreto 2.627/40 (PONTES DE MIRANDA. *Tratado de Direito Privado*, p. 404). Igualmente, embora o diga ao comentar o art. 112 do Decreto 434/1981, ver VAMPRÉ. *Tratado elementar de Direito Commercial*, v. 2, p. 274.

[203] Parecer/CVM/SJU/Nº 160/79, de 18/12/1979; Processo Administrativo Sancionador CVM n. RJ 2004/5494, Rel. Dir. Wladimir Castelo Branco Castro, j. 16/12/2004; Processo Administrativo Sancionador CVM n. 12/01, Rel. Dir. Pedro Oliva Marcilio de Sousa, j. 12/01/2006; Processo Administrativo Sancionador CVM n. RJ 2005/1443, Rel. Dir. Pedro Oliva Marcilio de Sousa, j. 10/05/2006; Processo Administrativo Sancionador CVM n. RJ 2005/0097, Rel. Dir. Maria Helena de Santana, j. 15/03/2007; Processo Administrativo CVM n.

da sociedade anônima é formal, ou seja: o conflito de interesses seria presumido, não dependendo da análise do caso concreto, restando os admi-

RJ 2007/3453, Rel. Dir. Sérgio Weguelin, j. 04/03/2008; Processo Administrativo Sancionador CVM n. 09/2006, Rel. Dir. Ana Dolores de Novaes, j. 05/03/2013; Processo Administrativo Sancionador n. RJ 2013/1840, Rel. Dir. Ana Dolores Moura Carneiro de Novaes, j. 15/04/2014; Processo Administrativo Sancionador CVM n. 09/2009, Rel. Dir. Luciana Dias, j. 21/07/2015; Processo Administrativo Sancionador CVM n. RJ 2014/0591, Rel. Dir. Roberto Tadeu Antunes Fernandes, j. 12/07/2016; Processo Administrativo Sancionador CVM n. RJ2012/3110, Rel. Dir. Pablo Renteria, j. 14/02/2017; Processo Administrativo Sancionador CVM n. RJ2016/5733, Rel. Dir. Flávia Perlingeiro, j. 02/12/2019. Ver, também: Processo Administrativo Sancionador CVM n. RJ2013/11699, Rel. Dir. Ana Dolores Moura Carneiro de Novaes, j. 02/09/2014; Processo Administrativo Sancionador CVM n. 17/06, Rel. Dir. Roberto Tadeu Antunes Fernandes, j. 22/10/2013. Por sua vez, caminhando no sentido de que o conflito de interesses dos administradores deveria ser analisado caso a caso, não podendo ser presumido uma vez que se trataria de questão de fato, ver: Processo Administrativo Sancionador CVM n. 25/03, Rel. Dir. Eli Loria, j. 25/03/2008. Ainda, há Diretores, como Gustavo Gonzalez, que apresentam posicionamento mais restritivo, em linha com o interesse formal: "O Diretor Gustavo Gonzalez reiterou o seu entendimento de que a Lei nº 6.404/76 emprega a expressão "interesse conflitante" em uma acepção técnica, que não abrange toda situação em que o acionista (no caso do art. 115, §1º), ou o administrador (no caso do art. 156), possuem um interesse extrassocial. Em linha com os votos proferidos nos Processos CVM n. 19957.005749/2017-29 e n. SP2015/339, o Diretor entende que, no atual regime da Lei 6.404/76, as hipóteses de conflito de interesses dizem respeito somente àquelas situações em que o acionista ou o administrador possuem um interesse conflitante com o da companhia e votam em sacrifício do interesse social. Com essa ressalva, o Diretor Gustavo Gonzalez acompanhou o voto do Diretor Relator, inclusive no tocante à acusação de infração ao art. 156 da Lei nº 6.404/76, por entender que a acusação logrou demonstrar a ausência de comutatividade da operação realizada pelo acusado Mario Hagemann com a Companhia." (Processo Administrativo Sancionador CVM n. RJ2014/4077, Rel. Dir. Henrique Balduino Machado Moreira, j. 26/02/2019).

[204] COSTA. *Contribuição ao estudo da responsabilidade civil dos administradores de companhias abertas*, p. 101-102; CARVALHOSA. *Comentários à Lei de Sociedades Anônimas*, v. 3, p. 272; YANAGAWA. Contratos entre sociedade e seus administradores, p. 116-117. Assim dando a entender, ver: LAZZARESCHI NETO. *Lei das Sociedades por Ações Anotada*, v. I, p. 680 (e, à p. 685, assevera o que segue: "Para configurar o conflito é suficiente que a operação apresente uma utilidade para a companhia e um interesse para o administrador, pouco importando a valoração das orientações de gestão da companhia ou as razões que induziram o administrador a concluí-la."). Também dando a entender ser defensora do conflito formal de interesses, ver: QUATTRINI. *Os deveres dos administradores de sociedades anônimas abertas*, p. 89-90. Ainda Fernanda Aviz Santos defende que a regra do art. 156 da Lei das S.A. seria formal proibindo cautelarmente o voto nas hipóteses em que há forte e evidente perigo à sociedade, mas que, por sua vez, o controle deveria ser *a posteriori* quando não há como desde logo verificar a violação dos deveres fiduciários (mormente nas hipóteses de conflitos indiretos) (SANTOS. Sociedade anônima: uma análise sobre a natureza do conflito de interesses dos membros do conselho de administração, p. 94-97).

nistradores da companhia impedidos de participar de qualquer tratativa ou deliberação referente a uma determinada operação, pouco importando se o interesse social é buscado ou não. De acordo com o conflito formal, o administrador fica impedido de realizar o ato de gestão ou de participar de sua deliberação quando tiver outro interesse envolvido que não única e exclusivamente o social; realiza-se uma análise *a priori* (o que, via de regra, é feita com referência aos casos paradigmáticos, como algum contrato firmado entre o gestor e a companhia), sendo uma forma de tutelar cautelarmente a companhia, já que, ao existir duplicidade de interesses (não importando a ocorrência de contraposição entre eles, isto é, não se verifica o sentido da atuação, se de acordo com o interesse social ou não), há a potencialidade de que o administrador atue em detrimento da sociedade, o que deveria levar ao seu afastamento prévio do ato de gestão (independentemente se a sociedade venha a sofrer um dano ou não – mesmo porque, de acordo com esta corrente, a regra serve, justamente, para evitar que o dano ocorra).

Assim, a Autarquia não analisa se a operação realizada supostamente em violação ao art. 156 da Lei das S.A. ensejou ou poderia ter causado algum dano ou prejuízo à companhia, normalmente não adentrando na observação da equidade ou razoabilidade da operação[205] – salvo raras exceções[206].

Igualmente, remetemos ao Código Brasileiro de Governança Corporativa – Companhias Abertas: "Situações de conflito de interesses ocorrem quando algum administrador, acionista ou outro agente de governança não é independente em relação à matéria em discussão e pode influenciar ou tomar decisões motivado por interesses particulares ou distintos daqueles da companhia, ainda que convergentes com o interesse da companhia." "Além do impedimento legal do voto dado com interesse conflitante, ou que beneficia o administrador ou acionista de modo particular, tal situação representa um risco econômico para os demais acionistas e de imagem para a companhia como um todo." (GT INTERAGENTES. *Código Brasileiro de Governança Corporativa – Companhias Abertas*, p. 59).

[205] Parecer/CVM/SJU/Nº 160/79, de 18/12/1979; Inquérito Administrativo CVM n. 32/00, Rel. Dir. Marcelo F. Trindade, j. 10/10/2001; Processo Administrativo Sancionador CVM n. RJ 2005/0097, Rel. Dir. Maria Helena de Santana, j. 15/03/2007 (no caso, trata-se de mútuo à controladora na qual os administradores tinham interesse – eram seus controladores –, mesmo sendo a quantia do mútuo devidamente paga e as taxas do empréstimo compatíveis com as de mercado – inexistindo, portanto, qualquer prejuízo à sociedade, apesar de se ter dito que ficou caracterizado prejuízo à companhia na medida em que foi levada a concentrar parte relevante de seu risco em um único devedor, o qual inclusive enfrentava dificuldades para obter financiamento de outras fontes no mercado, fato corroborado pela não colocação das debêntures que não foram subscritas por suas controlada, além de também se ter dito

A Comissão de Valores Mobiliários, contudo, apesar de dar a impressão de, ao julgar dessa forma, interpretar rigidamente o art. 156 da Lei das S.A., na verdade restringe a noção de interesse conflitante do administrador com o da companhia.

Isso porque a Autarquia basicamente considera que há conflito de interesses quando o administrador (conselheiros de administração ou diretor) possua diretamente um interesse econômico externo a determinada operação. Dessarte, por exemplo, nas situações em que o administrador figure como contraparte da companhia ou pela qual seja beneficiado, como nos casos em que o gestor é também controlador (direto ou indireto) da outra sociedade envolvida na operação (inclusive em contratos de mútuos, dação em pagamento de bens inúteis à sociedade para quitação de dívida decorrente de saques do caixa da companhia tidos como irregulares e operação societária de incorporação)[207] bem como quando, além de con-

que ficou demonstrado o dano causado aos demais acionistas da companhia, pois grande parte dos recursos disponíveis da companhia foi consistentemente revertida para a aquisição de títulos emitidos pelo controlador indireto, quando poderia ter sido distribuída na forma de dividendos, admitindo-se, novamente, como verdade, que a companhia não necessitasse desses recursos para a implementação de seu plano de negócios); Processo Administrativo Sancionador CVM n. 2011/14269, Rel. Dir. Ana Dolores Moura Carneiro de Novaes, j. 26/03/2013.

[206] Nesse sentido, faz-se referência a caso em que a questão do conflito de interesses de maneira foi tratada de modo superficial, não se discorrendo quanto à necessidade de se analisar o conflito de interesses sob o ponto de vista material, mas basicamente absolvendo os administradores por não ter ocorrido prejuízo (Inquérito administrativo CVM n. 25/98, Dir. Rel. Wladimir Castelo Branco Castro, j. 12/12/2001).

[207] Parecer/CVM/SJU/Nº 160/79, de 18/12/1979 ("No caso em tela, considerando-se o fato de que os sócios da OÁSIS – que detinha 99,9% do capital da ENGEXCO – eram administradores da ENGESA, é inegável o interesse desses administradores da ENGESA nos contratos por ela firmados com a ENGEXCO ou em qualquer deliberação do conselho de administração ou da diretoria, cujo objeto fosse relacionado com os negócios da companhia com a ENGEXCO."
"Assim, comprovada a participação daqueles administradores da ENGESA nas decisões referentes a negócios com a ENGEXCO, configurar-se-ia violação da proibição expressa no artigo 156 – caput – da Lei nº 6.404/76, independentemente dos eventuais benefícios ou prejuízos advindos, respectivamente, para a ENGEXCO e a ENGESA." "Assim, comprovada a participação daqueles administradores da ENGESA nas decisões referentes a negócios com a ENGEXCO, configurar-se-ia violação da proibição expressa no artigo 156 – caput – da Lei nº 6.404/76, independentemente dos eventuais benefícios ou prejuízos advindos, respectivamente, para a ENGEXCO e a ENGESA." "Os mesmos administradores, acima descritos, poderiam ser responsabilizados, nos termos do artigo 158, II da Lei nº 6.404/76, por violação do disposto no caput do artigo 156 da mesma lei, se comprovada a sua participação nas

trolador, possui vínculos com outros sócios e é administrador com posição de prevalência de sociedades envolvidas em operações[208] – mas não se punindo, como regra, os outros administradores que decidiram no sentido de supostamente beneficiar o controlador com base no art. 156, uma vez que inexistiria interesse pessoal envolvido, mas sim, eventualmente, com fundamento nos arts. 153, 154 e 245 da LSA por terem compactuado com tal atuação[209]. Isso sem contar quando são realizadas operações entre controladora e controlada, sendo o administrador de ambas acionista do controlador e indicado pelo próprio controlador para a administração da controlada[210] – ou mesmo quando os administradores da controlada realizam operação (de compra de participação de sociedades para corrigir usurpação de oportunidade negocial, pelo que também restaram condenados) com a controladora e possuírem participação acionária maior nesta do que naquela[211]. Na mesma toada, a Autarquia, entre outras acusações e punições, já condenou administradora que, tendo seguido acordo de acionistas, votou favoravelmente à aquisição de companhia (i) da qual detinha participação societária indireta (de 0,01%) – tendo, então, interesse direto na operação, ainda que não fosse relevante visto de forma isolado –, (ii) que ocupava cargos em mais de uma sociedade da cadeia de controle da sociedade adquirida e (iii) possuía vínculo familiar (irmã) com acionista indireto da sociedade adquirida (25,22%) e controlador da companhia adquirente (sustentando-se que o art. 156 da Lei das S.A. incide em casos em que o interesse do administrador é mediato, eventual, indireto ou rela-

decisões da ENGESA referentes a negócios entre as duas empresas."); Inquérito Administrativo CVM n. 04/99, Rel. Dir. Norma Jonssen Parente, j. 17/04/2002; Processo Administrativo Sancionador CVM n. RJ 2004/5494, Rel. Dir. Wladimir Castelo Branco Castro, j. 16/12/2004 (sobre o caso, ver: QUATTRINI. *Os deveres dos administradores de sociedades anônimas abertas*, p. 224-246); Processo Administrativo Sancionador CVM n. RJ 2005/0097, Rel. Dir. Maria Helena de Santana, j. 15/03/2007; Processo Administrativo Sancionador CVM n. 2011/14269, Rel. Dir. Ana Dolores Moura Carneiro de Novaes, j. 26/03/2013; Processo Administrativo Sancionador CVM n. RJ2014/4077, Rel. Dir. Henrique Balduino Machado Moreira, j. 26/02/2019.

[208] Processo Administrativo Sancionador CVM n. 12/01, Rel. Dir. Pedro Oliva Marcilio de Sousa, j. 12/01/2006.

[209] *V.g.*, Inquérito Administrativo CVM n. 04/99, Rel. Dir. Norma Jonssen Parente, j. 17/04/2002.

[210] Processo Administrativo Sancionador CVM n. 17/06, Rel. Dir. Roberto Tadeu Antunes Fernandes, j. 22/10/2013.

[211] Processo Administrativo Sancionador n. RJ 2013/1840, Rel. Dir. Ana Dolores Moura Carneiro de Novaes, j. 15/04/2014.

cionado a uma pessoa ligada ao administrador – presumindo-se o conflito de interesses diante de relações de parentesco)[212].

Do mesmo modo, já ocorreu a condenação de administrador que celebrou contrato de assessoria empresarial com sociedade cujo principal acionista era seu filho (em violação ao art. 156 da Lei das S.A.) bem como com sociedade cujo principal acionista era outro membro do Conselho de Administração, o qual também foi condenado (em violação ao art. 154 da LSA) – além de ter firmado contrato de mútuo com a sociedade empresária que era acionista da companhia e da qual o administrador era o controlador (infringindo o disposto no art. 156 da LSA)[213].

Além da condenação dos acionistas envolvidos, a CVM já puniu, com base no art. 156 da Lei das S.A., conselheiros de administração (que eram acionistas e estavam vinculados a acordo de acionistas) por, entre outras acusações e condenações, terem deliberado a proposição de alteração estatutária no sentido de que se passasse a prever que o acionista mais antigo da companhia ocuparia o cargo de presidente do conselho de administração, o que conferiria o cargo a um dos conselheiros do mesmo grupo, bem como por conta da deliberação de atribuir "ao presidente do conselho de administração poderes para escolher diretamente o diretor-presidente e um dos dois diretores vice-presidentes" – sem contar a previsão de que, no impedimento, falta ou ausência do presidente do Conselho de Administração, o acionista mais antigo presente na Assembleia Geral seria eleito como presidente do referido órgão administrativo. Outro conselheiro de administração foi condenado, apesar de não estar vinculado ao acordo de acionistas, por infração ao art. 154, §1º, da Lei das S.A., uma vez que assim teria deliberado para favorecer certo grupo de acionistas e conselheiros de administração. Isso tudo para impedir a mudança do controle da companhia – e mesmo que tais alterações estatutárias tenham sido aprovadas em Assembleia Geral[214].

---

[212] Processo Administrativo Sancionador CVM n. 09/2009, Rel. Dir. Luciana Dias, j. 21/07/2015. Sobre o caso, ver: LORIA, Eli; KALANSKY, Daniel. *Processo Sancionador e Mercado de Capitais*: Estudo de Casos e Tendências; Julgamentos da CVM. São Paulo: Quartier Latin, 2016, p. 308-323.

[213] Processo Administrativo Sancionador CVM n. RJ2012/3110, Rel. Dir. Pablo Renteria, j. 14/02/2017 (com análise de LORIA, Eli; KALANSKY, Daniel. *Processo Sancionador e Mercado de Capitais III*: Estudo de Casos e Tendências; Julgamentos da CVM. São Paulo: Quartier Latin, 2018, p. 347-373).

[214] Processo Administrativo Sancionador CVM n. RJ2014/0591, Rel. Dir. Roberto Tadeu Antunes Fernandes, j. 12/07/2016. Sobre o caso, ver: LORIA, Eli; KALANSKY, Daniel. *Processo*

Da mesma forma, a CVM entendeu que o conselheiro fiscal sócio da auditoria independente da companhia perderia a isenção para exercer a sua função, estando em conflito de interesses quando da aprovação das contas auditadas, pouco importando se a companhia sofreu ou não algum prejuízo, tendo, portanto, sido condenado[215]. Também a Autarquia já disse estar em conflito potencial de interesses o conselheiro fiscal que, como advogado, patrocina ação indenizatória contra a companhia – apesar de que, ao se analisar se tal conselheiro agiu contra os interesses da companhia, o Relator entendeu que não foram averiguados indícios de conflito e, por conta disso, tendo em vista que a eventual atuação ilegal deveria ser analisada concretamente, não existiriam razões para que fosse dado prosseguimento às investigações[216].

Ainda, a CVM já entendeu que o membro efetivo do Conselho Fiscal eleito por acionista minoritário que litiga com a companhia e tem valor a receber de indenização não se encontra em conflito de interesses uma vez que não é advogado do referido acionista que o elegeu (mesmo que advogue eventualmente para tal sócio). Quanto ao conselheiro fiscal suplente, todavia, entendeu-se que existiria conflito de interesses uma vez que é filho do acionista que o elegeu, tendo um interesse pessoal na questão, não podendo, então, participar de decisões relacionadas ao processo[217].

A CVM também já condenou administrador com base no descumprimento do dever de lealdade (art. 155 da LSA), pelo fato de ter sido realizada de modo impróprio avaliação de crédito que o próprio administrador detinha e que foi utilizado em operação de permuta de ativos – bem como outros administradores foram condenados por quebra do dever de diligência e houve, também, abuso do poder de controle. Além disso, conselheiro fiscal foi condenado, também por descumprimento do dever de lealdade (art. 165 da Lei das S.A.), por ser acionista controlador de sociedade contratada pela companhia para encontrar novo acionista, recebendo determinada taxa de corretagem em caso de sucesso da operação[218].

Sancionador e Mercado de Capitais II: Estudo de Casos e Tendências; Julgamentos da CVM. São Paulo: Quartier Latin, 2017, p. 159-180.
[215] Inquérito Administrativo CVM n. 32/00, Rel. Dir. Marcelo F. Trindade, j. 10/10/2001.
[216] Colegiado da CVM, Processo n. RJ 2005/9740, Reg. 5001/2006, j. 29/08/2006.
[217] Processo Administrativo 2008/4134, Rel. Dir. Sérgio Weguelin, j. 03/03/2009.
[218] Processo Administrativo Sancionador CVM n. 18/2010, Rel. Dir. Ana Dolores Moura Carneiro de Novaes, j. 26/11/2013.

Por sua vez, é comum a CVM dizer que o cumprimento dos deveres fiduciários dos administradores deve ser analisado com maior rigor nas operações em que o controlador (ou o acionista que o elegeu) figura como contraparte[219]. Contudo, na prática, isso nem sempre é feito.

Nesse sentido, entende a CVM que não há conflito de interesses em operações entre sociedades do mesmo grupo na hipótese de os administradores ocuparem cargos (como administradores ou empregados) em várias sociedades (ainda que o acionista interessado tenha eleito o administrador)[220] e mesmo que os administradores representem ambas as companhias e em operação envolvendo controladora e controlada[221], da mesma forma como inexistiria conflito de interesses em operações entre sociedades com administradores comuns ou que administram partes relacionadas[222], uma vez que a limitação ao administrador dada pelo art. 156 da Lei das S.A. não poderia ser vista como absoluta: a vedação dada pelo dispositivo legal diria respeito somente a situações em que o gestor tenha interesse próprio (e, portanto, venha a auferir um benefício pessoal) conflitante com o da companhia – não sendo suficiente o risco de perda do cargo ou do emprego por eventual decisão contrária ao controlador para caracterizar o conflito de interesses, bem como que não se poderia sustentar que qualquer administrador escolhido pelo controlador estaria impedido de participar e votar em decisões que o controlador tenha eventual interesse (sendo que dever-se-ia, de qualquer forma, analisar com cuidado os deveres impostos pelos arts. 154, 155 e 245 da Lei das S.A. nessas situações que envolvam operações com o acionista controlador). E, nesse sentido, a Autarquia sequer analisa a razoabilidade ou a equidade da operação.

---

[219] Processo Administrativo Sancionador CVM n. 08/05, Rel. Dir. Eli Loria, j. 12/12/2007. Ver, também: Processo Administrativo Sancionador CVM n. 25/03, Rel. Dir. Eli Loria, j. 25/03/2008; Processo Administrativo Sancionador CVM n. 09/2006, Rel. Dir. Ana Dolores Moura Carneiro de Novaes, j. 05/03/2013.

[220] Processo Administrativo CVM n. RJ 2007/3453, Rel. Dir. Sérgio Weguelin, j. 04/03/2008; Processo Administrativo Sancionador CVM n. RJ 2008/1815, Rel. Dir. Eli Loria, j. 28/04/2009.

[221] Processo Administrativo Sancionador CVM n. 25/03, Rel. Dir. Eli Loria, j. 25/03/2008 – restando, de qualquer sorte, ressalvado que não teria sido apurado se existiria alguma forma de remuneração ou incentivo que pudesse colocar a administração em conflito de interesses. Sobre o caso, ver: QUATTRINI. *Os deveres dos administradores de sociedades anônimas abertas*, p. 258-264.

[222] Processo Administrativo Sancionador CVM n. 03/07, Rel. Dir. Eli Loria, j. 22/06/2010.

Também restaram absolvidos da acusação de infração ao art. 156 da Lei das S.A. em operação de venda de participação minoritária da companhia controladora em controladas e que beneficiaram sociedade controlada pela transferência de obrigações à controladora e com pagamento acima do preço de mercado, mas vinculado ao estabelecido em opção de venda (*put*). No caso, administradores ocupavam cargos nos Conselhos de Administração da controladora e das controladas beneficiadas, bem como alguns pertenciam à família controladora do grupo societário. Entendeu-se que o interesse pessoal do administrador, enquanto pessoa natural, é o interesse do próprio administrador ou de partes relacionadas (*v.g.*, uma pessoa jurídica na qual tenha interesse ou um parente próximo), mas somente quando esses forem contrapartes da companhia para qual o administrador atua. Ainda, os administradores foram absolvidos da acusação de descumprimento dos arts. 154 e 245 da LSA: considerou-se que os administradores agiram de acordo com a estratégia de longo prazo traçada para a companhia, incluindo a sua reestruturação societária, não tendo ficado demonstrado, de acordo com o juízo de racionalidade, que teriam agido para beneficiar o controlador em detrimento da companhia, devendo-se respeitar a decisão negocial; ademais, entendeu-se não aplicável o art. 245 da Lei das S.A. uma vez que não houve transação entre as sociedades integrantes do mesmo grupo[223].

Ainda, a CVM entende que não há situação de conflito de interesses em relação a administrador de companhia controladora na omissão da sua controlada em cobrar crédito de outra sociedade, da qual o administrador era filho do controlador e diretor, uma vez que isso não seria suficiente para caracterizar um interesse na operação, mas sim falta do dever de lealdade da companhia controladora; ainda, restou absolvido diretor da companhia controladora e conselheiro de administração da controlada que era credor da sociedade que não teve o crédito cobrado, uma vez que não restou demonstrado seu benefício nem que teria recebido seu crédito, além de o membro do Conselho de Administração não ter competência a tanto. Nesse caso, dois outros administradores, que teriam competência para tal cobrança, foram condenados com base no art. 155, II, da Lei das S.A.[224]

---

[223] Processo Administrativo Sancionador CVM n. RJ2016/5733, Rel. Dir. Flávia Perlingeiro, j. 02/12/2019.

[224] Processo Administrativo Sancionador CVM n. RJ2015/10020, Rel. Dir. Flávia Sant'Anna Perlingeiro, j. 19/11/2019.

Já restou absolvido o administrador de sociedade de economia mista que, anteriormente, ocupava cargo junto à Fazenda Pública do Estado controlador e que atuou em pólos distintos ao longo da negociação de operação financeira realizada entre a companhia e o Estado (especificamente, a quitação de dívidas contraídas junto à sociedade pela controladora). Também se entendeu que o fato de o administrador ter, antes de assumido o cargo, atuado na negociação representando a controladora bem como o fato de ter sido indicado ao cargo pela própria controladora não violaria o art. 156 da Lei das S.A., inclusive porque teria tomado conhecimento de auditoria contratada pela gestão predecessora para que fosse apurado o valor exato. Para que restasse violado o art. 156, necessário seria demonstrar a existência de "um interesse pessoal, próprio, direto e específico do administrador, mesmo que de natureza reflexa (e não propriamente indireta), assim entendido o interesse que consiste exatamente em satisfazer ou agradar terceiro com o fim de obter determinado benefício pessoal"; ainda, não seria possível "presumir que a atuação do administrador pautar-se-á necessariamente por um interesse dessa natureza sempre que o acionista que o elegera tiver relação com a matéria. Apenas essa circunstância não basta para pôr em xeque sua independência e aconselhar sua abstenção", o que "não significa que o vínculo entre o acionista e o administrador não possa ser considerado em momento posterior, quando da verificação do cumprimento de seus deveres fiduciários."[225]

A CVM também já considerou ser inexistente o conflito de interesses quando conselheiro de administração vota em si mesmo para exercer o cargo de diretor. Isso porque a votação em si mesmo não caracterizaria um interesse individual que viesse a contrastar com o da companhia, uma vez que "[a] eleição e o desempenho das funções de diretor pelo conselheiro fazem-se em favor da companhia e não em benefício do próprio administrador". O administrador não seria "contraparte ou beneficiário em uma operação social com a Companhia", sendo que "[o] caput do art. 156 menciona operação social, isto é, uma operação entre a companhia e uma pessoa natural ou jurídica externa a ela", o que não se caracterizaria no caso pois "o conselho de administração e a diretoria são órgãos internos da companhia!" Assim, até seria possível "entender que uma boa prática de governança seria o conselheiro candidato a diretor abster-se na votação",

---

[225] Processo Administrativo Sancionador CVM n. 2013/1063, Rel. Dir. Otavio Yazbek, j. 03/12/ 2013.

mas isso não caracterizaria conflito de interesses, "especialmente naqueles casos em que ele for o voto de desempate" [226].

Ainda, a CVM já se manifestou no sentido de que violaria somente o art. 154 da Lei das S.A. a promoção de processos judiciais e a desconvocação, sob os mais diversos argumentos, de assembleias gerais que tinha por finalidade a destituição dos indicados pelo controlador e a eleição de outros. Entendeu-se que a defesa de interesses do até então controlador ao qual estariam os administradores vinculados bem como o desejo de permanecerem no cargo não restariam abarcados pelo art. 156 (mesmo porque não existiria impedimento para o administrador participar de decisões no interesse do acionista que o elegeu), sendo que, então, qualquer infração a tal dispositivo legal estaria absorvida pela atuação que não objetivou o interesse da companhia e em desrespeito aos procedimentos legais e estatutários[227].

E a CVM também já condenou administradores com base nos arts. 153, 154 e 155 da Lei das S.A. (bem como no art. 117), mas não com fundamento no art. 156 – e apesar de ser reconhecida a existência de interesses particulares –, referente à operação de capitalização injustificada por companhia controladora (que detinha o controle indireto, tendo a capitalização sido realizada por duas companhias que detinham o controle direto) em sociedade controlada deficitária e a venda do controle desta à família que detinha o poder de controle indireto por preço irrisório, sendo que os administradores que realizaram a operação eram integrantes da família[228]. Ainda, em outro caso, referente à aprovação pela própria administração (sem aprovação da assembleia geral) de plano de retenção (ou seja, política de recursos humanos para retenção de administradores estratégicos), inicialmente da companhia aberta controladora e posteriormente estendido à companhia controlada de capital fechado, sendo que ambas tinham sobreposição de administradores e que foram diretamente beneficiados, entendeu-se que eventual conflito de interesses somente existiria na companhia fechada – e, portanto, a CVM não poderia apreciá-lo –, condenado,

---

[226] Processo Administrativo Sancionador CVM n. RJ2013/11699, Rel. Dir. Ana Dolores Moura Carneiro de Novaes, j. 02/09/2014.

[227] Processo Administrativo Sancionador CVM n. 09/2006, Rel. Dir. Ana Dolores Moura Carneiro de Novaes, j. 05/03/2013; Processo Administrativo Sancionador CVM n. RJ2005/7229, Rel. Dir. Marcelo Fernandez Trindade, j. 10/05/2006.

[228] Procedimento Administrativo Sancionador CVM n. 29/05, Rel. Dir. Eli Loria, j. 30/092008.

todavia, os administradores da companhia aberta além do fato de tomarem decisão que extrapolava suas competências, pelo direcionamento da decisão para a companhia fechada ainda que isso não os beneficiasse como administradores da companhia aberta nem produzisse efeitos patrimoniais diretamente nesta (com base, então, nos arts. 152, 153, 154, 155 da LSA)[229].

No mesmo sentido, a CVM já condenou conselheiro de administração por ter permitido transferências de recursos financeiros da companhia para sociedade da qual era diretor e sob controle comum do acionista controlador somente com base no art. 155 da LSA (bem como tendo sido condenados outros administradores por quebra do dever de diligência por não terem apresentado qualquer questionamento ou ressalva a tais operações, especialmente em momento de dificuldade financeira da companhia, além da condenação do acionista controlador por abuso do poder de controle). Tais operações teriam ocorrido sem justificativa econômica comprovada e sem que ocorresse mínima compensação[230].

Encontramos também condenação, com base somente na violação ao dever de lealdade prevista no art. 155, *caput*, da LSA, em caso conhecido envolvendo corrupção: teriam ocorrido desvios patrimoniais em benefício de agências de marketing por meio do administrador, o qual não seguiu o procedimento correto, tendo desrespeitado as alçadas de decisão bem como não tendo tratado com transparência as informações a respeito. Tudo isso apesar de reconhecido que o administrador "buscou, em primeiro lugar, o interesse pessoal, ou de terceiros" "em detrimento do Banco do Brasil, companhia aberta da qual era diretor, tendo agido no sentido de violar, conscientemente, a obrigação de perseguir o interesse social"[231].

Da mesma forma, há condenação de conselheiros fiscais, com base nos arts. 154 e 165 da Lei das S.A., que não seriam imparciais, uma vez que teriam utilizado seu poder de fiscalização como instrumento de pressão

---

[229] Procedimento Administrativo Sancionador CVM n. RJ 2008/4857, Rel. Dir. Otavio Yazbek, j. 23/08/2011.

[230] Processo Administrativo Sancionador CVM n. 13/2014, Rel. Dir. Henrique Machado, j. 05/11/2019.

[231] Procedimento Administrativo Sancionador CVM n. 03/2012, Rel. Dir. Roberto Tadeu Antunes Fernandes, j. 15/12/2016. No mesmo sentido, em caso relacionado à contratação de construção de navios-sonda em troca de vantagens indevidas (pagamentos ilícitos para si ou para terceiros), ver: Processo Administrativo Sancionador CVM n. 08/2016, Rel. Dir. Gustavo Machado Gonzales, j. 16/12/2019; Processo Administrativo Sancionador CVM n. 09/2016, Rel. Dir. Gustavo Machado Gonzales, j. 16/12/2019.

(realizando, exemplificativamente, exigências desarrazoadas quanto à exibição de documentos) por estarem defendendo interesses de sociedade diversa, a qual visava à aquisição do controle da companhia[232].

Diante de todo o até aqui exposto – e não entrando no mérito da possibilidade de que eventuais condutas sejam sancionadas com base em outros dispositivos legais, o que, de fato, pode e deve ocorrer, como o próprio art. 154 que determina que o interesse da companhia seja perseguido e não busque o administrador a satisfação de outros interesses, próprios ou de terceiros, sendo que muitas vezes as condutas devem ser somente abarcadas pelo referido dispositivo, como ao vedar, no §1º, "b", a tomada de empréstimos por parte do administrador –, a orientação da Comissão de Valores Mobiliários parece-nos equivocada ao interpretar o art. 156 da Lei das S.A.

---

[232] Processo Administrativo Sancionador CVM n. 2015/8673, Rel. Dir. Pablo Renteria, j. 30/05/2017.

4
Aplicação do art. 156 e sua adequação à noção de conflito material: conceito

Pelas mais diversas razões, não faz sentido adotar uma interpretação formal do conflito de interesses – o que acaba, entendemos, por restringir a noção de interesse conflitante.

De qualquer sorte, é importante interpretar sistematicamente a Lei das S.A., aplicando o art. 156 somente nos casos em que efetivamente incide.

Dessa forma, por exemplo, não faz sentido aplicar o art. 156 aos administradores em operações realizadas intragrupo (tanto nos grupos de fato[233]

---

[233] O art. 245 da Lei das S.A., ao determinar a responsabilidade dos administradores que favoreçam sociedade coligada, controladora ou controlada em operações que não observem condições estritamente comutativas ou com pagamento compensatório adequado, estampa uma regra especial de presunção geral de conflito de interesses (e dos outros deveres fiduciários) (cf. BRITTO, Adriana Cristina Dullius. *Responsabilidade do administrador em face do art. 245 da Lei das Sociedades Anônimas*. Dissertação (Mestrado – Programa de Pós-Graduação em Direito Comercial) – Faculdade de Direito, Universidade de São Paulo, 2017, p. 110 – sendo que sustenta que o art. 245 também estabelece uma inversão do ônus da prova, à p. 109 ss e 132-133) – apesar de, evidentemente, ser mais ampla e não coincidente com tal regra, cf. BLANDINI, Antonio. Conflitto di interessi ed interessi degli amministratori di società per azioni: prime riflessioni. In: *Scritti in onore di Vicenzo Buonocore*, v. III, t. I. Milano: Giuffrè, 2005. p. 1951-1985, p. 1967 – em operações que envolvam sociedades do mesmo grupo, *i.e.*, não é necessário demonstrar o interesse extrassocial do administrador envolvido (mesmo porque, a rigor, o fato de realizar operações intragrupo já faz com que exista um conflito de interesses habitual tendo em vista a necessidade de respeito à direção unitária do grupo e, consequentemente, o próprio temor de perderem seus cargos e a influência existente na atuação dos gestores), o que resta plenamente justificado especialmente quando há acionistas externos ao grupo nas sociedades envolvidas nas operações – e o que é particularmente importante nos grupos tendo em vista que, muitas vezes, os órgãos de administração acabam

quanto, se for o caso, nos grupos de direito[234]) pelo simples fato de se tratar de operações entre sociedades do mesmo grupo, uma vez que estão abarcadas pelo art. 245 da Lei das S.A. (ou, eventualmente, pela convenção de grupo, no caso dos grupos de direito): considerando que os administradores, nos grupos, vivem *um eterno conflito de lealdade – interesse da sociedade* versus *interesse do grupo*[235], não se deve aplicar o art. 156 uma vez que este regula situações episódicas de interesse conflitante[236]. Assim, o art. 245, ainda que se critique o regime adotado pelo ordenamento jurídico brasileiro, é regra especial que exclui a incidência do art. 156 da Lei das

---

ocupando relevante papel na direção unitária (sobre o tema, ver: NAHARRO, Mónica Fuentes. Conflicto de intereses en grupos de sociedades: reflexiones a propósito de la STS de 12 de abril de 2007. *Revista de Derecho de Sociedades*, n. 30, p. 401-419, 2008/1).

[234] Nos grupos de direito (de subordinação), como regra, incide o art. 273 da Lei das S.A., o qual permite que uma sociedade realize operação em benefício de outra, ainda que não seja comutativa nem exista pagamento compensatório adequado, desde que seja respeitada a convenção de grupo, cf. arts. 266 e 276; por sua vez, em caso de operações não realizadas de acordo com a convenção de grupo, entendemos que se deva aplicar nas operações intragrupo o art. 245, uma vez que: (*i*) a subordinação de interesses somente pode ocorrer de acordo com a convenção de grupo (arts. 266 e 276, *caput* e §2º), devendo-se, no mais, observar inclusive as responsabilidades dos administradores (arts. 273 e 276, §3º), (*ii*) estamos diante, nesses casos, ainda que dentro de um grupo de direito, de operações realizadas entre sociedades controladoras e controladas (e tratando-se de pessoas jurídicas independentes, cf. arts. 265, *caput* e §1º, e 266), e (*iii*) não faria sentido não aplicar tal regra enquanto que o regime dos grupos de direito remete expressamente ao art. 244 (cf. art. 265, §2º) e ao art. 246 (cf. art. 276, §3º). Em sentido diverso, entre outros, ver: TEIXEIRA; GUERREIRO. *Das sociedades anônimas no Direito brasileiro*, v. 2, p. 774; BRITTO. *Responsabilidade do administrador em face do art. 245 da Lei das Sociedades Anônimas*, p. 12-13; VON ADAMEK. *Responsabilidade civil dos administradores de S/A e as ações correlatas*, p. 158-159. Em não incidindo o art. 245 (nem a convenção de grupo, no caso dos grupos de direito), poderá, então, incidir o art. 156 da Lei 6.404/76.

[235] MUNHOZ, Eduardo Secchi. Estrutura de governo nos grupos societários *de fato* na lei brasileira. In: CASTRO, Rodrigo R. Monteiro de; WARDE JÚNIOR, Waldrido Jorge; GUERREIRO, Carolina Dias Tavares (coord.). *Direito empresarial e outros estudos de Direito em homenagem ao Professor José Alexandre Tavares Guerreiro*. São Paulo: Quartier Latin, 2013. p. 268-291, p. 276. E, nesse sentido, leciona Viviane Muller Prado: "Especialmente nas relações e nos negócios entre as sociedades do grupo, é provável sempre haver o conflito de interesses entre a sociedade isolada e o grupo, porque nem sempre a pretensão da maximização dos lucros do grupo representa a maximização dos lucros da sociedade controlada. Além dos interesses dos acionistas, há os objetivos do grupo a serem considerados na análise do exercício do poder de controle e na atuação dos administradores." (PRADO, Viviane Muller. *Conflito de Interesses nos Grupos Societários*. São Paulo: Quartier Latin, 2006, p. 163).

[236] Ver: SOLIMENA. *Il conflitto di interessi dell'amministratore di società per azioni nelle operazioni con la società amministrata*, p. 214.

S.A. nos casos em que se analisa pura e simplesmente as operações entre sociedades do mesmo grupo[237]. Portanto, não compreendemos o posicionamento da CVM ao aplicar, em alguns casos, o art. 156 da Lei das S.A. para julgar administradores em operações entre sociedades do mesmo grupo mesmo quando deveria, de modo claro, incidir o art. 245 da LSA[238]-[239]-[240]

---

[237] Nesse sentido, criticando a aplicação do art. 156 a operações entre sociedades do mesmo grupo diante do previsto no art. 245 da Lei das S.A., bem como quando é aplicado em operações envolvendo a incorporação de sociedade controlada por conta do disposto no art. 264 da Lei das S.A., ver: CAMPOS. Seção V – Deveres e Responsabilidades, p. 1.168-1.170. Ver, também: CAMARGO. *Transações entre partes relacionadas*, p. 86; LAZZARESCHI NETO. *Lei das Sociedades por Ações Anotada*, v. I, p. 685; LOBO. Conflito de interesses entre a companhia e seu administrador, p. 27 ss; LOBO; NEY. Conflito de interesses entre o administrador e a companhia, p. 281 ss. Analisando o suporte fático do art. 245 da Lei das S.A., ver: BRITTO. *Responsabilidade do administrador em face do art. 245 da Lei das Sociedades Anônimas*.

[238] No Inquérito Administrativo CVM TA-RJ2000/6479, julgado em 2003, a CVM lançou mão do art. 156, §1º, c/c o art. 245 da Lei das S.A. para condenar administradores por conta da celebração de operações injustificáveis com a controladora, desnecessárias e sem a efetiva prestação dos serviços. No Processo Administrativo Sancionador CVM 02/2004, julgado em 2005, foi abordada a realização de contratos de mútuo entre três companhias controladas pela mesma sociedade, sendo a conduta enquadrada no art. 117, §1º, "a", "c" e "f", e no art. 156, *caput* e §1º; no mínimo na situação referente aos mútuos realizados entre a controladora e as controladas, deveria ter ocorrido o enquadramento com base no art. 245, o que não foi o caso. Já no Processo Administrativo Sancionador CVM 17/06, o caso versava sobre contratos de prestação de serviço e de mútuo entre a companhia controladora e sociedade controlada, tendo ocorrido o enquadramento no art. 245 bem como, de modo desnecessário, nos arts. 154, §2º, "b", 155, *caput*, II, e 156, *caput* e §1º, tendo a condenação asseverado a inexistência de comutatividade das operações e a ocorrência de dano diante da não comprovação da prestação do serviço contratado, além do fato de o contrato de mútuo ter tido o objetivo de gerar um saldo favorável para a controladora. No Processo Administrativo Sancionador CVM RJ2011/14269, julgado em 2013, ocorreu a condenação dos administradores em decorrência de contrato de mútuo firmado entre a companhia controlada e sua controladora sem a aprovação da assembleia geral ou do conselho de administração, o que ocorreu com base nos arts. 154, §2º, "b", e 156, tendo sido afastado o art. 245 da Lei das S.A., uma vez que, mesmo nos grupos de fato, os administradores estão sujeitos aos demais deveres previstos na Lei das S.A. No Processo Administrativo Sancionador n. RJ 2013/1840, julgado em 2014, os administradores da controlada foram condenados com base no art. 156 da Lei das S.A. ao realizarem operação (de compra de participação de sociedades para corrigir usurpação de oportunidade negocial, pelo que também restaram condenados com base no art. 155, II) com a controladora e possuírem participação acionária maior nesta do que naquela. Igualmente, no Processo Administrativo Sancionador CVM n. RJ2012/3110, julgado em 2017, ocorreu a condenação de administrador que celebrou contrato de assessoria empresarial com sociedade cujo principal acionista era seu filho (art. 156 da Lei das S.A.) bem como com sociedade cujo principal acionista era outro membro do Conselho de Administração, o qual também foi condenado (art. 154 da LSA)

– além de ter firmado contrato de mútuo com a sociedade empresária que era acionista da companhia e da qual o administrador era o controlador (infringindo o disposto no art. 156 da LSA, sem qualquer referência ao art. 154, §2º, "b", nem sendo a condenação fundada no art. 245). Finalmente, no Processo Administrativo Sancionador CVM 25/03, julgado em 2008, entendeu-se que operação entre controladora e controlada (referente à compra e venda de ações de outra companhia também integrante do mesmo grupo) em que os administradores eram comuns não violaria o art. 156, uma vez que existiria a necessidade da existência de interesse pessoal do administrador oposto ao da companhia – sendo que o art. 156 deveria ser interpretado em conjunto com o art. 245 da Lei das S.A.

[239] A doutrina, muitas vezes, ao analisar operações entre sociedades controladora e controlada, aprecia a questão com base no art. 156 da Lei das S.A. – e não com base no art. 245 –, como, por exemplo, LEÃES. Conflito de interesses no âmbito da administração da companhia, p. 634-635.

[240] Ainda que existam discussões (GUIZZI. *Gestione dell'impresa e interferenze di interessi*, p. 105 ss), observe-se, que, na Itália, a interpretação que tende a prevalecer é de se aplicar o art. 2391 do *Codice Civile* (que regula a atuação do administrador que tenha interesse pessoal envolvido) ainda que exista certa sobreposição, *i.e.*, quando também incidente o art. 2391-*bis* (que regula as operações com partes relacionadas) e o art. 2497 (que dispõe sobre a responsabilidade nos casos de *direzione e coordinamento di società*), tendo em vista os princípios e funções diferentes das referidas normas (cf., *v.g.*, CONFORTI. *La responsabilità civile degli amministratori di società per azioni*, p. 509 ss, 528 ss; VENTORUZZO. Articolo 2391 – Interessi degli amministratori, p. 468-473; VENTORUZZO, Marco. Articolo 2391-*bis* – Operazioni con parti correlate. In: GHEZZI, Federico (org.). *Commentario alla reforma delle società – amministratori (artt. 2380 – 2396 c.c.)*. Milano: Giuffrè, 2005. p. 501-544, p. 540-542; SALANITRO. Gli interessi degli amministratori nelle società di capitali, p. 54-56; no mesmo sentido, mas sustentando adaptações da regra no caso de grupos de sociedade, ver: SANTAGATA. Interlocking directorates ed 'interessi degli amministratori' di società per azioni, p. 320 ss). Da mesma forma, sustenta-se ser aplicável o art. 2391 do *Codice Civile* mesmo diante de operação de fusão em que o administrador tenha interesse, ainda que o art. 2501-*ter*, comma 1, n. 1, também do *Codice Civile*, determine que a administração da sociedade que participe de operação de fusão deve redigir um projeto de fusão que deve conter, entre outras matérias, *i vantaggi particolari eventualmente proposti a favore dei soggetti cui compete l'amministrazione delle società partecipanti alla fusione*: ora, as informações exigidas pelo art. 2391 e pelo art. 2501-*ter*, comma 1, n. 1, do *Codice Civile* até podem se sobrepor, mas devem ser cumpridas tendo em vista, inclusive, o próprio objetivo diverso (cf. VENTORUZZO. Articolo 2391 – Interessi degli amministratori, p. 451, nota de rodapé). Há, de qualquer sorte, a previsão do art. 2497-*ter*, que regula as operações intragrupo e que assim determina: "*Le decisioni delle società soggette ad attività di direzione e coordinamento, quando da questa influenzate, debbono essere analiticamente motivate e recare puntuale indicazione delle ragioni e degli interessi la cui valutazione ha inciso sulla decisione. Di esse viene dato adeguato conto nella relazione di cui all'articolo 2428.*" (cf. BLANDINI. Conflitto di interessi ed interessi degli amministratori di società per azioni, p. 1965 ss). Na Alemanha, também não há regra específica no tratamento dado aos grupos de sociedade sobre atuação dos administradores em conflito de interesses, existindo quem sustente a aplicação das regras gerais sobre o tema (MENSE. *Interessenkonflikte bei Mehrfachmandaten im Aufsichtsrat der AG*, p. 168-179), apesar de existir quem defenda que,

– o qual, tendo em vista o fenômeno grupal, deve ser interpretado considerando o interesse do grupo[241]. Ainda, a CVM também lança mão, desnecessariamente, de outros dispositivos relacionados ao conflito de interesses (ou mesmo outros deveres fiduciários) dos administradores para julgar os administradores envolvidos quando, em verdade, deveria incidir de modo direto o art. 245 da Lei das S.A.[242-243-244]. Isso tudo, evidentemente, tende

em casos envolvendo grupos de sociedade, a solução seria, em princípio, diversa, de acordo com as normas dos grupos de sociedade (que teria, em certa medida, regras para questões de conflito e possibilitaria e exigiria uma solução específica) (KREBS. *Interessenkonflikte bei Aufsichtsratsmandaten in der Aktiengesellschaft*, p. 8-9, 267-268); na Suíça, diante da inexistência de normas específicas, aplica-se a regra geral sobre a atuação dos administradores em conflito de interesses (STEINIGER. *Interessenkonflikte des Verwaltungsrates*, p. 209 ss).

[241] Cf. MUNHOZ. Estrutura de governo nos grupos societários *de fato* na lei brasileira, p. 286-291.

[242] Nesse sentido, por exemplo, no Inquérito Administrativo 30/98, julgado no ano de 2001, e relacionado a operações de mútuos e vendas efetuadas com o controlador indireto e sociedade sob controle comum, ocorreu, além da condenação do acionista controlador, a condenação dos administradores por desrespeito ao art. 245 e ao art. 154, §2º, "b". No Inquérito Administrativo CVM 04/99, julgado em 2002, os administradores (e os controladores) foram condenados pela realização, entre sociedade controlada e sociedade controladora, de compra à vista e revenda a prazo juntamente com empréstimo de recursos recebidos ao controlador, sem garantia, além da celebração de contratos mútuos que causaram prejuízos à companhia uma vez que as transações não foram comutativas, tendo ocorrido o desrespeito aos arts. 153, 154 e 245 (e, quanto a um deles – o controlador indireto –, também ao art. 156). Por sua vez, no Inquérito Administrativo CVM n. RJ2000/4546, julgado em 2002, o presidente do Conselho de Administração (além do acionista controlador) foi condenado, com base no art. 154, §2º, "a" (e no art. 155, II), pela realização de pagamento de mútuos concedidos à sociedade controladora com ações de emissão de uma outra sociedade (*i.e.*, dação em pagamento) cujo valor de mercado representava menos de 20% do valor total do empréstimo; todavia, deve-se questionar as razões pelas quais não foi aplicado o art. 245 da Lei das S.A.; no mesmo sentido, ocorreu a condenação de administradores em caso de mútuo operado entre controlada e controladora com base no art. 155, II, da LSA em decorrência da omissão da operação realizada diante da falta de comutatividade (Processo Administrativo Sancionador CVM n. RJ2012/7353, Dir. Rel. Carlos Alberto Rebello Sobrinho, j. 20/08/2019). Já no Processo Administrativo Sancionador CVM n. RJ2001/4474 foi apurada, além da responsabilidade do controlador, a responsabilidade de administrador em decorrência da prestação de diversos avais e garantias entre 1995 e 2000 para assegurar obrigações de empresas ligadas e pertencentes ao mesmo grupo do acionista controlador; diante disso, diretor da companhia foi condenado pela infração aos arts. 153 e 154, §2º, da Lei 6.404/76 (sendo que também foi condenado na qualidade de controlador), sendo que também foi referida a realização de contratos de mútuo entre a companhia e sociedade controladora, que deveriam ter obedecido condições equitativas, mas a atuação dos administradores não foi enquadrada no art. 245. No Processo Administrativo Sancionador CVM n. RJ2002/1823, entre outras acusações, uma delas referia-se ao recebimento pelo acio-

nista controlador de comissões pagas por outra companhia sem a efetiva contraprestação do serviço de intermediação, o que violaria o art. 117, §1º, "a" e "f", bem como o art. 154, §2º, "a"; todavia, por se tratarem de sociedades ligadas, deveria ter ocorrido o enquadramento com base no art. 245 da Lei das S.A. No Processo Administrativo Sancionador CVM n. 03/04, julgado em 2007, entre outras operações, a Comissão de Inquérito, diante de contratos de mútuo entre sociedade prejudicada e sua controladora com o objetivo de que a controlada arcasse com as despesas jurídicas do grupo, foi enquadrada a conduta dos administradores nos arts. 153, 154, §2º, "a", 155, II, e 158, §§2º, 3º e 4º, tendo sido os diretores da companhia condenados, mas não ocorreu o enquadramento no art. 245 da Lei 6.404/76. No Processo Administrativo Sancionador CVM n. 15/90, julgado em 2010, a questão dizia respeito à circulação de recursos entre sociedades do mesmo grupo, inclusive entre a controladora e sociedades controladas; todavia, os administradores foram acusados por infração ao art. 154 da Lei das S.A. (desvio do objeto social em atuação conjunta com o controlador), não tendo ocorrido o enquadramento da conduta no art. 245. Ademais, não raro a conduta dos administradores em operações entre sociedades controladora e controlada são enquadradas como violadoras do dever de diligência (art. 153 da Lei das S.A.) e não sancionadas somente com base no art. 245 e no art. 156; isso se deu, por exemplo, no Processo Administrativo Sancionador CVM n. RJ2005/0097 – sendo que a Dir. Rel. Maria Helena Santana manifestou-se no sentido de que, em sendo os administradores punidos com base no art. 156, não poderiam ser sancionados com base no art. 245 da LSA, o que, para nós, deveria ser justamente o contrário em se tratando de um grupo de sociedades ("38. Já no que diz respeito aos demais conselheiros, Alexandre Beldi Netto, Marco Antonio Beldi e Antonio Fábio Beldi, penso que não cabe responsabilizá-los por esta infração, pois já os considerei responsáveis pela infração ao art. 156 da lei. Estes administradores devem, a meu ver, ser punidos por terem votado quando estavam claramente impedidos de o fazer, o que impede que venham a ser novamente punidos por terem votado, ainda que em infração ao art. 245.").

[243] Dessa forma, correta a condenação realizada no Processo Administrativo Sancionador CVM n. RJ2017/565, julgado em 14/12/2017. Nesse caso, como pagamento de mútuo devido por sociedade coligada (e com controlador final comum), foi feita a emissão de debêntures subscritas pela devedora sem qualquer remuneração bem como sem incidência de atualização ou correção, sendo que a amortização da dívida seria realizada anualmente por meio de pagamentos em espécie somente se o fluxo de caixa operacional livre da companhia devedora (hipótese em que 50% de tal fluxo seria utilizado na amortização), tendo como garantia uma marca. Aqui, entre outras condenações, conselheiros de administração da companhia credora foram condenados por violação ao art. 245; ainda, ocorreu a absolvição de conselheiros de administração da devedora e diretores da companhia credora por infração ao art. 154 da Lei das S.A. pelo fato de amortização parcial ter sido realizada por meio de transferência de créditos de prejuízo fiscal e não em dinheiro, uma vez que se deveria comprovar que a dação em pagamento teria sido realizada em detrimento do interesse das sociedades e em bases não comutativas. Sobre o caso, ver: LORIA; KALANSKY. *Processo Sancionador e Mercado de Capitais III*, p. 364-391.

[244] Para uma análise detalhada sobre os julgados da CVM relacionados à aplicação do art. 245 da Lei das S.A. (e de onde extraímos as referências e parte substancial das reflexões realizadas nas notas de rodapé anteriores), também criticando a Autarquia pelo fato de, desnecessaria-

a dificultar a prova da infração de dever estabelecido em lei e, consequentemente, a gerar maiores dificuldades de condenação.

Isso, evidentemente, não significa que o art. 156 deva ser aplicado de modo isolado – o que também não quer dizer que, por se punir eventuais gestores pela infração a outros deveres, não se deva fazer incidir o art. 156: a violação a um dever ou regra não imuniza o infrator do descumprimento de outro dever ou regra[245]. Ora, como é cediço, os deveres dos administradores previstos no Capítulo XII, Seção IV, da Lei das S.A. são muito próximos e possuem influência mútua, não existindo clara separação entre eles[246] – os deveres acabam se sobrepondo[247], além de serem cumulativos[248]. Assim, na maioria dos casos, agindo o administrador em conflito de interesses, restará, por exemplo, também violado os arts. 154, *caput*, e 155, *caput*, uma vez que o gestor estará atuando contrariamente ao interesse da companhia e quebrando o dever de lealdade[249],[250] – bem

---

mente, lançar mão de outros dispositivos legais para analisar casos abarcados pelo referido artigo, ver: BRITTO. *Responsabilidade do administrador em face do art. 245 da Lei das Sociedades Anônimas*, p. 115 ss.

[245] "Where directors face a conflict, or a potential conflict, a number of duties may apply. Particularly notable is the best interests rule which operates as the underlying duty of directors." (LANGFORD. *Company Directors' Duties and Conflicts of Interest*, p. 339).

[246] SPINELLI. *Conflito de interesses na administração da sociedade anônima*, p. 96. No mesmo sentido, vide manifestação de voto do Dir. Gustavo Machado Gonzales no Processo Administrativo Sancionador CVM n. RJ2014/6517, Rel. Dir. Henrique Balduino Machado Moreira, j. 25/06/2019.

[247] KEAY. *Directors' Duties*, p. 196.

[248] SLYNN; KLUYVER. *Directors' Duties*, p. 77.

[249] Ver: STAFFORD; RICHIE. *Fiduciary Duties*, p. 59-60.

[250] E, evidentemente, tendo em vista o conceito aberto do dever de lealdade previsto no art. 155, *caput*, da Lei das S.A., é possível que eventuais condenações assim sejam fundamentadas – ainda que se faça referência à atuação em conflito de interesses, acabe não se analisando a conduta de todos os administradores envolvidos e não se aplique o disposto no art. 156 ou no art. 245 da Lei 6.404/76. Nesse sentido, além dos casos julgados pela CVM e já referidos, no processo nº 058/1.13.0002530-4 (2ª Vara Judicial de Nova Prata/RS, juiz Felipe Só dos Santos Lumertz, j. 27/10/2015 – decisão que foi mantida pelo TJRS, 6ª Câmara Cível, APC 70071190532, Rel. Des. Ney Wiedemann Neto, j. 09/03/2017), analisou-se caso de administrador da *holding* controladora de determinado grupo econômico (sendo que também detinha indiretamente 5,42% da *holding* controladora), tendo determinado que sociedade controlada (não por ele administrada) firmasse contrato de licença de marcas para uma sociedade da qual detinha 99,9% da participação social, sendo que tal contrato contava com condições benéficas a esta sociedade (como o fato de exigir notificação prévia de três anos para denúncia imotivada e carência também de três anos para pagamento de *royalties*, bem como determinou

como, *v.g.*, aquele que fecha os olhos (dolosamente ou não) a determinada operação que beneficia um de seus pares provavelmente estará descumprimento o dever de diligência[251].

Tais considerações são relevantes apesar de poderem parecer inócuas uma vez que, não raro, os administradores atuando em conflito de interesses são, por exemplo, condenados por violação a outros deveres fiduciários ou a outros dispositivos legais (como o art. 154 da Lei das S.A.). Não obstante, além da importância de individualizar os conceitos, tem-se que, como a própria Comissão de Valores Mobiliários entende, uma mesma conduta pode representar infrações diversas, devendo-se realizar imputações

a exclusão da cláusula de não-concorrência e foi inclusa a possibilidade de sublicenciar as marcas), além de o referido administrador exercer concorrência (inclusive comercializando produtos com as referidas marcas para os mesmos clientes) por meio de outras sociedades por ele constituídas. No caso, entendeu-se ser "evidente que não poderia o administrador da *holding* que controla um grupo societário faltar com os deveres fiduciários, em especial o de lealdade, para com uma pessoa jurídica integrante deste grupo de sociedades". Nesse sentido, concluiu-se que o administrador "concebeu um projeto internacional, supostamente em favor das empresas" do referido grupo econômico "para justificar aos demais sócios e ao administrador da" sociedade controlada "a elaboração de um contrato de licença de uso das marcas do grupo, orientando, na condição de administrador da *holding* controladora das empresas que compunham o grupo de sociedades, a redação e confecção do instrumento contratual, o qual, porém, só veio a beneficiar o seu interesse exclusivo", uma vez que, por meio dele, passou-se a exercer atividade concorrente por meio de outras sociedades. Assim, "de fato, não se deve admitir que o administrador de uma companhia valha-se do cargo de gerência que exerce para conceber e determinar a elaboração de um contrato, supostamente em favor da empresa (ou grupo de empresas) da qual é administrador, para, na prática, assegurar benefícios exclusivos em seu favor ou em benefício de empresas que constitui para, imediatamente ou logo após a sua saída do cargo, competir com a empresa que administrou, estabelecendo-se no mesmo ramo de atividade, e inclusive vendendo produtos com a mesma marca desta companhia (até com preços inferiores aos produtos com marca [licenciada] (...) em comparação com os vendidos pelas empresas do grupo societário)". Assim, se entendeu por responsabilizar o administrador (e sócio) da *holding* controladora do grupo, ainda que não fosse o administrador da sociedade que firmou o contrato de licença de marca com a outra sociedade administrada e controlada pelo referido administrador (e que não pertencia ao grupo econômico à época por ele administrado), uma vez que, em se tratando de grupo de sociedades, naturalmente que o dever de lealdade seria extensível a todas as empresas que integravam este grupo societário. E o contrato, então, foi tido como nulo por violação ao art. 155 da Lei das S.A., forte no art. 166, II, do Código Civil – ou seja, apesar de o autor da demanda suscitar o art. 156 da LSA, a condenação foi baseada no art. 155 (especialmente no inciso II) da lei acionária.

[251] LANGFORD. *Company Directors' Duties and Conflicts of Interest*, p. 312-313.

autônomas que podem ensejar a majoração das penalidades[252] – isso, evidentemente, na seara administrativa, sem contar, então, na possibilidade de que se apliquem as consequências no plano da validade e da eficácia previstas no art. 156 da Lei das S.A.: não se pode esquecer, por exemplo, que este dispositivo legal determina que o administrador, além de responsável civilmente, transfira à companhia as vantagens que tenha auferido, o que não existe no caso de infração ao art. 154 da LSA.

4.1. Incompatibilidade do critério formal com a Lei das S.A.

Não faz sentido interpretar o art. 156 da Lei das S.A. do ponto de vista formal, como o faz a CVM. Pelos mais diversos argumentos, ainda que apresente limitações, a regra do art. 156 deve ser interpretada de modo material[253].

Em primeiro lugar, o conflito de interesses é uma questão de fato e deve ser constatada *in concreto*[254]. "Não tendo a lei definido, como aliás não se poderia esperar o fizesse, o que seja *interêsse oposto ao da sociedade*, cumpre aos tribunais, em cada caso concreto, dizer se há ou não êsse conflito. Os tribunais gozarão da mais ampla liberdade de apreciação na matéria..."[255]

Não há como arrolar, *ex ante*, todas as hipóteses em que o gestor está em conflito de interesses (porque as situações em que o efetivo confronto de interesses pode ocorrer são incontáveis e, muitas vezes, as mais surpreendentes, não se restringindo em algumas hipóteses de contrato entre sociedade e gestor)[256]. Ademais, o legislador, quando quis vedar determinadas operações, fez isso de maneira expressa, como ocorre nas hipóteses do art. 154, §2º, da LSA ou em leis especiais, como previsto no art. 2º, §3º, da Lei

---

[252] *V.g.*: Processo Administrativo Sancionador CVM n. 20/04, Rel. Dir. Eli Loria, j. 21/08/2008.
[253] Como já tivemos a oportunidade de descrever em: Spinelli. *Conflito de interesses na administração da sociedade anônima*, p. 245 ss.
[254] Campos. Seção V – Deveres e Responsabilidades, p. 1.156; Carvalho De Mendonça. *Tratado de Direito Commercial brasileiro*, v. 4, p. 64; França. Conflito de interesses de administrador na incorporação de controlada, p. 356; Lacerda. *Comentários à lei das Sociedades Anônimas*, v. 3, p. 197; Pontes de Miranda. *Tratado de Direito Privado*, p. 403; Valverde. *Sociedades por ações*, p. 315; Von Adamek. *Responsabilidade civil dos administradores de S/A e as ações correlatas*, p. 164.
[255] Teixeira, Egberto Lacerda. *Das sociedades por quotas de responsabilidade limitada*. São Paulo: Max Limonad, 1956, p. 105. Seguindo essa lição, ver: 2º TACivSP, 2ª Câmara, Apelação 46.244, Rel. Juiz Álvares Crus, j. 06/10/1976. *Revista dos Tribunais*, a. 66, v. 498, p. 138-147, abr. 1977.
[256] Eizirik; Gaal; Parente; Henriques. *Mercado de capitais*, p. 461.

12.353/2010 e no art. 34 da Lei 4.595/1964[257]; não faria sentido, então, ter mais uma regra geral contendo tal proibição. Assim, como refere Luiz Gastão Paes de Barros Leães, "Na impossibilidade de encontrar uma norma geral e rígida, a solução tem de ser buscada considerando cada caso isoladamente, conforme as circunstâncias especiais"[258].

Em segundo lugar, não é demais lembrar que é possível superar eventuais impropriedades da Lei das S.A. por meio de regras estabelecidas pelos agentes econômicos. Dessa forma, acordos de acionistas ou estatutos sociais podem prever determinados mecanismos para evitar potenciais situações de conflito de interesses (como inelegibilidade de determinados sujeitos ao cargo de administrador ou a exigência de administradores independentes, além da proibição de certos contratos e a instituição de avaliação prévia de certas operações por comitês ou terceiros)[259-260].

---

[257] EIZIRIK. Eleição de Membro do Conselho de Administração para Atuar como Conselheiro de Companhia não Concorrente, p. 1102; EIZIRIK; GAAL; PARENTE; HENRIQUES. *Mercado de capitais*, p. 452, 456.

[258] LEÃES. Conflito de interesses, p. 32.

[259] Nada impede, por exemplo, que o estatuto social preveja outras hipóteses em que se presume a existência de conflito de interesses para que sirva de orientação e inviabilize a eleição de administradores (EIZIRIK. *A Lei das S/A comentada*, v. 3, p. 90). Dessa forma, no caso tratado em parecer exarado por Erasmo Valladão, o estatuto social da companhia detinha regra mais restritiva que a prevista no art. 147, §3º, da Lei das S.A. para a eleição de membro do Conselho Fiscal, sequer permitindo que a Assembleia Geral viesse a dispensar o cumprimento de tais exigências (cf. FRANÇA, Erasmo Valladão Azevedo e Novaes. Considerações sobre o art. 147, §3º, da Lei de S.A. – A consulta e os quesitos. In: VENANCIO FILHO, Alberto; LOBO, Carlos Augusto da Silveira; ROSMAN, Luis Alberto Colonna (org.). *Lei das S.A. em seus 40 anos*. Rio de Janeiro: Forense, 2017. p. 177-198). Assim como em outros países, é possível que o estatuto social ou outro regramento interno, por exemplo, proíbam a prática de determinados atos, além da viabilidade de restringir-se ainda mais o procedimento estabelecido em lei (cf. LACERDA. *Comentários à lei das Sociedades Anônimas*, v. 3, p. 196). Igualmente, é possível a previsão, em estatutos ou regimentos internos, de que certas deliberações que envolvam interesse extrassocial do administrador demandem de parecer prévio de órgão de assessoramento (como o de um comitê de auditoria) (cf. EIZIRIK. Eleição de Membro do Conselho de Administração para Atuar como Conselheiro de Companhia não Concorrente, p. 114-115). Ainda, Alfredo de Assis Gonçalves Neto chega a propor a possibilidade de fixar-se uma multa para o caso de descumprimento dos deveres impostos pelos arts. 154 e 156 (GONÇALVES NETO, Alfredo de Assis. *Lições de Direito Societário*: Sociedade Anônima. v. 2. São Paulo: Juarez de Oliveira, 2005, p. 205, 212-213). Também se pode pensar na possibilidade de o estatuto social proibir o direito de voto de conselheiros de administração, por exemplo, em determinadas hipóteses – apesar de que, aqui, pode existir o questionamento de que o voto do conselheiro de administração seria direito irrevogável e irrenunciável: cada conselheiro de administração

Ademais, órgãos reguladores e o próprio mercado podem regrar a atuação em conflito de interesses, como ocorre com exigências de maior transparência na divulgação de informações (como se dá com a CVM)[261] – afinal, *Sunlight is said to be the best of disinfectants*[262] – ou mesmo com meios voluntários (*v.g.*, segmentos de listagem da B3 e IBGC)[263], apesar de, efetivamente, tais mecanismos (bem como os outros mecanismos de controle de atuação em conflito de interesses, a rigor) dependerem "das características do mercado e da natureza do comportamento dos administradores"[264], estando

---

tem um voto, pouco importando a sua origem (LSA, art. 140, IV) (o voto é inerente à posição de administrador), sendo mecanismo para o exercício de suas atribuições e a concretização do interesse social (diferentemente do que se pode dizer em relação ao acionista, situação na qual não é considerado um direito essencial), como há quem sustente na Alemanha. Nesse sentido, ver: MATTHIEβEN. *Stimmrecht und Interessenkollision im Aufsichtsrat*, p. 474-475.

[260] Observe-se que a Lei 13.303/2016, no art. 9º, §1º, I, determina que a empresa pública e a sociedade de economia mista devem elaborar e divulgar Código de Conduta e Integridade que disponha, entre outras matérias, sobre orientações sobre a prevenção de conflito de interesses e vedação de atos de corrupção e fraude.

[261] Nesse sentido, fazemos referência à necessidade de indicar, no formulário de referência, transações com partes relacionadas, além de fazer o informe sobre o Código Brasileiro de Governança Corporativa – Companhias Abertas (o qual traz regras sobre operações em conflito de interesses) (cf. Instrução CVM 480, de 07/12/2009). Sobre o papel da regulação e da governança corporativa, ver: VILELA. *Conflito de interesses nas companhias de capital aberto e o novo padrão de transparência do IFRS*.

[262] BRANDEIS, Louis D. *Other people's money and how the bankers use it*. New York: Harper and Row, 1914, p. 92.

[263] O Regulamento do Novo Mercado, por exemplo, traz regras determinando, além da divulgação de informações (o que também há no Nível 1 e no Nível 2), a existência de uma política de transações com partes relacionadas (B3. *Segmentos de listagem*). O Instituto Brasileiro de Governança Corporativa recomenda, por exemplo, que o Código de Conduta da companhia preveja, entre outras matérias, algum regramento sobre a administração em conflito de interesses, além de dispor que o regimento interno do Conselho de Administração deve ter regras sobre situações em conflito de interesses (cf. INSTITUTO BRASILEIRO DE GOVERNANÇA CORPORATIVA. *Código das melhores práticas de governança corporativa*, p. 93 ss); igualmente, fazemos referência ao Código Brasileiro de Governança Corporativa – Companhias Abertas, que traz normas sobre transações com partes relacionadas e em conflito de interesses (GT INTERAGENTES. *Código Brasileiro de Governança Corporativa – Companhias Abertas*, p. 57 ss). Reconhecendo o papel da autorregulação, apesar de também salientar as suas limitações (seja pelo papel subsidiário à legislação, seja pela própria falibilidade), ver: CÂMARA. *Conflito de interesses no Direito Financeiro e Societário: um retrato anatómico*, p. 71.

[264] GIÃO. *Conflitos de interesses entre administradores e os accionistas na sociedade anónima*, p. 240.

vinculados aos mais diversos fatores (que vão desde a concentração do poder de controle, a eficiência do mercado de controle acionário e a dimensão do mercado de capitais – no caso das companhias abertas – até o ativismo dos investidores – especialmente institucionais – e a eficácia do sistema judicial e administrativo)[265]. Dessa maneira, à margem dos parâmetros estabelecidos pela legislação e do modo como é concretizado pelo Judiciário ou pelas autoridades administrativas, é possível que as partes enrijeçam as pautas de comportamento da forma que melhor se ajustam à sua situação[266]. De qualquer sorte, é remota a chance de regular a atuação da administração em conflito de interesses sem a existência de uma regra geral.

Em terceiro lugar, o art. 156 prevê sanções de duas ordens para o caso de descumprimento: a responsabilidade civil e o *disgorgement of profits* (plano da eficácia) e a anulação da operação (plano da validade)[267].

O gestor que infringiu o §1º do art. 156 fica obrigado a devolver para a companhia todas as vantagens que tiver obtido na operação social (*disgorgement of profits*), além, é claro, da sua responsabilidade pelos danos que, eventualmente, tal ato de gestão tenha causado ao patrimônio da companhia. No que diz respeito à responsabilidade civil, tem-se como pressuposto a existência de efetivo dano causado pela atuação em conflito de interesses[268] somente o ilícito que causa um prejuízo concreto ao patrimônio da sociedade (ou seja, ao patrimônio destinado à atividade comum)[269] dá lugar à

---

[265] GIÃO. Conflitos de interesses entre administradores e os accionistas na sociedade anónima, p. 241-242. De qualquer sorte, deve-se lembrar do ensinamento de Easterbrook e Fischel no sentido de que as violações ao dever de lealdade dificilmente podem ser reguladas exclusivamente pelo mercado: "Duty-of-loyalty problems often involve spectacular, one-shot appropriations, of the 'take the money and run' sort, in which subsequent penalties through markets are inadequate." (EASTERBROOK, Frank H.; FISCHEL, Daniel R.. *The economic structure of corporate law*. Cambridge, Mass.: Harvard University Press, 1996, p. 103).

[266] Cf. JARILLO. *Las normas de conducta de los administradores de las sociedades de capital*, p. 429 ss. "Las reglas estatutarias pueden ir dirigidas a reforzar las obligaciones legales, pero, sin embargo, no pueden modificar los elementos nucleares del deber, habida cuenta de su carácter no disponibile." (FERRER. Deberes de los administradores en la Ley de Sociedades de Capital, p. 94).

[267] COSTA. *Contribuição ao estudo da responsabilidade civil dos administradores de companhias abertas*, p. 104.

[268] GUERREIRO. Abstenção de voto e conflito de interesses, p. 682-683. Ver, também: CAMPOS. Seção V – Deveres e Responsabilidades, p. 1.203; SOLIMENA. *Il conflitto di interessi dell'amministratore di società per azioni nelle operazioni con la società amministrata*, p. 168-169.

[269] SOLIMENA. *Il conflitto di interessi dell'amministratore di società per azioni nelle operazioni con la società amministrata*, p. 145.

reparação[270]; assim, não há motivos para responsabilizar qualquer gestor se a operação realizada não ensejou dano algum à companhia. Contudo, ainda que a sociedade não tenha sofrido qualquer dano, deve o administrador entregar à companhia os ganhos que tenha obtido (e somente as vantagens realmente auferidas, ou seja, devem ser deduzidos os custos relacionados ao cumprimento do contrato firmado com a sociedade, por exemplo, para se evitar um enriquecimento sem causa) com a operação em decorrência da quebra do dever de lealdade, o que pode ser preferível ao próprio remédio da responsabilização civil, sendo que o objetivo de tal medida é retirar do gestor os seus eventuais ganhos ilícitos e não compensar a sociedade de eventuais perdas[271].

Mas além da responsabilização civil e do *disgorgement of profits*, a consequência prevista no art. 156, §2º, é a anulação do negócio[272]-[273] – *i.e.*, de qualquer operação em conflito de interesses. Quanto à anulação da operação, todavia, somente ocorre caso não seja razoável nem equitativa[274]. Assim também se passa no Direito francês – nos termos dos arts. L225-42 e L225-90 do *Code de Commerce* –, e ressalvados casos com disposições em sentido diverso, a *convention* somente é inválida se, realizada em desrespeito ao procedimento previsto em lei, causar dano à sociedade. Dessa forma, a própria Lei das S.A. não proclama a invalidade do ato pelo simples fato de o administrador ter deixado de ressalvar o seu interesse ou de ter

---

[270] VERÓN. *Tratado de las sociedades comerciales y otros entes asociativos*, t. II, p. 824-825; ROITMAN. *Ley de sociedades comerciales comentada y anotada*, t. IV, p. 551; SOLIMENA. *Il conflitto di interessi dell'amministratore di società per azioni nelle operazioni con la società amministrata*, p. 168-169; LAZOPOULOS. *Interessenkonflikte und Verantwortlichkeit des fiduziarischen Verwaltungsrates*, p. 159 ss.

[271] Nesse sentido, ressalvando-se as particularidades do Direito britânico, ver: KEAY. *Directors' Duties*, p. 480-484.

[272] Todavia, a anulação é uma mera opção: "A companhia pode optar por manter o contrato e não pleitear a sua anulação e, mesmo assim, se configurada a obtenção de vantagem pelo administrador, pode pretender reaver essa vantagem indevida do administrador diretamente, sem necessariamente anular o negócio." (CAMPOS. Seção V – Deveres e Responsabilidades, p. 1.167-1.168).

[273] Sobre o tema, ver: PINEDO. *Contratos entre una sociedad anónima y sus directores. Alcance de la nulidad que los afecta*, p. 3.803 ss.

[274] Cf. TEIXEIRA; GUERREIRO. *Das sociedades anônimas no Direito brasileiro*, v. 2, p. 475; CAMPOS. Seção V – Deveres e Responsabilidades, p. 1.159; SANTOS. *Sociedade anônima: uma análise sobre a natureza do conflito de interesses dos membros do conselho de administração*, p. 97.

participado da deliberação[275] (apesar de existir quem conteste isso)[276]: o art. 156, §2º, prevê a anulação do ato de gestão somente se ficar provado o prejuízo concreto da companhia (ou seja, que a operação não foi feita em condições razoáveis e equitativas); portanto, não é a infração do procedimento previsto no dispositivo que acarreta a invalidade do ato, mas sim o não-atendimento do disposto em seu §1º, sendo lógica a conclusão de que o que ocasiona a sanção legal é o conflito substancial de interesses, não podendo ocorrer a anulação da decisão se inexistir qualquer prejuízo ou potencial prejuízo (ou, pelo contrário, se forem úteis e vantajosos) para a sociedade (já que a anulação seria totalmente injustificada)[277].

Ademais, não podemos esquecer, à semelhança do que ocorre com a Assembleia Geral[278], que mesmo que o administrador interessado participe da decisão, a deliberação somente será anulada se a sua participação

---

[275] VON ADAMEK. *Responsabilidade civil dos administradores de S/A e as ações correlatas*, p. 165-166; CAMPOS. Seção V – Deveres e Responsabilidades, p. 1.160; ROCHA, João Luiz Coelho da. *Administradores, conselheiros e prepostos das sociedades*. Rio de Janeiro: Lumen Juris, 2005, p. 66-67 – o que não impede que o administrador seja, por exemplo, destituído.

[276] Sampaio de Lacerda afirma que é anulável tanto o negócio que não respeite o §1º quanto aquele realizado sem atender às formalidades do *caput* do art. 156. Ver: LACERDA. *Comentários à lei das Sociedades Anônimas*, v. 3, p. 198. Ainda, há decisões judiciais afirmando que, quando o diretor, presentando a sociedade, firma contrato no qual seja a contraparte, existiria *contrato consigo mesmo* e, assim, o negócio deveria ser anulado: "Contrato. Consigo mesmo. Sociedade anônima. Cessão de quotas que tinha noutra sociedade. Diretor que comparece ao contrato como presentante da companhia cedente e, ao mesmo tempo, na condição pessoal de cessionário. Simulação de pagamento. Conflito nocivo de interesses entre o administrador e a companhia. Negócio jurídico anulado. Solução sistemático-normativa extraída do princípio que inspira o artigo 1.133, I e II do Código Civil, aplicação ainda, do 156, *caput*, da Lei n. 6.404/76. Improvimento ao recurso. Por manifesta colisão de interesses, anula-se o contrato consigo mesmo (*Selbstcontrakt*), pelo qual, figurando na dupla condição de presentante a cedente e cessionário, o administrador adquire para si, com simulação de pagamento, quotas que a companhia tinha noutra sociedade" (TJSP, 2ª Câmara de Direito Privado, Apelação Cível n. 235.286-1, Rel. Des. Cezar Peluso, j. 29/04/1997).

[277] FRANÇA. Conflito de interesses de administrador na incorporação de controlada, p. 356; VON ADAMEK. *Responsabilidade civil dos administradores de S/A e as ações correlatas*, p. 166-167; LEÃES. Conflito de interesses, p. 32; CUNHA. *Estrutura de interesses nas Sociedades Anônimas*, p. 292; EIZIRIK; GAAL; PARENTE; HENRIQUES. *Mercado de capitais*, p. 457; CHEDIAK. O conflito de interesses do administrador de sociedade anônima, p. 411-412; CAMPOS. Seção V – Deveres e Responsabilidades, p. 1.166.1.167; LAZZARESCHI NETO. *Lei das Sociedades por Ações Anotada*, v. I, p. 688-689.

[278] No caso de deliberação assemblear em conflito de interesses (art. 115, §§1º e 4º), entende-se que o voto do acionista que assim age é nulo, sendo que, caso seja essencial a sua participação

tiver sido essencial ao resultado danoso à companhia (realiza-se, então, o chamado *teste de resistência*, como ocorre em outros países: o voto é nulo, mas a deliberação é anulável caso a sua participação tenha sido imprescindível para o resultado danoso)[279]: ora, o objetivo da lei é o de fazer com que os administradores desinteressados decidam a matéria, indo tal entendimento ao encontro do Direito estadunidense – e tanto é assim que caso a operação em que o gestor possua interesse conflitante não entre em sua competência, mas sim na de outro, desnecessário é qualquer procedimento especial (ainda que subsista o dever de informar e a obrigatoriedade de a operação ser razoável e equitativa), ficando sob a responsabilidade do administrador competente a realização do ato de gestão em que o seu colega tenha interesse contraposto ao da sociedade. Finalmente, ainda que anulável, devem ser respeitados os direitos de terceiros de boa-fé, como ocorre em outros países.

Por se tratar de anulação, além da convalidação, tem-se que a companhia pode, por meio de deliberação do órgão competente e por membros independentes, posteriormente (ratificação) ou de modo antecipado (dispensa) autorizar a operação em que o administrador tenha um interesse extrassocial, desde que, evidentemente, não reste prejudicado o interesse social e que a autorização seja pontual (*i.e.*, não possua caráter geral)[280] – admitindo-se, também, a existência de regulamentos internos que estabeleçam procedimentos abreviados de autorização, desde que seja detalhado, relacionado a operações correntes e respeitado o dever de *disclosure*[281]. Isso sem contar a impossibilidade de que se negue a realidade: não se pode desconsiderar operações realizadas em contexto em que o admi-

---

para a deliberação, é esta, pois, anulável (FRANÇA. *Conflito de interesses nas Assembléias de S.A.*, p. 99-100; FRANÇA. *Invalidade das deliberações de Assembléia das S.A.*, p. 117).

[279] Como já sustentamos em SPINELLI. *Conflito de interesses na administração da sociedade anônima*, p. 221-222.

[280] Cf. LÓPEZ. Los deberes de lealtad de los administradores del art. 137 TER LSA, p. 169-171; FERRER. *El deber de lealtad del administrador de sociedades*, p. 564 ss. Importante, ainda, salientar que em caso de ratificação pela assembleia geral, mesmo na Espanha, quem considera que o desrespeito ao procedimento é suficiente causa para quebra do dever de lealdade e eventuais consequências (destituição por justa causa, *v.g.*) ainda que inexistente dano, salienta que não haveria qualquer sanção tendo em vista a renúncia a tais remédios (DÍEZ. *El deber de los administradores de evitar situaciones de conflicto de interés*, p. 78-80). Observe-se que, na Argentina, o art. 271 da *Ley de Sociedades de Capital* prevê expressamente a ratificação pela assembleia geral.

[281] FERRER. *El deber de lealtad del administrador de sociedades*, p. 596-599.

nistrador tenha interesse extrassocial e que isso seja de conhecimento dos demais (administradores e/ou acionistas), sendo assim controladas e aceitas. Há, ainda, a possibilidade de manter a operação, revisando-se os seus termos[282].

A anulação da operação é, então, uma opção. A postura adotada pela CVM, entretanto, retira dos órgãos sociais competentes o juízo de conveniência e oportunidade de certas decisões: não faz sentido, por exemplo, negar à Assembleia Geral, que "tem poderes para decidir todos os negócios relativos ao objeto da companhia e tomar as resoluções que julgar convenientes à sua defesa e desenvolvimento" (Lei das S.A., art. 121), a possibilidade de ratificar determinada decisão caso considere proveitosa para a companhia (o que é aceito em outros países e está expressamente previsto no *Code de Commerce* francês nos arts. L225-42 e L225-90)[283].

Pelo exposto, "só há relevância no conflito de interesses à medida que ele possa causar dano à companhia e lhe afetar a capacidade de atingir a seu objetivo mediante a exploração do objeto social"[284]. *In questo senso, la nozione di conflito di interessi incorpora in sé l'elemento del danno*[285]. "O dano, a rigor, é o foco da proteção legal nas operações, em que se argui o conflito de interesses. Logo, se o dano, ainda que potencial, não se verifica, não há razão para se dizer que a atuação foi resultado de um conflito de interesses."[286]

---

[282] SOLIMENA. *Il conflitto di interessi dell'amministratore di società per azioni nelle operazioni con la società amministrata*, p. 182.

[283] Ver: MALAMUD. Los contratos de los directores con las sociedades anónimas que administran, p. 3.742.

[284] CAMPOS. Seção V – Deveres e Responsabilidades, p. 1.157.

[285] SOLIMENA. *Il conflitto di interessi dell'amministratore di società per azioni nelle operazioni con la società amministrata*, p. 141.

[286] CAMPOS. Seção V – Deveres e Responsabilidades, p. 1.158. Nesse sentido, assim se pode extrair do seguinte trecho do voto do Min. Barros Monteiro: "Reputando-se, por conseguinte, legítima a operação de transferência parcial do poder de controle pelo co-réu Aloysio de Andrade Faria ao "ABN Amro Bank", não há ter-se como malferidos os artigos de lei federal invocados pelo recorrente: 115, § 1º, 116, parágrafo único, 117, § 1º, "b", incisos 155, I e II, 156, da Lei n. 6.404/76 e 159 do Código Civil de 1916." "De outra vertente, sem dano inexiste a obrigação de indenizar. Restou evidente que tanto as **holdings** fechadas como os seus acionistas minoritários não suportaram efetivo prejuízo. Escorreito nesse ponto o julgado recorrido que ainda teve ocasião de acentuar o fato de o "Banco Central do Brasil" e a "CVM" terem tomado conhecimento da transação efetuada com o Banco holandês, havendo ambas as instituições apresentado o seu beneplácito a respeito." (STJ, 4ª Turma, REsp 556.265/RJ, Rel. Min. Barros Monteiro, j. 04/10/2005).

Nesse sentido, em quarto lugar, como consequência lógica do até aqui refletido, o art. 156 não proíbe a realização de negócios com a companhia em que o administrador tenha interesse – não se aplicando, por exemplo, a proibição prevista no art. 497, I, do Código Civil[287]. O que a Lei das S.A. veda é que qualquer operação em que o administrador tenha interesse seja realizada em condições que não sejam razoáveis nem equitativas, "idênticas às que prevaleçam no mercado ou em que a companhia contrataria com terceiros"[288]. "Se a operação está sendo realizada em condições de mercado, é indiferente para a companha concluí-la com o administrador ou com terceiro. Não sendo possível a comparação, é recomendável a contratação de uma *fairness opinion*, ou seja, a elaboração de um estudo técnico e independente, por consultor especializado, que ateste que o negócio está sendo feito em condições de mercado"[289], como se sugere em outros países (Suíça, *v.g.*).

Deve-se, então, mesmo porque não protegida pela *business judgment rule*[290] (não sendo possível, também, a exoneração da responsabilidade do

---

[287] Registre-se que, no regime anterior à Lei das S.A., já se chegou a decretar a nulidade de contrato de compra e venda firmado entre a companhia e um administrador (cuja esposa também era diretora) com base no então art. 1.133, I, do Código Civil de 1916 (TJRJ, 3ª Câmara Cível, APC 4.142/88, Rel. Des. Elmo Arueira, j. 14/11/1989. *Revista de Direito do Tribunal de Justiça do Estado do Rio de Janeiro*, n. 7, p. 183-185, abr./jun. 1991).
[288] TEIXEIRA; GUERREIRO. *Das sociedades anônimas no Direito brasileiro*, v. 2, p. 475. Ver, também: CAMPOS. Seção V – Deveres e Responsabilidades, p. 1.159; ROCHA. *Administradores, conselheiros e prepostos das sociedades*, p. 66.
[289] EIZIRIK. *A Lei das S/A comentada*, v. 3, p. 154.
[290] Ora, a *business judgment rule* não incide na hipótese de quebra do dever de lealdade (cf., *v.g.*: Processo Administrativo Sancionador CVM n. RJ 2005/1443, Rel. Dir. Pedro Oliva Marcilio de Sousa, j. 10/05//2006;
COSTA. *Contribuição ao estudo da responsabilidade civil dos administradores de companhias abertas*, p. 195-196; SILVA. *Responsabilidade dos administradores de S/A*, p. 141 ss; RIBEIRO, Renato Ventura. *Dever de diligência dos administradores de sociedades*. São Paulo: Quartier Latin, 2006, p. 207 ss; PARENTE. *O dever de diligência dos administradores de Sociedades Anônimas*, p. 37 ss; SPINELLI. *Conflito de interesses na administração da sociedade anônima*, p. 115-116) – ainda que, apesar de muitos afirmarem que o Direito brasileiro acolheu a *business judgment rule* no art. 159, §6º da Lei das S.A. (SILVA. *Responsabilidade dos administradores de S/A*, p. 141-142; COSTA. *Contribuição ao estudo da responsabilidade civil dos administradores de companhias abertas*, p. 191-196; CARMO. *Relações jurídicas na Administração das Sociedades Anônimas*, p. 148, 184; CUNHA. *Estrutura de interesses nas Sociedades Anônimas*, p. 225-226; EIZIRIK; GAAL; PARENTE; HENRIQUES. *Mercado de capitais*, p. 429-430) ou com base no art. 158 da LSA (RIBEIRO. *Dever de diligência dos administradores de sociedades*, p. 232-233), se questione a aplicação da *regra da decisão negocial* em

administrador pela prática de atos desleais ou de má-fé nem a sua proteção por meio, por exemplo, de *D&O insurance* ou contratos de indenidade)[291], analisar a atuação do administrador e o mérito da operação (que é o que determina o §1º do art. 156 da Lei das S.A.)[292], o que não significa que a operação não possa ser mantida caso seja razoável e equitativa[293]. Ainda, conforme o §1º do art. 156, a operação deve ser razoável e equitativa mesmo que tenha sido observado o procedimento previsto no *caput* do art. 156, ou seja: mesmo que somente um dos administradores tenha interesse envolvido na operação, os demais gestores que vierem a tomar a decisão não podem ser protegidos pela regra da decisão negocial caso tenham conhecimento de tal interesse extrassocial ou se devessem ter conhecimento dessa situação, uma vez que o ordenamento jurídico não pode presumir que os demais gestores não sofreram influência do administrador interessado[294].

Respeitados tais critérios, o suposto conflito de interesses resta *neutralizado*[295].

---

nosso País tendo em vista as regras já existentes no ordenamento jurídico pátrio (cf. MACHADO FILHO, Caio; BRIGAGÃO, Pedro Henrique Castello. A (des)necessidade de aplicação da *business judgment rule* no Direito brasileiro. In: BARBOSA, Henrique; BOTREL, Sérgio (coord.). *Novos temas de Direito e Corporate Finance*. São Paulo: Quartier Latin, 2019. p. 603-620).

[291] TJSP, 6ª Câmara de Direito Privado, APC 543.194-4/9-00, Rel. Des. Vito Guglielmi, j. 11/12/2008; STJ, 3ª Turma, REsp 1601555/SP, Rel. Min. Ricardo Villas Bôas Cueva, j. 14/02/2017; Parecer de Orientação CVM n. 38, de 25/09/2018.

[292] EIZIRIK. Eleição de Membro do Conselho de Administração para Atuar como Conselheiro de Companhia não Concorrente, p. 102. Nesse sentido, observe-se que o Tribunal de Justiça de Minas Gerais reconheceu a invalidade de operação de compra e venda de imóvel entre a sociedade e seu administrador uma vez que realizada abaixo do valor de mercado, mesmo que os acionistas tenham deliberado favoravelmente (TJMG, 13ª Câmara Cível, AC 2.0000.00.459080-7/000, Rel. Des. Eulina do Carmo Almeida, j. 16/03/2006). Também afirmando que o §1º do art. 156 estabelece a necessidade de se analisar o mérito da operação, à semelhança dos critérios existentes nos Estados Unidos (*intrinsic fairness* ou *entire fairness*), ver: Processo Administrativo Sancionador CVM n. RJ 2005/1443, Rel. Dir. Pedro Oliva Marcilio de Sousa, j. 10/05/2006 (sobre o caso, ver: QUATTRINI. *Os deveres dos administradores de sociedades anônimas abertas*, p. 177-196).

[293] Cf. LUTTER, Marcus. Interessenkonflikte und Business Judgment Rule. In: HELDRICH, Andreas; PRÖLSS, Jürgen; KOLLER, Ingo (Hrsg.). *Festschrift für Claus-Wilhelm Canaris zum 70. Geburtstag*, Band II. München: C. H. Beck, 2007. p. 245-256, p. 247.

[294] Analisando a situação da atuação dos administradores e a incidência da *business judgment rule* diante da existência de conflito de interesses de um deles, ver: LUTTER. Interessenkonflikte und Business Judgment Rule, p. 248 ss.

[295] LAZOPOULOS. *Interessenkonflikte und Verantwortlichkeit des fiduziarischen Verwaltungsrates*, p. 119.

Diante disso, não importa apenas o respeito ao procedimento, mas também se a operação é *fair*:

"Desse preceito [art. 156, §1º] decorre que o administrador da companhia, mesmo estando na outra ponta da operação e declaradamente representando exclusivamente o seu interesse individual, e não o da companhia, que será representada por outros administradores, não se desvincula totalmente da sua condição de administrador e, por isso, lhe é imposto esse ônus adicional, que não é imposto a qualquer terceiro, qual seja, o de contratar em condição razoável e equitativa.

[...]

O administrador que não interveio na operação social e na respectiva deliberação deve, contudo, se abster de contratar com a companhia se perceber que as condições da contratação são prejudiciais à sociedade, à medida que não sejam equitativas ou razoáveis, ou que sejam diferentes daquelas em que a companhia contrataria com terceiros ou fora de condições de mercado.

A obrigação que lhe é imposta vai além e exige do administrador em conflito de interesses – mesmo que não tenha participado da deliberação – que, verificando que a operação não atende ao comando do artigo 156, §1º, não realize a operação, sob pena de a mesma poder ser anulada e ser-lhe exigida a eventual vantagem que tenha auferido."[296]

Consequentemente, em quinto lugar, o dever de informar previsto no art. 156, bem como o dever de que a matéria seja aprovada por membros desinteressados, não deve ser visto de modo independente, mas sim inserido no procedimento previsto no referido dispositivo da Lei das S.A. que determina, ao fim e ao cabo, que a operação a ser realizada seja *fair*.

Em sexto lugar, o fato de se interpretar o art. 156 como sendo conflito material de interesses, além de não inibir a possibilidade de responsabilização e do *disgorgement of profits* do administrador que agiu em conflito de interesses (Lei das S.A., arts. 156, §2º, e 158, *caput*), não retira a possibilidade de que os demais administradores (e/ou membros do conselho fiscal e/ou órgãos com funções técnicas ou consultivas) sejam responsabilizados, por exemplo, por quebra do dever de diligência (LSA, art. 153 c/c art. 158, *caput*): ora, se uma operação é prejudicial à companhia, ela pode ser prejudicial tendo ou não os demais administradores informação sobre o conflito

---

[296] CAMPOS. Seção V – Deveres e Responsabilidades, p. 1.165-1.166.

de interesse de um de seus pares e, por isso, podem ser responsabilizados. E, a rigor, as operações em que há conflito de interesses devem ser analisadas com maior cuidado, devendo tais negócios serem feitos sempre com a prioridade do interesse da companhia[297].

Além disso, a aprovação ou a realização de determinada operação em que algum administrador esteja em conflito de interesses, mesmo que cientes os demais do interesse extrassocial de um dos membros (mas, eventualmente, ainda que não tenham sido informados pelo gestor interessado, nos termos do art. 156, *caput*), pode ensejar a responsabilização não só daquele que possui interesse conflitante (caso demonstrado o conluio com os demais)[298], mas também dos administradores que aprovaram ou nada fizeram para impedir a operação contrária ao interesse social (Lei das S.A., art. 158, §1º, c/c art. 156, §1º, e 153) uma vez que não é rara a atuação dos gestores em defesa do *esprit de corps*[299] – mesmo porque estão no mesmo barco e uma operação que beneficia um gestor no presente pode beneficiar os outros no futuro, sendo que, nesses casos, o ideal seria que eventual autorização seja, inclusive, realizada por acionistas[300]. Isso tudo, logicamente, sem esquecer da possibilidade de anulação da própria operação (LSA, art. 156, §2º - e, aqui, lembramos que o *Code de Commerce* francês, nos arts. L225-41 e L225-89 prevê a possibilidade de invalidação da *convention* realizada em fraude, ainda que tenha sido formalmente respeitado o procedimento previsto em lei).

Todavia, a interpretação formal e especialmente a orientação da CVM parece exonerar a responsabilidade daqueles administradores que realizaram algum ato em benefício do administrador interessado desde que este tenha declarado tal interesse extrassocial e não participado da operação. Assim, a forma como a CVM aplica o art. 156 chega, no limite, a ser ingênua, uma vez que ao julgar sob o ponto de vista formal, desconsiderando o resultado da operação, não leva em consideração que os demais

---

[297] BÖCKLI. *Schweizer Aktienrecht*, p. 1797.
[298] CHEDIAK. O conflito de interesses do administrador de sociedade anônima, p. 415-416.
[299] Os administradores devem agir de boa-fé, não podendo decidir com o objetivo de realizar uma simples acomodação dos interesses do companheiro de profissão (FANTO. *Directors' and officers' liability*, p. 4-9; em outras palavras, é condição inerente à própria figura do *disinterested director* o *act in good Faith*, cf. EISENBERG. Self-interested transactions in corporate law, p. 1009).
[300] STEINIGER. *Interessenkonflikte des Verwaltungsrates*, p. 107-108, 126-127.

administradores podem ter sido influenciados e ter realizado a operação em benefício do administrador impedido (e a prática societária demonstra que, salvo quando a conduta do administrador conflitado prejudique os outros administradores ou o sócio que os designou, os administradores silenciam sobre o assunto, sendo condescendentes ou mesmo realizando--se o chamado *mutual back-scratching, i.e.*, "uma mão lava a outra")[301]. É possível que os administradores supostamente desinteressados não tenham os incentivos suficientes para realizar o escrutínio devido da operação proposta. Ou seja: ainda que se aplique a regra do art. 156 sob o ponto de vista formal, desconsidera-se que, mesmo assim, o conflito de interesses pode remanescer bem como o resultado da operação. Tal exoneração de responsabilidade vai justamente contra o que dispõe o próprio art. 156, §1º, da Lei das S.A. – bem como do próprio art. 158, §1º, da Lei 6.404/76! A CVM, tendo em vista a concepção atualmente adotada, não sanciona administradores supostamente desinteressados mas que tenham decidido a realização de uma operação em benefício daquele que teria um interesse pessoal e que tenha, então, realizado a declaração e não participado da deliberação. O fato de um administrador ter cumprido com seu dever de *disclosure* e abstenção não faz com que a operação em que ele tenha interesse não possa causar dano à sociedade com base na decisão autorizativa tomada pelo órgão competente – ainda que o fundamento também possa ser a quebra do dever de diligência e não a atuação em conflito de interesses dos demais administradores, por exemplo[302], uma vez que os administradores, ao decidirem, devem atender todos os seus deveres, apesar de a prova poder ser difícil de se realizar[303].

Ora, o art. 156 da Lei das S.A. determina que o administrador não pode realizar qualquer participação na tomada de decisão, direta ou indiretamente, caso tenha um interesse extrassocial conflitante com o da sociedade[304]. Isso, evidentemente, abrange a influência que venha a ter sobre os demais administradores!

---

[301] Díez. *El deber de los administradores de evitar situaciones de conflicto de interés*, p. 69, 71. Também salientando tal risco, entre outros, ver: Hopt. Self-dealing and use of corporate opportunity and information: regulating directors' conflicts of interest, p. 319.
[302] Ferrer. *El deber de lealtad del administrador de sociedades*, p. 665-666.
[303] Davies; Worthington. *Gower Principles of Modern Company Law*, p. 556-558.
[304] Eizirik. Eleição de Membro do Conselho de Administração para Atuar como Conselheiro de Companhia não Concorrente, p. 100.

Em sétimo lugar, não podemos esquecer que a atuação com interesse extrassocial e o fenômeno do *self-dealing* não são necessariamente patológicos, pois, além de a atuação do gestor poder não restar concreta e efetivamente influenciada, o administrador pode oferecer oportunidades à companhia que ela não conseguiria obter no mercado (tendo em vista a assimetria de informações ou mesmo por conta de aspectos pessoais que vinculam o administrador-acionista à sociedade), gerando, assim, riqueza[305]. Negócios entre o administrador (ou, melhor dizendo, administrador com interesse extrassocial) e a companhia podem ser do próprio interesse da companhia – isso quando não forem indispensáveis[306] (o que, apesar de inexistir qualquer ilicitude, pode ensejar inclusive a incidência do art. 159, §6º, da Lei das S.A.!), lembrando-se ser comum, por outro lado, que os administradores prestem garantias (aval, *v.g.*) em benefício da sociedade[307]. Pode ser uma oportunidade de que ambas as partes tenham vantagens econômicas, podendo, sim, existir uma convergência de interesses[308] e não se podendo condenar os benefícios auferidos pelo

---

[305] Por tudo e por todos, ver: GUIZZI. *Gestione dell'impresa e interferenze di interessi*, p. 8, nota de rodapé. Ver, também: GIÃO. Conflitos de interesses entre administradores e os accionistas na sociedade anónima, p. 238 ss; GOMES. *Da Administração à Fiscalização das Sociedades*, p. 350; HERTIG; KANDA. Related party transactions., p. 101-102; FANTO. *Directors' and officers' liability*, p. 4-5; EISENBERG. Self-interested transactions in corporate law, p. 997 ss; HANNIGAN. *Company Law*, p. 298. Isso sem contar que o administrador pode ter, por exemplo, alguma patente que, além de ser importante para a companhia, não poderia transferir a um concorrente tendo em vista seus próprios deveres fiduciários (cf. HOPT. Self-dealing and use of corporate opportunity and information: regulating directors' conflicts of interest, p. 292).

[306] FLEISCHER. Zur organschaftlichen Treupflicht der Geschäftsleiter im Aktien- und GmbH-Recht, p. 1052; GIÃO. Conflitos de interesses entre administradores e os accionistas na sociedade anónima, p. 238-239; SOLIMENA. *Il conflitto di interessi dell'amministratore di società per azioni nelle operazioni con la società amministrata*, p. 64; ENRIQUES. Related Party Transactions, p. 15-16.

[307] Ver, por exemplo: FRANÇOIS; FRONDEVILLE; MARLANGE. *Dirigeant de société*, p. 240.

[308] Cf. Diretor Luiz Antonio de Sampaio Campos, em voto proferido no Inquérito Administrativo CVM TA/RJ2002/1153; BARRETO. *O conflito de interesses entre a companhia e seus administradores*, p. 199-200; CAMPOS. Seção V – Deveres e Responsabilidades, p. 1.156; PARENTE. *O dever de diligência dos administradores de Sociedades Anônimas*, p. 184. Nesse sentido, veja-se o seguinte precedente do TJSP: 6ª Câmara do Terceiro Grupo (Extinto 2º TAC), Embargos Infringentes nº 9140589-94.1997.8.26.0000, Rel. Des. Isabela Gama de Magalhães, j. 13/06/2000 ("Mandato – ação anulatória – contratos anulandos com finalidade de administração do passivo tributário e financeiro do grupo empresarial constituído pelas autoras – atividade abrangida pelo objeto social das empresas – ausência de irregularidade na celebração dos pactos sem

administrador – e mesmo nas situações de choque potencial, é possível a prevalência do interesse da companhia[309]. Ou seja: podem existir *motivos válidos* para tal espécie de transação[310]. Mais: pode-se dizer ser imperativa a

a aprovação da maioria do Conselho de Administração. Conflito de interesses entre o réu e as autoras inexistente nos contratos, que convergiam para fim idêntico – infração ao artigo 156, da lei 6404/76, não configurada. Ausência de vicio na vontade das autoras ao celebrarem os contratos, pois o réu, a despeito de integrar o Conselho de Administração e gerir a carga tributária das empresas, não tinha condições de coagi-las. Verba honorária não abusiva – percentual de 20% condizente com as bases do mercado, máxime ante o reconhecimento pelas autoras da capacidade do réu para patrocinar seus interesses em Juízo. Aplicabilidade das normas do Código de Defesa do Consumidor ao caso em exame – matéria não submetida ao contraditório e sequer mencionada na r. sentença "a quo" ou nas razões do apelo das autoras, levantada, apenas, por ocasião da sustentação oral feita em segunda instância pelo seu procurador." "De outro lado, também não se verificou a infração ao artigo 156, da Lei 6406/76." "O mesmo ilustre autor lembra, ainda, que na forma da lei anterior, o artigo 156 invocado pelas autoras "veda ao administrador intervir em qualquer operação social na qual tenha interesse conflitante ao da companhia, bem como na deliberação que a respeito tomarem os demais administradores...", embora a lei não impeça "...que o administrador contrate com a companhia a que serve. Pode ele, em sua atividade particular, estranha à companhia, ter oportunidade de negociar com ela, não o fazendo como administrador, mas como terceiro estranho. A lei admite, todavia, que assim proceda, pois esse contrato pode ser de relevância para a sociedade, mas desde que em condições razoáveis ou eqüitativas, idênticas às que prevalecem no mercado ou às em que a companhia contratava com terceiros." (Local e obra citados)." "Ora, no caso em exame, as partes não divergem sobre o fato de que o Dr. João José Campanille Ferraz, na qualidade de advogado especializado em Direito Fiscal e Tributário, prestou serviços profissionais às empresas autoras, para algumas por mais de 20 (vinte) anos e para outras desde a sua constituição, período em que chegou a ocupar cargo na diretoria administrativa de algumas dessas referidas empresas." "Há de se considerar, no entanto, que as testemunhas ouvidas em Juízo foram unânimes ao esclarecer que o embargante nunca exerceu funções estritamente administrativas nas empresas, limitando-se a assessorar as autoras, na área de sua especialização, sendo certo, ainda, que há muitos anos instalara seu escritório de advocacia em local distante das empresas, ali comparecendo apenas ocasionalmente, quando necessários seus préstimos." "De outro lado, e mesmo considerando que o réu efetivamente pertencia ao Conselho Administrativo do grupo empresarial formado pelas autoras, não vislumbro tipificado na espécie, o veto do artigo 156, da Lei 6404/76, à formalização dos contratos anulandos, ou seja, o conflito de interesses entre as embargadas e o embargante, interesses que, na verdade, convergiam para fim idêntico- a permanência do réu na prestação de serviços profissionais como já vinha fazendo há cerca de 20 (vinte) anos."

[309] PARENTE. *O dever de diligência dos administradores de Sociedades Anônimas*, p. 184.

[310] GOMES. Reflexões em torno dos deveres fundamentais dos membros dos órgãos de gestão (e fiscalização) das sociedades comerciais à luz da nova redacção do artigo 64º do CSC, p.568-569. Nesse sentido, faz-se referência ao caso Marciano v. Nakash (535 A.2d 400 (Del. 1987)), julgado pela *Supreme Court of Delaware* em 23 de dezembro de 1987, e assim sumarizado por

realização de operações entre a companhia e o administrador na economia moderna[311].

Ora, o dever de lealdade determina que o administrador não pode agir com interesse contrário ao da sociedade (buscando benefícios para si pró-

Luis Lapique: "En el caso de EEUU Marciano vs. Nakash, que eran los accionistas de Guess, se genera una situación de contratación de los directores con la sociedad. La sociedad tenía como accionistas a Marciano y Nakash, cada uno con el 50% de las acciones. El directorio estaba integrado por seis directores, habiendo designado cada accionista tres directores. La sociedad necesitaba fondos y los accionistas se niegan a aprobar un aumento de capital produciéndose el bloqueo de la sociedad. Nakash solicita um préstamo bancario y otorga una garantía personal por el mismo, solicitando a Marciano que garantice el 50% del préstamo y éste se niega. Nakash resuelve a través de sus directores prestarle fondos a la sociedad, para que cancele el préstamo con el banco y se cancela el préstamo. Nakash queda como acreedor de la sociedad y cede el crédito a U.F. Factors, que era una sociedad de su propriedad. La sociedad tiene serios problemas financieros y se designa un liquidador de la misma, para vender los activos, pagar los pasivos y distribuir el remanente a los accionistas. Marciano cuestiona el préstamo porque entiende que existió un conflicto de interés de los directores que lo aprobaron. La sentencia acepta el préstamo realizado por Nakash basándose en que: el préstamo se hizo en las mismas condiciones que lu hubiera hecho un banco, había una necesidad clara de financiamiento externo y los directores a pesar de tener un conflicto, hicieron el préstamo para beneficiar exclusivamente a la sociedad." (LAPIQUE. *Manual de Sociedades Anónimas*, p. 315). Da mesma forma, interessantes são as considerações feitas por Luigi Solimena: "Parallelamente all'adeguatezza delle condizioni, ai fini dell'esclusione di un conflitto di interessi, può venire in considerazione l'esistenza di uno specific interesse della società a concludere un'operazione a cui sia interessato un amministratore." "In un caso, già richiamato, la società venditrice di una partita di tonno si trovava in difficoltà economiche in quanto era priva di liquidità, non riusciva ad ottenere credito dalle banche e doveva pagare operai, tasse di fine anno, fornitori etc. (per queta situazione c'erano sstati anche degli interventi della polizia somala, paese in cui la società operava). L'amministratore riesce a concludere la compravendita con altra società di cui era direttore. Nel valutare le condizioni dell'operazione, la Corte consider ache, anche in relazione al pagamento anticipato della merce compravenduta, la società ha potuto superare le difficoltà finanziarie in cui si trovava e quindi riprendere normalmente l'attività. Anche in vase a queste considerazioni (oltre al fatto che l'operazione era avvenuta per un corrispettivo adeguato), la Corte conclude che l'operazione non poteva considerarsi posta in essere in cinflitto di interessi." "Un eventuale specifico interesse della società a concludere l'operazione può sussistere, per esempio, nei casi di acquisto di una partecipazione societaria quando l'acquisto si collochi nell'ambito di un programma di sviluppo di determinati settori di attività della società, accentui determinate sinergie presenti o potenziali, favorisca l'approvvigionamento di certi prodotti o l'acquisizione di determinate tecnologie. In questi casi, questi elementi entrano anche in gioco nella valutazione del corrispettivo." (SOLIMENA. *Il conflitto di interessi dell'amministratore di società per azioni nelle operazioni con la società amministrata*, p. 133-134).

[311] STAFFORD; RICHIE. *Fiduciary Duties*, p. 42.

prio ou para terceiros), devendo abster-se de realizar tudo o que contrariar tal interesse e priorizando o interesse da sociedade[312]. Mas para que haja conflito de interesses, existe a necessidade de verdadeira incompatibilidade de interesses relevantes – mesmo porque a lei serve fundamentalmente para resolver *conflitos* entre diferentes interesses[313] –, o que não ocorre quando há relação de indiferença ou convergência entre os diferentes interesses envolvidos[314]. Assim, não basta a simples existência de dois interesses (da sociedade e do administrador) na mesma operação, visto que estes podem ser convergentes; imprescindível é que ocorra o confronto entre eles, o que só pode ser constatado no caso concreto, não sendo nada mais lógico que a análise da essência da situação, já que existe a possibilidade de que o gestor atue em benefício da companhia (mesmo porque este é o seu dever como fiduciário), embora possa existir um potencial confronto entre interesses diante das posições por aquele ocupadas. De fato, devemos ter em mente que o ilícito é praticado quando atua o administrador contra o interesse do ente coletivo, e não por simplesmente possuir interesses extrassociais[315].

A redação do art. 156, *caput*, da Lei das S.A. exige evidente *conflito* de interesses. O art. 156 da Lei das S.A. coloca o acento tônico no *conflito* de

---

[312] MÖLLERS. Treupflichten und Interessenkonflikte bei Vorstands- und Aufsichtsratsmitgliedern, p. 428, 431. Ver, também: BORSDORFF. *Interessenkonflikte bei Organsmitgliedern*, p. 113; KREBS. *Interessenkonflikte bei Aufsichtsratsmandaten in der Aktiengesellschaft*, p. 69, 108, 187, 331; HOPT. Interessenwahrung und Interessenkonflikte im Aktien-, Bank- und Berufsrecht, p. 39 (= HOPT. Protección y conflictos de intereses en el derecho de sociedades anónimas, bancário y professional, p. 186); BÖCKLI. *Schweizer Aktienrecht*, p. 1799; FERRER. *El deber de lealtad del administrador de sociedades*, p. 1; FERRER. Deberes de los administradores en la Ley de Sociedades de Capital, p. 102; RODA; MOYA. El conflicto de intereses de los administradores en las sociedades de capital revisitado a la luz de la reciente jurisprudencia, p. 456; GRÉVAIN-LEMERCIER. *Le devoir de loyauté en droit des sociétés*, p. 193; SCHMIDT. *Les conflits d'intérêts dans la société anonyme*, p. 25.

[313] Ver: GÓMEZ. *Criterios para la solución de conflitos de intereses en el derecho privado*, p. 18.

[314] SCHMIDT. *Les conflits d'intérêts dans la société anonyme*, p. 22-25. Ver, também: CÂMARA. Conflito de interesses no Direito Financeiro e Societário: um retrato anatómico, p. 56; CAMPOS. Seção V – Deveres e Responsabilidades, p. 1.156.

[315] Cf. BARRETO. *O conflito de interesses entre a companhia e seus administradores*, p. 239-240; VON ADAMEK. *Responsabilidade civil dos administradores de S/A e as ações correlatas*, p. 165-166; FRANÇA, Erasmo Valladão Azevedo e Novaes. Conflito de interesses: formal ou substancial? Nova decisão da CVM sobre a questão. *Revista de Direito Mercantil, Industrial, Econômico e Financeiro*, São Paulo, ano 41, n. 128, p. 225-262, out./dez. 2002, p. 235.

interesses. Diferente seria se tal dispositivo legal adotasse a redação do art. 1.074, §2º, do Código Civil, que proíbe que o sócio, por si ou na condição de mandatário, vote matéria que lhe diga respeito diretamente, ou seja, ainda que não exista conflito – sendo, portanto, verdadeira regra de impedimento de voto[316].

O que não pode, de acordo com o art. 156 da LSA, é o interesse do administrador prevalecer sobre o interesse da sociedade, podendo causar efetivos danos ao ente coletivo[317].

Dessa forma, o dever de lealdade não impossibilita a busca do próprio interesse do administrador, mas estabelece a subordinação do interesse do administrador e a defesa de interesse da sociedade: "For the law has come to accept that there is no absolute prohibition on an officer's or director's pursuit of his or her self-interest while acting for the corporation (...). Rather, the legal focus has shifted to the inquiry whether the corporate fiduciary, in pursuing his or her interests, has properly put the corporation's interests first."[318]

Assim, se o interesse da sociedade não resta prejudicado (existindo, na verdade, uma convergência de interesses), qual seria o problema de eventual operação em que o administrador tenha interesse, mesmo que com a participação na decisão do gestor interessado? Respeitados os padrões de mercado, não vemos nenhum[319] – especialmente quando se tratarem de

---

[316] VON ADAMEK. *Abuso de minoria em direito societário (abuso das posições subjetivas minoritárias)*, p. 162.

[317] GUERREIRO. Abstenção de voto e conflito de interesses, p. 683-684; SOLIMENA. *Il conflitto di interessi dell'amministratore di società per azioni nelle operazioni con la società amministrata*, p. 141.

[318] FANTO. *Directors' and officers' liability*, p. 4-3.

[319] Ver: GIÃO. Conflitos de interesses entre administradores e os accionistas na sociedade anónima, p. 239-240; ver, também: CÂMARA. O governo das sociedades e a reforma do Código das Sociedades Comerciais, p. 52-53; CARNEIRO DA FRADA. A business judgment rule no quadro dos deveres gerais dos administradores, p. 4 (= CARNEIRO DA FRADA. A business judgment rule no quadro dos deveres gerais dos administradores, p. 70); SCHMIDT. *Les conflits d'intérêts dans la société anonyme*, p. 22-23; CAMPOS. Seção V – Deveres e Responsabilidades, p. 1.156; VON ADAMEK. *Responsabilidade civil dos administradores de S/A e as ações correlatas*, p. 165. Sustentando não fazer sentido em sancionar a contratação entre o administrador e a sociedade quando não há conflito de interesses, ver: PINEDO. Contratos entre una sociedad anónima y sus directores, p. 3.810. Referindo precedente judicial em conflito de interesses de acionistas, ver: BLANDINI. Conflitto di interessi ed interessi degli amministratori di società per azioni, p. 1954. Afirmando que o dever de lealdade não proíbe a busca de interesses próprios, mas que isso é consideravelmente reprimido, ver: HOPT. Interessenwahrung und Interessenkonflikte

operações correntes da sociedade (como diversos países reconhecem)[320]. Aqui, observe-se que o art. 34 da Lei 4.595/1964, com a redação dada pela Lei 13.506/2017, proíbe, como regra, a realização de operações de crédito entre instituições financeiras e partes relacionadas, o que inclui os seus administradores (bem como o cônjuge, o companheiro e os parentes, consanguíneos ou afins, até o segundo grau). Todavia, o §4º, I, excetua de tal vedação "as operações realizadas em condições compatíveis com as de mercado, inclusive quanto a limites, taxas de juros, carência, prazos, garantias requeridas e critérios para classificação de risco para fins de constituição de provisão para perdas prováveis e baixa como prejuízo, sem benefícios adicionais ou diferenciados comparativamente às operações deferidas aos demais clientes de mesmo perfil das respectivas instituições".

Ademais, não parece adequado impor sanção de caráter administrativo pelo suposto desrespeito ao procedimento previsto no art. 156 da Lei das S.A. tendo em vista a não declaração do administrador de possuir um interesse extrassocial em determinada decisão (não necessariamente conflitante com o da companhia) e participar do ato de gestão. Ora, se não há sequer risco de dano à companhia, qual a lógica em impor uma sanção administrativa, que possui evidente caráter punitivo, enquanto que o administrador não poderá sequer ser responsabilizado civilmente? Na prática, a CVM cria duas regras de aplicação do art. 156 sem que a Lei das S.A. assim o preveja: uma regra para as companhias abertas e outra regra para as companhias fechadas sem que o legislador assim determine... Isso

---

im Aktien-, Bank- und Berufsrecht, p. 40 (= HOPT. Protección y conflictos de intereses en el derecho de sociedades anónimas, bancário y professional, p. 186-187). Em sentido semelhante, ao discutir a questão do interesse social e a prevalência do interesse da sociedade, Thomas Raiser e Rüdiger Veil também afirmam que somente quando não existe um equilíbrio entre o interesse social (*Unternehmensinteresse*) e um interesse especial (*Sonderninteresse*) é que deve prevalecer o interesse da companhia (RAISER; VEIL. *Recht der Kapitalgesellschaften*, p. 190). Nesse sentido, há quem afirme que o dever de lealdade também encontra limites, como na hipótese em que o administrador irá firmar ou renovar o seu contrato com a companhia: aqui, o administrador não precisa colocar o seu interesse econômico atrás do interesse da companhia, o que deve ser feito com transparência (FLEISCHER. Zur organschaftlichen Treupflicht der Geschäftsleiter im Aktien- und GmbH-Recht, p. 1047). Finalmente, também afirmando que, quando a sociedade resta beneficiada, não incide a norma que veda a atuação em conflito de interesses, apesar de se dever analisar sempre com cuidado, ver: FERRER. Deberes de los administradores en la Ley de Sociedades de Capital, p. 95.

[320] Caminhando nesse sentido, ver: TEIXEIRA. *Das sociedades por quotas de responsabilidade limitada*, p. 106.

porque o entendimento que a Autarquia tem do referido dispositivo legal não será aplicado às companhias fechadas[321]-[322].

E em oitavo e último lugar, há a presunção de que os indivíduos agem de boa-fé (estando isso, atualmente, positivado pela Lei 13.874/2019, resultante da conversão da Medida Provisória 881/2019, em seus arts. 1º, §2º, 2º,

---

[321] Ver, também: CHEDIAK. O conflito de interesses do administrador de sociedade anônima, p. 412.

[322] Como já visto, não se nega que o dever de lealdade deve ser concretizado caso a caso. E, como já analisado por nós anteriormente (SPINELLI. *Conflito de interesses na administração da sociedade anônima*, p. 88-89), a rigor, os deveres fiduciários, por serem padrões de conduta a serem preenchidos no caso concreto, devem ser interpretados de acordo com a situação em que se encontra o gestor e a companhia (cf. COSTA. *Contribuição ao estudo da responsabilidade civil dos administradores de companhias abertas*, p. 61-62; igualmente, ver PARENTE. *O dever de diligência dos administradores de Sociedades Anônimas*, p. 34; e BARRETO. *O conflito de interesses entre a companhia e seus administradores*, p. 121 ss). Todavia, a interpretação conferida pela Comissão de Valores Mobiliários parece ir contra a lógica ao impor regra mais restrita às companhias abertas. Cabe frisar que, nas companhias fechadas, a tendência demonstrada pelo Direito norte-americano – apesar de tal posicionamento não ser unânime – é de aplicação mais rigorosa dos referidos deveres, tendo em vista o perfil diferenciado de relacionamento entre os sócios (cabendo uma aproximação com o vínculo existente em uma *partnership* – típica sociedade de pessoas –, já que as ações não possuem liquidez, há um pequeno número de acionistas e estes normalmente participam da Administração, além de serem, normalmente, fonte de subsistência para eles). Muitas discussões existem a respeito da interpretação diferenciada dos deveres caso se trate de companhia aberta ou fechada, porém a orientação favorável a este entendimento parece ser a tendência dominante nos Estados Unidos; nesse sentido, expõe muito bem Carlos Klein Zanini, concordando com o referido posicionamento (ZANINI. A doutrina dos "fiduciary duties" no Direito norte-americano e a tutela das sociedades e acionistas minoritários frente aos administradores das Sociedades Anônimas, p. 144-145). Ao salientar, de maneira sucinta, as mencionadas características e como elas influenciaram as decisões judiciais (especialmente no Estado de Illinois), ver BAMONTE, Thomas J. Expanding the fiduciary duties of close corporation shareholders: the dilemma facing Illinois Corporate Law. *Northern Illinois University Law Review*, v. 15, n. 2, p. 257-269, 1995, p. 258 ss. Igualmente, remetemos a ACCHIARDO, Rod. Close corporations – International House of Talent, Inc. *v.* Alabama: directors' fiduciary duty not to compete. *Memphis State University Law Review*, v. 17, n. 1, p. 597-607, 1986, p. 597-607. Por fim, entre várias referências, recomendamos a leitura de Franklin Gevurtz (GEVURTZ. *Corporation law*, p. 451 ss) e Michael Dooley (DOOLEY. *Fundamentals of corporation law*, p. 1020-1044). Entretanto, o entendimento de que os *standards* de conduta variam dependendo se a companhia for aberta ou fechada não é unânime: existem aqueles que negam a referida diferenciação, como Pedro Portellano Díez (DÍEZ. *Deber de fidelidad de los administradores de sociedades mercantiles y oportunidades de negocio*, p. 21, em nota de rodapé).

II, e 3º, V), o que seria aniquilado se considerássemos o conflito de interesses como de caráter formal[323].

Por tudo o que foi visto, a interpretação sistemática da Lei das S.A. é de que se deve adotar um conceito de conflito material e não formal[324] – e interpretar de modo tão estrito o art. 156 da Lei das S.A., como o faz quem sustenta se tratar de conflito formal, é, em nosso entender, draconiano e descolado da realidade econômica.

O fato de existir prioridade do interesse social sobre o interesse do administrador não significa que o gestor tenha de renunciar a todos os seus interesses pessoais: é claro que ele pode buscar satisfazer interesses egoísticos enquanto age como administrador da companhia; contudo, é imperioso que coloque, em qualquer ocasião, o interesse desta em primeiro lugar – mesmo porque os administradores têm o dever de, de boa-fé, fazer o melhor para promover o sucesso da companhia. O administrador não precisa agir no único interesse da companhia, desde que atue no melhor interesse da companhia – e é isso o que objetiva o art. 154, *caput*, da Lei das S.A. – e a mera existência de um interesse pessoal não quebra tal dever[325]. Não se exige, portanto, um comportamento franciscano por parte dos administradores. Com efeito, a relação fiduciária impõe que, quando existir um confronto, deva existir a prevalência do interesse do ente coletivo sobre aquele do gestor (o que não inviabiliza a atuação do administrador que faça a convergência de seus interesses pessoais com aqueles patrimoniais da companhia)[326].

Como fiduciários, os administradores não podem dispor do patrimônio da companhia em seu detrimento. Se isso não ocorre, ainda que venham os gestores a auferir eventuais ganhos, não há conflito de interesses e, então, não há razão, diante da legislação em vigor, para qualquer punição ou responsabilização.

Logo, a Comissão de Valores Mobiliários não deveria se preocupar com a mera existência de um interesse extrassocial – mesmo porque, por exem-

---

[323] Cf. Diretor Luiz Antonio de Sampaio Campos, em voto proferido no Inquérito Administrativo CVM TA/RJ2002/1153. Ver, também, CUNHA. *Estrutura de interesses nas Sociedades Anônimas*, p. 279.

[324] CUNHA. *Estrutura de interesses nas Sociedades Anônimas*, p. 292.

[325] LANGFORD. *Company Directors' Duties and Conflicts of Interest*, p. 292.

[326] SPINELLI. *Conflito de interesses na administração da sociedade anônima*, p. 290. Ver, também: GOLD. The Loyalties of Fiduciary Law, p. 178.

plo, a legislação brasileira não prevê a obrigação de o administrador divulgar (e, consequentemente, se abster) qualquer interesse que venha a ter em determinada operação, como dispõe o atual art. 2391 do *Codice Civile* italiano –, mas sim com a patologia, que é o conflito de interesses[327]. Dessarte, é essencial analisar, à luz do caso concreto, se o administrador fez prevalecer o seu interesse (ou de alguém àquele relacionado) ou não[328], *i.e.*, verificar se a operação respeitou as condições de mercado e é útil à sociedade[329].

4.2. Restritividade injustificada à noção de conflito de interesses

No Brasil, contudo, antes mesmo de se discutir o procedimento previsto em lei para lidar com situações de conflito de interesses, é preciso discutir o próprio conceito de conflito de interesses.

Isso porque, aliada à noção de conflito formal – e justamente porque se adota tal forma de interpretação do art. 156 da LSA[330] –, completamente

---

[327] Observe-se que, mesmo na Itália, Cesare Conforti, em diversas oportunidades, ao comentar a necessidade de disponibilizar informações sobre qualquer interesse que o administrador tenha em determinada operação, de acordo com o art. 2391 do *Codice Civile*, salienta que a patologia que basicamente demanda uma consequência sancionatória é o conflito de interesses (CONFORTI. *La responsabilità civile degli amministratori di società per azioni*, p. 440 ss). Nesse sentido, à p. 519-520, assim expõe: "Non è revocabile in dubbio che, seppure l'evoluzione normativa – ed in particolare la riforma del 2003 – abbia condotto alla riconfigurazione dell'art. 2391 c.c., con rilievo assunto dalla comunicazione dell'interesse extrasociale, qualunque ne siano 'la natura, i termini, l'origine e la portata' (per riprendere la stessa espressione della disposizione), la patologìa destinata più frequentemente a sfociare in conseguenze sanzionatorie sia quella relativa alla fattispecie in cui un interesse conflittuale, di cui sia direttamente portatore l'amministratore, venga fatto prevalere sull'interesse sociale, in danno della società amministrata.". Também afirmando que o objetivo da regra do art. 2391 do *Codice Civile* em vigor é o de prevenir a existência do conflito e que, então, o dispositivo deve ser interpretado teleologicamente, ver: ENRIQUES-POMELLI. Art. 2391 (Interessi degli amministratori), p. 758-759; caminhando no mesmo sentido: BIANCHI. *Gli amministratori di società di capitali*, p. 523 ss.

[328] VON ADAMEK. *Responsabilidade civil dos administradores de S/A e as ações correlatas*, p. 165-166. Ver, também: SILVA. *Responsabilidade dos administradores de S/A*, p. 47; EIZIRIK; GAAL; PARENTE; HENRIQUES. *Mercado de capitais*, p. 458, 461; CUNHA. *Estrutura de interesses nas Sociedades Anônimas*, p. 292.

[329] DÍEZ. *El deber de los administradores de evitar situaciones de conflicto de interés*, p. 84-87.

[330] Processo Administrativo Sancionador CVM n. RJ2016/5733, Rel. Dir. Flávia Perlingeiro, j. 02/12/2019 ("Talvez justamente em função da consequência prevista (impedimento) pelo conflito definido *ex ante* é que tenha se adotado nos precedentes da CVM uma abordagem mais restritiva do alcance do conflito de interesse do administrador para fins do art. 156, não

restritiva é a noção de interesse conflitante dada pela CVM, que reduz tal situação fundamentalmente às hipóteses em que o administrador tenha diretamente um interesse econômico externo a determinada operação – ainda que doutrina relevante caminhe do sentido de apoiar o entendimento da Autarquia ao referendar a necessidade de que se demonstre um interesse pessoal do administrador conflitante com o interesse da companhia[331]. A Comissão de Valores Mobiliários, na prática, acaba por restringir a incidência da regra geral de conflito de interesses aos casos típicos – e que, talvez, nem representem os casos *extremos ou mais graves*[332].

Interpretar o art. 156 da LSA como regrando, de modo geral, o conflito de interesses sob o aspecto formal, *i.e.*, em que se analisa *a priori* a existência de um conflito de interesses, conduz a CVM, talvez com o objetivo de conferir segurança jurídica, também a excluir de modo prévio uma série de situações em que pode restar configurado o conflito de interesses. Aberto está, então, o caminho para a atuação em conflito de interesses, bastando cuidar para que não se enquadre a situação em uma das situações típicas definidas pela Comissão de Valores Mobiliários.

Ora, [n]*a vida econômica, o conflito de interesses é onipresente. Pode se basear em vínculos familiares, pela participação em outras empresas, por ser membro em organizações, e em muitas outras circunstâncias*[333]. O fenômeno do conflito de interesses na administração é múltiplo e sutil para ser tratado de modo único[334]. Nesse sentido, é relevante analisar se, no caso concreto, a atuação do administrador foi influenciada de modo determinante por um

---

abrangendo, por exemplo, qualquer situação em que se verifique potencial falta de isenção, o que não corresponde à abordagem que tem prevalecido nos julgamentos do Colegiado.").

[331] Eizirik. Eleição de Membro do Conselho de Administração para Atuar como Conselheiro de Companhia não Concorrente, p. 104-105.

[332] Parafraseando, aqui, Giovanni Grabrielli ao falar da vedação ao autocontrato por conta do potencial conflito de interesses (Gabrielli, Giovanni. Il conflitto d'interessi autorizzato. In: Cristofaro, Giovanni De; Giorgi, Maria Vita De; Monache, Stefano Delle (org.). *Studi in onore di Giogio Cian*, t. I. Milani: CEDAM, 2010. p. 1049-1070, p. 1053).

[333] "Interessenkonflikte sind in Wirtschaftsleben allgegenwärtig. Sie können auf familiären Bindung, auf der Beteiligung an anderen Unternehmen, auf der Mitgliedschaft in Organisationen und auf vielen anderen Umständen beruhen" (Harbarth. Unternehmerisches Ermessen des Vorstands im Interessenkonflikt, p. 327). No mesmo sentido: Steiniger. *Interessenkonflikte des Verwaltungsrates*, p. 28.

[334] Hopt. Self-dealing and use of corporate opportunity and information: regulating directors' conflicts of interest, p. 286-287.

interesse extrassocial, não importando a sua natureza ou pessoalidade. Adicionalmente, como já lecionou Luca Enriques, quanto mais difícil a ingerência dos acionistas na gestão (como tende a ocorrer nas companhias abertas), mais rigorosamente deve ser interpretada a expressão "conflito de interesses"[335].

Verifica-se não existirem razões para uma interpretação restrita de conflito de interesses como a adotada pela CVM – sendo que, como já analisado, a doutrina pátria interpreta, usualmente, de modo amplo tal noção. O próprio *conceito de conflito de interesses é rico, variado e complexo*[336].

Deve-se, assim, realizar uma interpretação ampla (*i*) por razões de segurança e transparência, que aconselham incluir todas as hipóteses em que os interesses do administrador podem colidir com o interesse da companhia, e (*ii*) em uma interpretação literal, o art. 156 da Lei das S.A. fala em *qualquer operação social em que tiver interesse conflitante com o da companhia*, ou seja, não há em tal dispositivo legal restrição a determinados tipos de operação[337]. O legislador brasileiro não restringiu o conceito de conflito de interesses aos conflitos diretos ou à noção pecuniária, como, muitas vezes, se faz nos Estados Unidos – apesar de que, além de ser objeto de críticas, nem lá se tem uma concepção tão restrita quanto à dada no Brasil pela CVM, sem contar que se trata de uma exceção ao redor do mundo pois os diversos países tendem a adotar uma noção ampla de conflito de interesses, sem estabelecer critérios restritivos (pelo contrário, fazendo-se, não raro, expressa referência ao conflito de interesses direto e indireto, pecuniário e não pecuniário, ainda que assim não previsto em lei)[338].

---

[335] ENRIQUES. *Il conflitto d'interessi degli amministratori di società per azioni*, p. 187.
[336] FRANKEL. United Sates Mutual Fund Investors, Their Managers and Distributors, p. 363.
[337] Ver, também: QUATTRINI. *Os deveres dos administradores de sociedades anônimas abertas*, p. 266. Sobre o tema, caminhando em sentido semelhante com base no Direito espanhol vigente à época, ver: LÓPEZ. Los deberes de lealtad de los administradores del art. 137 TER LSA, p. 160-161.
[338] E, para nós, impossível é considerar como interesse pessoal que possa influenciar a ação do administrador apenas aqueles de ordem patrimonial. A respeito disso, devemos lembrar que o administrador pode tomar determinadas decisões pensando na reputação social que adquirirá (como pode acontecer quando decide pela compra de um meio de comunicação, já imaginando na propaganda que poderá fazer a seu respeito – especialmente se possuir pretensões políticas) ou, ainda, há de aventar-se a hipótese de que ele, para manter um bom relacionamento com a sua namorada (a qual trabalha na sociedade fornecedora de matéria-prima), realiza contrato extremamente vantajoso para a contraparte. No Brasil, andando ao

Nesse sentido, por mais que a maior quantidade de situações de conflito de interesses envolva conflitos pecuniários e os conflitos diretos não sejam tão problemáticos de se comprovar[339], é evidente que o ordenamento jurídico pátrio abarca também os conflitos indiretos e não pecuniários ou os conflitos ideais de interesses, como se entende na Alemanha e na Suíça, desde que seja relevante a ponto de influenciar a decisão administrativa[340].

Ubi lex non distinguit nec nos dintinguere debemus. "Quando o texto dispõe de modo amplo, sem limitações evidentes, é dever do intérprete aplicá-lo a todos os casos particulares que se possam enquadrar na hipótese geral prevista explicitamente; não tente distinguir entre as circunstâncias da questão e as outras; cumpra a norma tal qual é, sem acrescentar condições novas, nem dispensar nenhuma das expressas."[341]

A adoção de uma noção ampla de conflito de interesses, em boa medida, e tendo em vista a redação do art. 156 da Lei das S.A., deveria conduzir a uma interpretação do referido dispositivo não como sendo de conflito formal (ou seja, a mera existência de um interesse extrassocial do administrador seria suficiente a incidir a regra), mas sim como sendo uma regra de conflito substancial de interesses – como, inclusive, se defende em outros países, em que o conflito de interesses deve ser analisado à luz do caso concreto. Mesmo na Itália, diante da atual redação do art. 2391 do *Codice Civile*, que exige que seja informado previamente qualquer interesse extrassocial do administrador (afastando-se, então, da redação do nosso art. 156 da Lei das S.A. nesse aspecto), exige-se a potencialidade de dano para permitir a impugnação à deliberação e permitir (pese embora exista discussão a respeito) que o administrador interessado participe da deliberação (ou seja, somente será responsabilizado e/ou a deliberação será invalidada se agir contrariamente ao interesse social e seu voto for determinante) (sem contar, é claro, a possibilidade de responsabilização do administrador quando a companhia – ou algum terceiro – ter suportado algum dano decorrente da ação ou omissão do gestor interessado).

---

encontro de nosso entendimento, ver BARRETO. *O conflito de interesses entre a companhia e seus administradores*, p. 166.

[339] KEAY. *Directors' Duties*, p. 277.

[340] *V.g.*: HARBARTH. Unternehmerisches Ermessen des Vorstands im Interessenkonflikt, p. 333-335; STEINIGER. *Interessenkonflikte des Verwaltungsrates*, p. 26.

[341] MAXIMILIANO, Carlos. *Hermenêutica e aplicação do Direito*. 2 ed. Porto Alegre: Livraria do Globo, 1933, p. 266-267.

Objetiva-se, então, trazer uma maior segurança de que o administrador buscará, no exercício de suas funções, satisfazer o interesse social sem que sofra a influência de qualquer condicionamento externo ou pressão de qualquer natureza (psicológica, pessoal, econômica, social ou política)[342].

Nesse sentido, as operações com partes relacionadas (algo diferente e mais restrito do que operações em conflito de interesses)[343] sempre despertaram atenção por conta do potencial conflito de interesses[344]. Dessa forma, as próprias normas sobre transações entre partes relacionadas conferem conceito abrangente a tais operações[345]-[346].

---

[342] NEVES. O administrador independente, p. 177-178.

[343] Cf. ENRIQUES. Related Party Transactions, p. 10 ss.

[344] EIZIRIK. Eleição de Membro do Conselho de Administração para Atuar como Conselheiro de Companhia não Concorrente, p. 99. Nesse sentido, observe-se, por exemplo, que o Código Brasileiro de Governança Corporativa – Companhias Abertas traz normas nesse sentido: "5.3.1 O estatuto social deve definir quais transações com partes relacionadas devem ser aprovadas pelo conselho de administração, com a exclusão de eventuais membros com interesses potencialmente conflitantes." "5.3.2 O conselho de administração deve aprovar e implementar uma política de transações com partes relacionadas, que inclua, entre outras regras: (i) previsão de que, previamente à aprovação de transações específicas ou diretrizes para a contratação de transações, o conselho de administração solicite à diretoria alternativas de mercado à transação com partes relacionadas em questão, ajustadas pelos fatores de risco envolvidos; (ii) vedação a formas de remuneração de assessores, consultores ou intermediários que gerem conflito de interesses com a companhia, os administradores, os acionistas ou classes de acionistas; (iii) proibição a empréstimos em favor do controlador e dos administradores; (iv) as hipóteses de transações com partes relacionadas que devem ser embasadas por laudos de avaliação independentes, elaborados sem a participação de nenhuma parte envolvida na operação em questão, seja ela banco, advogado, empresa de consultoria especializada, entre outros, com base em premissas realistas e informações referendadas por terceiros; (v) que reestruturações societárias envolvendo partes relacionadas devem assegurar tratamento equitativo para todos os acionistas." (GT INTERAGENTES. *Código Brasileiro de Governança Corporativa – Companhias Abertas*, p. 61).

[345] SANTOS, Anthonny Dias dos. *Transações entre partes relacionadas e abuso de poder de controle*. São Paulo: Almedina, 2011, p. 68-69. Em assim sendo, observe-se que o Pronunciamento Técnico CPC 05(R1), aprovado pela Deliberação CVM 642, de 07/10/2010 (bem como pelo CMN por meio da Resolução 3.750/09, pela ANS pela Instrução Normativa 37/09, pela SUSEP por meio da Circular 424/11 e pelo CFC na Resolução 1.297/10), caracteriza parte relacionada de forma extremamente ampla: "Parte relacionada é a pessoa ou a entidade que está relacionada com a entidade que está elaborando suas demonstrações contábeis (neste Pronunciamento Técnico, tratada como "entidade que reporta a informação"). (a) Uma pessoa, ou um membro próximo de sua família, está relacionada com a entidade que reporta a informação se: (i) tiver o controle pleno ou compartilhado da entidade que reporta a informação; (ii) tiver influência significativa sobre a entidade que reporta a informação; ou (iii) for membro do

Justamente por conta da potencialidade de interesses de um administrador vinculado a um controlador ou a algum outro grupo de interesse, entre outros fatores[347], é que é cada vez mais comum a exigência de adminis-

---

pessoal chave da administração da entidade que reporta a informação ou da controladora da entidade que reporta a informação. (b) Uma entidade está relacionada com a entidade que reporta a informação se qualquer das condições abaixo for observada: (i) a entidade e a entidade que reporta a informação são membros do mesmo grupo econômico (o que significa dizer que a controladora e cada controlada são inter-relacionadas, bem como as entidades sob controle comum são relacionadas entre si); (ii) a entidade é coligada ou controlada em conjunto (joint venture) de outra entidade (ou coligada ou controlada em conjunto de entidade membro de grupo econômico do qual a outra entidade é membro); (iii) ambas as entidades estão sob o controle conjunto (joint ventures) de uma terceira entidade; (iv) uma entidade está sob o controle conjunto (joint venture) de uma terceira entidade e a outra entidade for coligada dessa terceira entidade; (v) a entidade é um plano de benefício pós-emprego cujos beneficiários são os empregados de ambas as entidades, a que reporta a informação e a que está relacionada com a que reporta a informação. Se a entidade que reporta a informação for ela própria um plano de benefício pós-emprego, os empregados que contribuem com a mesma serão também considerados partes relacionadas com a entidade que reporta a informação; (vi) a entidade é controlada, de modo pleno ou sob controle conjunto, por uma pessoa identificada na letra (a); (vii) uma pessoa identificada na letra (a)(i) tem influência significativa sobre a entidade, ou for membro do pessoal chave da administração da entidade (ou de controladora da entidade)." O art. 34, §3º, da Lei 4.595/1964 também confere conceito amplo à parte relacionada: "3º Considera-se parte relacionada à instituição financeira, para efeitos deste artigo: I – seus controladores, pessoas físicas ou jurídicas, nos termos do art. 116 da Lei nº 6.404, de 15 de dezembro de 1976; II – seus diretores e membros de órgãos estatutários ou contratuais; III – o cônjuge, o companheiro e os parentes, consanguíneos ou afins, até o segundo grau, das pessoas mencionadas nos incisos I e II deste parágrafo; IV – as pessoas físicas com participação societária qualificada em seu capital; e V – as pessoas jurídicas: a) com participação qualificada em seu capital; b) em cujo capital, direta ou indiretamente, haja participação societária qualificada; c) nas quais haja controle operacional efetivo ou preponderância nas deliberações, independentemente da participação societária; e d) que possuírem diretor ou membro de conselho de administração em comum."

[346] Sobre transações com partes relacionadas e o tratamento que pode ser dado a essas operações diante da potencialidade de conflito de interesses, ver: VILELA. *Conflito de interesses nas companhias de capital aberto e o novo padrão de transparência do IFRS*. Ver, também: CAMARGO. *Transações entre partes relacionadas*; SANTOS. *Transações entre partes relacionadas e abuso de poder de controle*; SILVEIRA, Alexandre Di Miceli da; PRADO, Viviane Muller; SASSO, Rafael. *Transações com partes relacionadas*: estratégias jurídicas e relação com a governança corporativa e valor das empresas no Brasil. Disponível em: <http://ssrn.com/abstract=1307738>. Acesso em: 17 mar. 2019.

[347] Ver: NEVES, Rui de Oliveira. O administrador independente: contributo para a compreensão da figura no contexto dos mecanismos de controlo societário. In: CÂMARA, Paulo et al. *Código das Sociedades Comerciais e o governo das sociedades*. Coimbra: Almedina, 2008. p. 143-194.

tradores independentes (estabelecido por lei ou por outros regulamentos ou mesmo voluntariamente)[348] com o objetivo de viabilizar uma contribuição isenta e priorizar o interesse social (não atendendo, então, os interesses dos controladores, *v.g.*)[349]. Apesar de objetivamente não abarcarem situações relevantes, os critérios de fixação de administradores independentes são amplos (indo desde se confundir com a figura do controlador ou ser cônjuge ou parente até 2º grau do controlador até ter ocupado nos últimos três anos cargo de diretor ou empregado da companhia ou do acionista controlador, além de uma série de outras situações ainda mais distantes que podem afetar a independência do administrador, como ter sido nos últimos três anos empregado ou diretor de sociedades coligadas ou mesmo ter relações comerciais com a companhia, com o controlador, com sociedades coligadas ou sob controle comum, além de ocupar cargo em sociedade ou entidade que mantenha relações comerciais com a companhia ou o controlador)[350] – o que por si só não significa que os mem-

---

[348] "Os administradores independentes não constituem um fim em si mesmo – mas têm sido reconhecidos como um instrumento de afinamento das sãs práticas de governação. Em causa está a vocação funcional dos administradores não-executivos em reforço de uma gestão adequada de conflito de interesses, nomeadamente em situações críticas (v.g. na pendência de OPAs hostis), na garantia da confiabilidade da informação financeira e do rigor dos controles internos e, mais latamente, como instrumento de fiscalização do desempenho dos administradores executivos." "Esta vocação tem particular importância nas sociedades cotadas, dado o tendencial maior distanciamento entre os accionistas e os detentores dos poderes decisórios na sociedade e, mercê da dispersão da propriedade accionista, a potencial elevada danosidade dos delitos societários aí verificados. Acresce que nesta categoria de sociedades, a pressão de curto prazo (*short-termism*) induzida nomeadamente pela actuação dos analistas e a intensificação dos esquemas remuneratórios dependentes do desempenho societário podem fazer aumentar, conjuntamente, o risco de confiabilidade da informação financeira. Neste cenário, reveste-se de grande utilidade a actuação dos administradores não executivos, sobretudo dos que estão excluídos de conflitos de interesses." (CÂMARA. O governo das sociedades e a reforma do Código das Sociedades Comerciais, p. 101-102).
[349] SILVA; CAMARGO. Conselheiros independentes, p. 54.
[350] Veja-se, nesse sentido, o disposto no art. 22 da Lei 13.303/2016. Igualmente, ver item 2.4 do Código das Melhores Práticas de Governança Corporativa do IBGC (cf. INSTITUTO BRASILEIRO DE GOVERNANÇA CORPORATIVA. *Código das melhores práticas de governança corporativa*, p. 45), item 2.2.1 do Código Brasileiro de Governança Corporativa – Companhias Abertas (cf. GT INTERAGENTES. *Código Brasileiro de Governança Corporativa – Companhias Abertas*, p. 31-32) e art. 16 do Regulamento do Novo Mercado – bem como a definição de conselheiro independente do Regulamento do Nível 2 (cf. B3. *Segmentos de listagem*). Sobre o tema, analisando (particularmente ao estudar os segmentos especiais de listagem da bolsa brasileira) criticamente a noção usualmente adotada de conselheiro independente diante da

bros independentes também não possam, no exercício do seu mandato, estar diante de situações em que possuam interesse pessoal relevante que conflite com o interesse da companhia[351]-[352] (mesmo porque o regime de deveres e responsabilidades é o mesmo ao dos administradores que não são considerados independentes)[353], justificando a distinção entre administradores independentes em relação à companhia e suas partes relacionadas e a independência imposta a todos os administradores pelo art. 154, §1º, da LSA[354].

Observe-se que parece contraditório o entendimento da CVM ao interpretar o art. 156 da Lei das S.A. quando comparado, por exemplo, a suas orientações em outros contextos. Nesse sentido (e ainda que não se aplique o art. 156 por conta da incidência do art. 245 da Lei das S.A. na maior parte dos casos), o Parecer de Orientação 35, de 01/09/2008, recomenda que, nas operações de fusão, incorporação e incorporação de ações envolvendo sociedade controladora e suas controladas ou sociedades sob controle comum, para o adequado cumprimento dos deveres fiduciários dos administradores consubstanciados nos arts. 153, 154, 155 e 245 da Lei das

---

possibilidade de existência de vínculos próximos com o controlador, ver: GELMAN, Marina Oehling. *O Conceito de Conselheiro Independente Vigente na Regulamentação dos Níveis Diferenciados de Governança Corporativa da BM&FBOVESPA*. 2012. 253f. Dissertação (Mestrado em Direito e Desenvolvimento) – Escola de Direito de São Paulo da Fundação Getúlio Vargas, São Paulo, 2012.

[351] Ver, também: SILVA; CAMARGO. Conselheiros independentes, p. 70-71.

[352] Na Espanha, por exemplo, chega-se a dizer que quando o administrador se encontra em situação que faz com que não seja considerado independente (art. 529 *duodecis* da *Ley de Sociedades de Capital*), estar-se-ia diante de uma situação de conflito de interesses (como quando a decisão recai sobre a realização de operação com o acionista que elegeu o administrador) (cf. DÍEZ. *El deber de los administradores de evitar situaciones de conflicto de interés*, p. 76-77).

[353] SILVA; CAMARGO. Conselheiros independentes, p. 65.

[354] Ver: CEREZETTI, Sheila Christina Neder. Administradores independentes e independência dos administradores: regras societárias fundamentais ao estímulo do mercado de capitais brasileiro. VON ADAMEK, Marcelo Vieira (Coord.). *Temas de Direito Societário e Empresarial Contemporâneos – Liber Amicorum Prof. Dr. Erasmo Valladão Azevedo e Novaes França*. São Paulo: Malheiros, 2011. p. 571-593. Igualmente: GATTAZ. *A vinculação de membros do Conselho de Administração ao acordo de acionistas*, p. 111 ("Relevante observar, no entanto, que não se pode confundir o dever de independência dos membros do conselho com a figura do conselheiro independente. Enquanto o primeiro é uma máxima que deve permear a atuação de todo e qualquer conselheiro, o segundo é um atributo específico de determinados membros do conselho de administração."). Ver, também: SILVA; CAMARGO. Conselheiros independentes, p. 67-68.

S.A., (i) seja constituído comitê especial independente para negociar a operação e submeter suas recomendações ao conselho de administração, ou (ii) a operação seja condicionada à aprovação da maioria dos acionistas não-controladores (inclusive os titulares de ações sem direito a voto ou com voto restrito).

Nesse sentido, a própria Lei das S.A., ao trazer critérios de independência de membros do Conselho Fiscal, traz noção muito mais ampla do que a adotada pela interpretação da CVM ao julgar casos envolvendo conflito de interesses dos administradores. O art. 162, §2º, dispõe que "[n]ão podem ser eleitos para o Conselho Fiscal, além das pessoas enumeradas nos parágrafos do artigo 147, *membros de órgãos de administração e empregados da companhia ou de sociedade controlada ou do mesmo grupo, e o cônjuge ou parente, até terceiro grau, de administrador da companhia*"[355] (grifo nosso) – sem contar que a doutrina tende a alargar o rol estabelecido em lei, afirmando que se devem incluir entre os impedidos os profissionais que, apesar de não terem vínculo empregatício com a companhia ou sociedades do mesmo grupo, estejam a estas subordinados por meio da prestação de serviços autônomos por contrato escrito ou que se configuram pela habitualidade[356]. O objetivo é evitar que o conselheiro esteja em situação de conflito de interesses e, no exercício de suas funções, atue em benefício dos administradores e em detrimento do interesse da companhia. No caso dos administradores, tendo em vista que não existe tal regra de incompatibilidade (mesmo porque não haveria razões para tanto), qual o motivo pelo qual tais situações não devam ser enquadradas na regra geral de conflito de interesses prevista no art. 156 da Lei das S.A.? Andando no mesmo sentido, pode-se fazer referência às regras de impedimento extremamente amplas impostas pelo art. 17 da Lei 13.303/2016, que dispõe sobre o estatuto jurídico das estatais: faz sentido, por exemplo, ser proibido de ocupar cargo na administração de estatais quem tenha firmado contrato ou parceria de bens ou serviços com a pessoa político-administrativa controladora da empresa pública ou da sociedade de economia mista ou com a própria sociedade em período inferior a três anos antes da nomeação, mas, em sociedades não reguladas pela Lei 13.303/2016, tais operações sequer ficarem sujeitas ao crivo

---

[355] Regra idêntica existe no art. 1.066, §1º, do Código Civil.
[356] Cf. CARVALHOSA. *Comentários à Lei de Sociedades Anônimas*, v. 3, p. 382; BORGES, João Eunápio. *Curso de Direito Comercial terrestre*. 5. ed. Rio de Janeiro: Forense, 1976, p. 503.

do art. 156 da LSA? Verifica-se, mais uma vez, a completa incongruência do posicionamento da CVM: qual o motivo para esta Autarquia, ao julgar casos envolvendo conflito de interesses da administração e ao interpretar o referido art. 156, sequer considerar que tais posições possam ensejar conflito de interesses?

Observe-se, ainda, que o STJ já enquadrou como ato em conflito de interesses a realização de contrato de representação comercial em condições não usuais com sociedade detida pela esposa e filho do administrador[357]. E correto está o Superior Tribunal de Justiça pois, em operações realizadas com terceiros vinculados ao administrador, independentemente da natureza de tal relação (amizade, amorosa, de parentesco, creditícia, societária, contratual, etc), podem existir interesses conflitantes.

O mesmo, aqui, se diga para as restrições impostas pelo art. 2º, §3º, da Lei 12.353/2010, o qual determina, nas empresas públicas, sociedades de economia mista, suas subsidiárias e controladas e demais empresas em que a União, direta ou indiretamente, detenha a maioria do capital social com direito a voto, desde que tenham 200 ou mais empregados próprios, que "o conselheiro de administração representante dos empregados não participará das discussões e deliberações sobre assuntos que envolvam relações sindicais, remuneração, benefícios e vantagens, inclusive matérias de previdência complementar e assistenciais, hipóteses em que fica configurado o conflito de interesses". Ora, tal regra não se aplica a outras companhias que, eventualmente, tenham participação dos empregados em seus Conselhos de Administração (cf. art. 140, parágrafo único, da Lei das S.A.); assim, por acaso, não se aplica a tais empregados, nas referidas circunstâncias, o art. 156 da Lei das S.A.? É cristalino, em nosso entender, que sim – mesmo porque tal administrador, de acordo com o art. 154, §1º, deve manter a sua independência, agindo sempre no interesse da companhia[358] (como, inclusive, se entende na Alemanha). Todavia, se adotarmos

---

[357] STJ, 4ª Turma, REsp 156076/PR, Rel. Min. Ruy Rosado de Aguiar, j. 05/05/1998.
[358] Cf. VON ADAMEK. Notas sobre a cogestão da empresa no Direito brasileiro, em especial nas companhias com a maioria do capital votante da União (Lei 12.353/2010), p. 709-710 (= VON ADAMEK. Notas sobre a cogestão da empresa no Direito brasileiro, em especial nas companhias com a maioria do capital votante da União (Lei 12.353/2010), p. 364-365). Apesar disso, a CVM já entendeu de modo contrário: no Processo CVM-RJ 2007/0191, relatado pelo Diretor Marcelo Trindade e julgado em 23/01/2007, julgou no sentido de que os representantes dos empregados estariam legitimados a votar no interesse destes.

a interpretação dada pela CVM, tais situações não seriam de qualquer forma vedadas pela regra geral de conflito de interesses da Lei 6.404/76.

Dessa forma, por exemplo, não se pode restringir a noção de conflito de interesses à hipótese em que o administrador seja controlador, direto ou indireto, da contraparte – mesmo porque a Lei das S.A. assim não o faz. Sempre que o administrador tiver participação (direta ou indireta) na contraparte, deve-se analisar com cuidado a operação – e, na França, há regra a respeito sempre que o administrador tiver mais de 10% do direito de voto (*Code de Commerce*, arts. L225-38 e L225-86), da mesma forma como já se decidiu no Reino Unido[359] e na Itália[360]-[361].

Igualmente, em qualquer operação em que, por exemplo, o acionista controlador seja contraparte (direta ou indireta) – particularmente em países, como o Brasil, em que prevalece a concentração do poder de controle[362] e em que os administradores ficam sujeitos a pressões por poderem ser destituídos *ad nutum*[363], o que é uma possibilidade muito mais concreta

---

[359] "The leading authority is *Aberdeen Rly Co v Blaikie Bros* where a company was entitled do set aside a contract for the purchase of railway equipment entered into between it and a partnership when it transpired that the chairman of its board of directors was also a partner in the partnership. The conflict of interest is obvious: the director is obliged to act in the interests of the company, in this case, to purchase goods on behalf of the company at the lowest price while, as a member of the partnership, he wishes to sell the goods at the highest price. Where such a conflict exists, the law recognises that the director, despite his best intentions, may be swayed by his own sefl-interest. The fact that the director is only one member of the partnership which is contracting with the company does not affect the application of the no-conflict rule nor does the fact that the transaction is fair nor is the extent of the director's interest relevant. All that is relevant is the existence of a possible conflict of interest and duty." (HANNIGAN. *Company Law*, p. 297). Ver, também: WORTHINGTON. *Sealy & Worhington's Text, Cases, & Materials in Company Law*, p. 428-430. Ainda, ver: LANGFORD. *Company Directors' Duties and Conflicts of Interest*, p. 200.

[360] SOLIMENA. *Il conflitto di interessi dell'amministratore di società per azioni nelle operazioni con la società amministrata*, p. 106-107.

[361] Por sua vez, em outros países, como ocorre em Portugal nos termos já referidos, o entendimento que tende a prevalecer é que, para ser considerada interposta pessoa e, assim, incidir o art. 397º do Código das Sociedades Comerciais, a sociedade deve ser controlada pelo administrador (*v.g.*, NUNES. Jurisprudência sobre o dever de lealdade dos administradores, p. 199-200).

[362] Sobre o tema, por todos, ver o excelente trabalho de MUNHOZ. *Aquisição de controle na sociedade anônima*, p. 37 ss.

[363] MUNHOZ, Eduardo Secchi. Influência do patrimonialismo na sociedade anônima – importância dos mecanismos privados de efetivação dos deveres do acionista controlador e dos administradores. In: VENANCIO FILHO, Alberto; LOBO, Carlos Augusto da Silveira;

do que eventual responsabilização por agir no interesse do controlador e em detrimento do interesse da companhia[364] –, deve-se também analisar o comportamento do administrador (o que, inclusive, no Uruguai, consta expressamente no art. 82 da *Ley de Mercado de Valores – Ley 18.627*)[365]. Isso porque, "[p]erante a pressão exercida pelo sócio controlador, do qual depende para assegurar a continuidade de seu mandato à frente dos desti-

---

ROSMAN, Luis Alberto Colonna (org.). *Lei das S.A. em seus 40 anos*. Rio de Janeiro: Forense, 2017. p. 129-156, p. 134-135. Como afirma José Alexandre Tavares Guerreiro, tendo em vista que, diante da estrutura organizacional das companhias dada pela Lei das S.A., em conjunto com a realidade social, existe uma subordinação fática daqueles em relação ao controlador, ainda mais se considerarmos que os administradores podem ser destituídos *ad nutum*, cf. GUERREIRO, José Alexandre Tavares. Sociologia do poder na Sociedade Anônima. *Revista de Direito Mercantil, Industrial, Econômico e Financeiro*, São Paulo, ano 29, n. 77, p. 50-56, jan./mar. 1990, p. 52-53.

[364] SILVA; CAMARGO. Conselheiros independentes, p. 67.

[365] Nesse sentido: ENRIQUES. *Il conflitto d'interessi degli amministratori di società per azioni*, p. 156-157. E, se observarmos o voto do Dir. Marcos Barbosa Pinto no Processo 2007/3453, a necessidade de analisar o caso torna-se lógica: "10. Mas é preciso ter em mente uma ressalva: a ocupação de cargos na contraparte da companhia não é suficiente, por si só, para gerar um conflito de interesses, mas esse conflito pode surgir de outras circunstâncias fáticas, como a promessa, pelo controlador, de um bônus extraordinário pela conclusão do negócio. Os autos não contêm, todavia, qualquer indício de que isso tenha ocorrido neste caso concreto. 11. Ao contrário do que afirma o relator, o risco de que os administradores venham a perder seus cargos ou empregos na sociedade controladora não é suficiente para caracterizar o conflito de interesses. Afinal, o administrador que não trabalha diretamente para o controlador também corre esse risco em relação ao cargo que ocupa na sociedade controlada, já que o controlador pode demiti-lo a qualquer tempo. 12. E não se pode defender, no sistema jurídico brasileiro, que qualquer administrador escolhido pelo controlador esteja impedido de participar e votar em deliberações nas quais o controlador tenha interesse. Nas situações de conflito entre o controlador e a companhia, a lei autoriza o administrador escolhido pelo controlador a participar e votar nas deliberações, desde que atue no interesse da companhia e não do controlador. 13. O art. 154, §1º deixa isso muito claro: 'Art. 154. (...) § 1 o O administrador eleito por grupo ou classe de acionistas tem, para com a companhia, os mesmos deveres que os demais, não podendo, ainda que para defesa do interesse dos que o elegeram, faltar a esses deveres.' 14. Examinei os antecedentes dessa autarquia a respeito do art. 156 e não encontrei nenhum caso que nos autorize a concluir que o administrador que também trabalha para o controlador está impedido de votar em deliberações nas quais o controlador tem interesse. Se seguirmos o caminho proposto pelo relator, estaremos inovando; e inovando equivocadamente. 15. No sistema da Lei nº 6.404/76, não se pode presumir que o administrador é a longa manus do controlador, nem mesmo quando o administrador é empregado do controlador. Lembre-se que a própria lei impõe ao administrador o dever de atuar sempre no interesse da companhia, mesmo quando isso implique contrariar os interesses do acionista que o elegeu." (Processo Administrativo CVM n. RJ 2007/3453, Rel. Dir. Sérgio Weguelin, j. 04/03/2008).

nos da sociedade, não será de estranhar que a administração privilegie os interesses particulares (ou privados) deste sócio em prejuízo do interesse comum"[366] – algo que ganha relevância em mercados com controle concentrado (em que provavelmente o maior problema não resida no conflito de interesses entre a administração e a sociedade, mas sim entre o controlador e a companhia)[367]. "Frequentemente interesse do controlador e interesse social têm se confundido, e os administradores acabam sendo defensores dos primeiros com o escudo dos últimos."[368] Assim, é evidente que quando o interesse do controlador estiver envolvido, há uma situação em que pode existir conflito de interesses – especialmente se o controlador tiver eleito o administrador[369]-[370].

Não se pode, portanto, abrir mão da análise das circunstâncias do caso concreto para verificar eventual atuação em conflito de interesses: eventual conflito de interesses depende muito das circunstâncias do caso concreto, especialmente quando o administrador tiver algum outro vínculo (contra-

---

[366] GOMES. Conflito de interesses entre accionistas nos negócios celebrados entre a sociedade anónima e o seu accionista controlador, p. 80. Ver, também: STEINIGER. *Interessenkonflikte des Verwaltungsrates*, p. 197-198.

[367] GOMES. Conflito de interesses entre accionistas nos negócios celebrados entre a sociedade anónima e o seu accionista controlador, p. 78-82.

[368] SALOMÃO FILHO. Alienação de controle: o vaivém da disciplina e seus problemas, p. 259.

[369] BAHAR, Rashid; MORAND, Antoine. Taking conflict of interest in corporate law seriously – direct and indirect rules addressing the agency problem. In: PETERS, Anne; HANDSCHIN; Lukas (ed.). *Conflict of interest in global, public and corporate governance*. Cambridge: Cambridge University Press, 2012. p. 308-333, p. 314.

[370] Dessa forma, *v.g.*, temos dificuldade em compreender as razões pelas quais administradores (dentre os quais se encontrava inclusive o acionista controlador) foram condenados pela CVM somente com base no art. 153 da Lei das S.A. – além da condenação do acionista controlador por abuso do poder de controle – em operações prejudiciais à companhia realizadas com sociedades direta ou indiretamente controladas ou ligadas ao acionista controlador (porque mantinha relação estável com a controladora de uma das sociedades da qual fora controlador no passado bem como porque havia sido indicado Diretor-Presidente de outra das sociedades e, além de tudo, agiu em negociação como representante da controladora de contraparte), ainda mais quando referido pelos administradores condenados que quem tomava as decisões seriam o controlador da companhia (tendo os administradores aceito as condições impostas pelo controlador de modo passivo) (Processo Administrativo Sancionador CVM n. 16/2013, Rel. Dir. Henrique Balduino Machado Moreira, j. 19/02/2019). Entendemos que condenar o administrador por quebra do dever de diligência em caso como o referido, além de mais difícil uma vez que se deve demonstrar que o *iter* decisório foi incorreto, não se realizando a análise apenas do conteúdo da decisão, é desconsiderar os interesses extrassociais existentes e que tais circunstâncias permitem a avaliação do mérito da operação.

tual, de emprego, etc., com o acionista), e que, diante da pressão exercida pelo acionista, pode perdurar durante todo o mandato[371]. De qualquer sorte, é evidente, tais considerações não devem ficar restritas ao acionista controlador, mas a qualquer acionista – especialmente quando o acionista, no caso concreto, tenha, por exemplo, eleito tal gestor, tenha o poder de destituir o respectivo administrador (ou não renovar o mandato) ou esteja ligado a acordo de voto para tanto[372].

---

[371] Inspirado em STEINIGER. *Interessenkonflikte des Verwaltungsrates*, p. 197-199. Nesse sentido, assim leciona Luca Enriques: "A corollario dele conclusioni cui si è fin qui pervenuti, può affermarsi che non ha senso chiedersi, in via generali ed astratta, se gli amministratori possano dirsi interessati nelle operazioni da concludersi con l'azionista di controllo che li ha nominati o con società da questi controllate. In simili casi, occorre di volta in volta esaminare le circostanze del caso concreto, valutando anzitutto se esistano altri rapporti (di lavoro subordinato, di amministrazione presso altra società del gruppo ecc.) che rendano più intensa la relazione degli amministratori con il controllante e che, in definitiva, ne pregiudichino l'autonomia di giudizio, creando una situazione di più o meno forte dipendenza economica. Anche in assenza di questi ulterior rapporti (il cui accertamento peraltro avrebbe, di regola, carattere per così dire assorbente), possono valutarsi altri elementi idonei ad escludere ovvero ad affermare l'esistenza dell'interesse degli amministratori. Se, ad esempio, un amministratore ha ottenuto la carica dopo aver consumato l'intera vita lavorativa a servizio della società, alla quale tutora dedica esclusivamente le proprie energie lavorative, e se chi detiene il controllo di diritto della società ne à anche il fondatore, sarà ragionevole riconoscere, di regola, la sussistenza di un interesse dell'amministratore in relazione all'operazione intragruppo. Si pensi invece al caso di un professionista di successo che accetta la nomina ad amministradore di una *public company* relativamente piccola, controlatta di fatto da una società che detiene il dieci per cento dele azioni: in questo caso, è assai probabile che quell'amministratore non sarà particolarmente incline ad assecondare eventuali mire predatorie del socio di controllo, almeno in un mercato in cui l'esecuzione di operazioni in conflitto d'interessi danose per la società abbia effetti negativi sul buon nome di chi se ne rende corresponsabile." "Non pare dunque che, anche accogliendo un'interpretazione ampia della nozione di conflitto [...], l'art. 2391 porti necessariamente alla paralisi dell'amministrazione dei gruppi di società, come invece spesso si sostiene; né, alla luce dele tendenze in atto in materia de *corporate governance*, e in particolare della sempre maggiore importanza attribuita nella prassi alla figura degli amministratori independente, à lecito escludere che questi soggetti, anche se nominati dal socio di controllo, possano assumere sufficienti informazioni sugli aspetti rilevanti dele operazioni intragruppo e prendere decisioni responsabili e conformi all'interesse della singola società, degne (se non di schumpeteriani vichinghi) perlomeno di navigatori esperti e assennati." (ENRIQUES. *Il conflitto d'interessi degli amministratori di società per azioni*, p. 156-158).

[372] Nesse sentido, o art. 34 da Lei 4.595/1964, com a redação dada pela Lei 13.506/2017, impõe restrições à realização de operações crédito entre instituições financeiras e pessoas físicas ou jurídicas com participação societária qualificada em seu capital.

Na hipótese de determinado administrador tomar decisão em benefício de acionistas e de outros administradores, pode estar agindo em conflito de interesses – mesmo porque, não se pode esquecer, deve-se dar tratamento igualitário a todos os acionistas, ainda que tal dever seja relativo[373]. Dessa forma, parece não fazer sentido condenar tal gestor somente por infração ao art. 154, §1º. Afinal, tal dispositivo simplesmente determina que o administrador tem o dever de independência e, ainda que eleito por determinado grupo de acionistas, está sujeito a todos os deveres fiduciários; assim, para que exista a condenação a tal administrador, deve-se indicar qual dever foi violado – e não somente apontar a infração ao art. 154, §1º.

Em assim sendo, ainda que exista o dever de independência do administrador em relação aos acionistas que o elegeram, nos termos do art. 154, §1º, da Lei das S.A., bem como se entenda, como a CVM o faz, que o administrador não resta automaticamente impedido de participar da decisão que beneficie tal acionista, isso não significa que sua atuação não deva ser sindicada e que se verifique qual dever fiduciário, *in concreto*, foi violado. "A existência de eventual conflito de interesses entre determinado acionista e a companhia não acarreta, *em princípio*, o impedimento do administrador eleito com os votos de tal acionista de participar da deliberação relativa à matéria que dê ensejo ao interesse conflitante entre o acionista e a sociedade."[374] Em princípio[375].

A questão da independência do administrador que, por si só, já é delicada na realidade brasileira ganha contornos ainda mais sensíveis quando o administrador está vinculado a acordo de acionistas (LSA, art. 118, §§8º e 9º). Apesar de ser uníssono o entendimento de que tal vinculação não é um salvo conduto para a prática de atos ilícitos e descumprimento dos deveres pelos administradores[376], isso não significa que não se deva sindi-

---

[373] STEINIGER. *Interessenkonflikte des Verwaltungsrates*, p. 198-199.
[374] EIZIRIK. Eleição de Membro do Conselho de Administração para Atuar como Conselheiro de Companhia não Concorrente, p. 104, grifo nosso.
[375] Ainda que, posteriormente, o autor sustente que o administrador não está impedido de participar das deliberações que envolvam interesse do acionista que o elegeu, reproduzindo o entendimento da CVM (EIZIRIK. Eleição de Membro do Conselho de Administração para Atuar como Conselheiro de Companhia não Concorrente, p. 104 ss).
[376] Sobre o tema, entre outros, ver: GATTAZ. *A vinculação de membros do Conselho de Administração ao acordo de acionistas*; e SILVA. *Administradores e acordo de acionistas*. Ver, também: BARROSO, Carlos Henrique. A responsabilidade civil do conselheiro de administração e o acordo de acionistas. *Revista dos Tribunais*, São Paulo, v. 94, n. 834, p. 44-57, abr. 2005; LAMY FILHO,

car a operação para apurar eventual conflito de interesses em benefício dos acionistas que orientaram o voto – mesmo porque, aqui, o administrador está limitado pelo Direito Societário, não se encontrando em sua zona de discricionariedade e, ainda que vinculado ao acordo de acionistas, deve resistir à prática de operação em contrariedade ao interesse da companhia mas, dentro do interesse da companhia, nada impede que atenda também interesses de terceiros[377].

E quando ocupa cargos em diferentes companhias (o que pode se dar pelas mais diversas formas e razões)[378] – mesmo porque não há impedimento na legislação a que o administrador exerça outras atividades e ocupe cargos em diferentes sociedades, particularmente nos casos dos conselheiros de administração[379]-[380] –, o administrador tem a obrigação de agir no interesse de ambas as sociedades[381]: *by becoming a director of two companies,*

Alfredo. Acordos de acionistas – Observância dos administradores aos termos do acordo. In: ____. *Temas de S.A.:* exposições e pareceres. Rio de Janeiro: Renovar, 2007. p. 323-327; VON ADAMEK. *Responsabilidade civil dos administradores de S/A e as ações correlatas*, p. 145-148; YAZBEK. A vinculação dos administradores das sociedades aos acordos de acionistas, p. 31 ss; Processo Administrativo Sancionador CVM n. 09/2009, Rel. Dir. Luciana Dias, j. 21/07/2015.

[377] Nesse sentido, debate semelhante há no Direito suíço quando a administração ocupa posição fiduciária, *i.e.*, quando se obriga a seguir orientação de terceiro (cf. LAZOPOULOS. *Interessenkonflikte und Verantwortlichkeit des fiduziarischen Verwaltungsrates*, p. 74-77, 103-104).

[378] Cf. FALCÃO. *Interlocking board*, p. 25 ss.

[379] Ver: EIZIRIK. Eleição de Membro do Conselho de Administração para Atuar como Conselheiro de Companhia não Concorrente, p. 112; QUATTRINI. *Os deveres dos administradores de sociedades anônimas abertas*, p. 89; VON ADAMEK. *Responsabilidade civil dos administradores de S/A e as ações correlatas*, p. 160.

[380] Justamente por isso é que o art. 154, §2º, "c", da Lei das S.A. proíbe que o administrador receba de terceiros, sem autorização, qualquer vantagem pessoal, direta ou indireta, em razão do exercício do seu cargo na companhia, ou seja, não é vedado que o administrador, quando isso não decorrer do exercício do seu cargo na companhia, preste serviços, tenha vínculos contratuais, receba vantagens de terceiros ou seja administrador de outras sociedades quando isso for compatível com o seu cargo (LEÃES, Luiz Gastão Paes de Barros. Inexistência de impedimento de votar em deliberação do Conselho de Administração. In: ____. *Novos pareceres.* São Paulo: Singular, 2018. p. 1539-1560, p. 1551 ss).

[381] Cox & Hazen expõem que aquele que faz parte dos órgãos administrativos de duas companhias deve a mesma lealdade para ambas (COX; HAZEN. *Cox & Hazen on corporations*, p. 533). No mesmo sentido, podemos retirar tal conclusão do caso *Weinberger v. UOP, Inc.* (julgado em Delaware no ano de 1983). Ver: JACOBSON. Interested director transactions and the (equivocal) effects of shareholder ratification, p. 985. Por fim, ver, entre outros: FARRIOL. *La responsabilidad de los administradores en la Administración societaria*, p. 36; STEINIGER.

the director owes a core duty of loyalty to each[382]. Isso é o que, inclusive, determina de modo expresso o art. 154, *caput*, da LSA[383]. Assim, é evidente – como ocorre em outros ordenamentos jurídicos – que, quando essas duas sociedades venham a se relacionar, o administrador pode estar em conflito de interesses (originado de uma colisão de deveres) por conta do interesse de terceiro ao qual, repita-se, o administrador está obrigado a defender por determinação legal[384]! Nesse sentido, observe-se que mesmo no Brasil essa situação é considerada como potencial geradora de conflito de interesses: além de o IBGC assim considerar[385], o art. 34 da Lei 4.595/1964, com a redação dada pela Lei 13.506/2017, proíbe, como regra, a realização de operações de crédito entre instituições financeiras e partes relacionadas, considerando o §3º, V, "d", como parte relacionada da instituição financeira as pessoas jurídicas "que possuírem diretor ou membro de conselho de administração em comum".

Assim, considerar que nessas hipóteses automaticamente não existe conflito de interesses, como faz a CVM – e como, em certa medida, reproduz parte da doutrina[386] –, é admitir que determinado administrador não precisa atuar no interesse da companhia da qual é administrador. Além de cair em contradição com o próprio art. 147, §3º, da Lei das S.A.[387], é crista-

---

Interessenkonflikte des Verwaltungsrates, p. 155; KORT. Interessenkonflikte bei Organmitgliedern der AG, p. 717-719; POELZIG; THOLE. Kollidierende Geschäftsleiterpflichten, p. 849-850.

[382] DAVIES; WORTHINGTON. *Gower Principles of Modern Company Law*, p. 554.

[383] Cf. EIZIRIK. Eleição de Membro do Conselho de Administração para Atuar como Conselheiro de Companhia não Concorrente, p. 112.

[384] Nesse sentido, ver: LEÃES. Os deveres funcionais dos administradores de S.A., p. 653. Ainda, há precedente judicial que se considerou existente conflito de interesses tendo em vista que dois indivíduos ocupavam cargos de diretores em duas companhias e atuaram de maneira ativa, de ambos os lados, para a realização de contrato de locação comercial entre as sociedades fora dos padrões de mercado: TJSP, 8ª Câmara Cível, APC 23.534-4, Rel. Des. Antônio Rodriguez, j. 18/12/1996. In: EIZIRIK, Nelson. *Sociedades Anônimas*: Jurisprudência, t. 2. Rio de Janeiro: Renovar, 1998, p. 175-187

[385] Vide item 2.15 do Código das Melhores Práticas de Governança Corporativa do IBGC (cf. INSTITUTO BRASILEIRO DE GOVERNANÇA CORPORATIVA. *Código das melhores práticas de governança corporativa*, p. 53-54.

[386] EIZIRIK. Eleição de Membro do Conselho de Administração para Atuar como Conselheiro de Companhia não Concorrente, p. 115.

[387] E justamente por isso entendemos como contraditória a Instrução CVM 367/2002 em comparação com o posicionamento da Autarquia em seus julgados. Isso porque o art. 2º, §1º, da Instrução CVM 367/2002, diante do art. 147, §3º, da Lei das S.A., traz uma hipótese de *presunção* de conflito de interesses permanente consubstanciada no caso de conselheiro eleito por

lino que o art. 156 proíbe a administração em conflito de interesses, seja o interesse conflitante ao da companhia do próprio administrador (conflito direto ou imediato de interesses) ou de terceiro (conflito indireto ou mediato de interesses)[388]. Não se pode interpretar restritivamente o art. 156 da LSA, já que tal dispositivo, além de não restringir o que venha a ser

acionista que também tenha eleito conselheiro de administração em sociedade concorrente e que mantenha vínculo de subordinação com ele – apesar de a presunção somente existir se o conselheiro de administração de sociedade concorrente houver sido eleito apenas com os votos do acionista, ou se tais votos, isolados, forem suficientes para elegê-lo. Ademais, a CVM, além de entender que o estatuto social pode criar hipóteses de conflito presumido, diferentemente do entendimento adotado ao interpretar o art. 156, já se manifestou no sentido de que o art. 147, §3º, II, deve ser analisado caso a caso (cf. Processo CVM-RJ 2007/0191, Rel. Dir. Marcelo Trindade, j. 23/01/2007: "É ilegal a disposição estatutária que estabeleça como hipótese prévia e objetiva de impedimento à eleição de conselheiro de administração a ocupação de função ou cargo em *'controladores'* de *'outras pessoas jurídicas que possam ser consideradas concorrentes da Sociedade no mercado'*, bem como a extensão desse impedimento às pessoas que exerçam tais cargos em *'patrocinadores'* dos acionistas controladores, ou ainda *'em outras sociedades sob o seu controle ou a eles coligadas'*, mesmo ressalvando a autorização pela assembléia geral. Uma tal norma produziria o efeito de estender a situação de impedimento previamente definida no inciso I do § 3º da Lei 6.404/76 (de ocupação de cargo em sociedades concorrentes) a casos que, em verdade, estão abrangidos pelas situações de 'conflito de interesses', previstas como impedimento, de forma genérica, no inciso II do § 3º do art. 147, da Lei 6.404/76. Tais hipóteses de 'conflito de interesse', e não de impedimento prévia e objetivamente definido pela lei, devem ser avaliadas caso a caso, em primeiro lugar pelo acionista que indica e eventualmente elege o candidato, e em segundo lugar pela assembléia geral, diante da eleição em separado. Uma tal norma violaria, portanto, o próprio inciso I do § 3º do artt. 147 da Lei 6.404/76, e criaria restrição à forma legalmente prevista de fiscalização dos negócios sociais, em afronta também ao art. 109, III, da mesma Lei." "Não é ilegal a disposição estatutária que cria, no estatuto, hipóteses de conflito de interesse presumido, como no caso se pretendeu fazer com os conselheiros que não preencham uma definição estatutária de independência (e se poderia fazer quanto às hipóteses tratadas no exame da proposta de redação da alínea (i) do mesmo parágrafo 4º). Tais hipóteses, entretanto, somente serão legais se interpretadas como casos de conflito presumido, servindo de orientação à conduta dos acionistas da companhia na escolha de seus candidatos. Não seria legal, contudo, uma interpretação da norma estatutária proposta que resultasse em supressão da faculdade legal de indicação e eventual eleição pelo próprio acionista, na eleição em separado, a ser então submetida ao crivo da assembléia geral, para verificação da inexistência de conflito, ou da sua existência, mesmo que aceita pela assembléia. Uma tal interpretação violaria o art. 109, III, da Lei 6.404/76, ao restringir o exercício de faculdade de fiscalização dos negócios sociais de modo não previsto na própria lei.").

[388] *A no-conflict rule (...) covers not only conflicts between the director's interests and the duty to the company, but also conflicts which the directors might have in relation to his or her duty to the company and the director's duties to others* (KEAY. *Directors' Duties*, p. 271).

interesse do administrador em conflito com o interesse da companhia, é a regra geral do ordenamento jurídico brasileiro, inexistindo muitas regras especiais sobre a matéria[389]. Como também ocorre em outros países (Itália, Alemanha, Suíça, Espanha, França, Reino Unido e Estados Unidos, por exemplo), o fato de a legislação autorizar que se ocupe o cargo em órgãos de mais de uma companhia faz com que se deva lidar com a possibilidade de conflitos pontuais ou duradouros de interesse, não podendo se admitir, todavia, o sacrifício do interesse de uma companhia em benefício do interesse de outra[390] – e, a rigor, qualquer interesse em outra sociedade que venha a ser contraparte em alguma operação, por exemplo, deveria fazer com que a conduta do administrador venha a ser sindicada[391]. Ade-

---

[389] Mas ainda que se diga que tal situação não estaria abarcada pelo art. 156 da LSA, uma vez que somente vedaria a atuação em conflito de interesses caso o administrador tivesse um interesse pessoal próprio contraposto ao interesse da companhia, e não quando está envolvido na atuação do administrador interesse de terceiro (com o que não concordamos, mesmo porque o referido dispositivo legal não apresenta qualquer restrição a esse respeito), é fato que está atuando como agente de terceiros e que pode haver, então, um conflito entre interesses de terceiros, sendo que ele não está autorizado a dar prioridade a um ou a outro: aqui, é preciso respeitar o princípio da imparcialidade em conflito de interesses alheios. Sobre a imparcialidade no conflito de interesses alheios, ver: HOPT. *Interessenwahrung und Interessenkonflikte im Aktien-, Bank- und Berufsrecht*, p. 41-43 (= HOPT. *Protección y conflictos de intereses en el derecho de sociedades anónimas, bancario y professional*, p. 187-189).

[390] MENSE. *Interessenkonflikte bei Mehrfachmandaten im Aufsichtsrat der AG*, p. 23.

[391] Veja-se a situação do seguinte caso inglês: "In *Burns v Financial Conduct Authority* a non-executive director of company A sent various emails to Company B seeking a non-executive post with Company B at a time when Company B was in discussions with Company A as to how to develop their business relationship. Her unsuccessful defence was that, as no agreement had yet been concluded, by the two companies and it was only a 'speculative prospect' at the time of the emails, she had no conflict of interest for the purposes of s 177. Only a brief survey of the authorities was necessary for the Court of Appeal to conclude that the director had placed herself in a position of conflict of interest when she sent the relevant emails. 'She was actively soliciting a remunerative relationship with [Company B], for her own personal benefit, at the very same time as she owed an undivided duty of loyalty to [Company A] to consider B's possible future business relationship with A dispassionately and with her mind unclouded by any potential conflict of interest. In our view, there was clearly a sufficient likelihood of a conflict of interest, viewed objectively, to engage the duty of disclosure under section 177(1), and to render the exception in sub-section (6) inapplicable.' As to the argument that she had not sought to influence the decisions of Company A in favour of Company B, the court noted that 'the point was not whether she actively favoured [B] in the competitive process, but whether [A] could count on her undivided loyalty at a time when she was making undisclosed overtures to [B] for her own benefit'. The court upheld the finding that she had

mais, o mero fato de existir o dever de separar os papéis que ocupa em ambas as sociedades não faz com que, na prática, não possam existir conflitos de interesses, o que, então, deve ser regrado: não se pode imaginar que, vestindo o chapéu na companhia A, o conselheiro de administração ignorará por completo as informações e os interesses da companhia B, da qual também é conselheiro de administração[392].

A possibilidade de ocupar cargo em duas sociedades não autoriza uma diminuição dos deveres devidos pelos administradores à companhia[393]: se for gestor de duas sociedades, deve agir no interesse de ambas, sendo impostos àquele os mesmos deveres que a todos os outros administradores. Assim, "Any director will find it difficult to serve two masters without being in breach of his obligation to one or the other."[394] – como, inclusive, professa o ensinamento bíblico[395]. A possibilidade de conflito de deveres parece imanente a tal situação[396] – e, em nosso entender, isso pode ocorrer ainda que o administrador que ocupe o cargo nas duas companhias não participe da tomada de decisão nem (re)presente quaisquer das sociedades: a simples duplicidade de posição já pode ensejar a existência de confronto de interesses.

Como já dito alhures, "The practice of interlocking directorates is the root of many evils."[397]. Portanto, não considerar, por exemplo, que o

---

na undisclosed conflict of interest which had formed the basis for a justified conclusion by the Financial Conduct Authority that she was not a fit and proper person to be authorized by them for certain investment roles." (HANNIGAN. *Company Law*, p. 297-298).

[392] MENSE. *Interessenkonflikte bei Mehrfachmandaten im Aufsichtsrat der AG*, p. 91.

[393] KREBS. *Interessenkonflikte bei Aufsichtsratsmandaten in der Aktiengesellschaft*, p. 62. Nesse sentido, caso uma sociedade seja beneficiada em prejuízo da outra, não deve a sociedade beneficiada ser responsabilizada, mas sim o administrador que agiu em quebra aos seus deveres, afirmando-se que o administrador que assume cargos em duas companhias está assumindo o risco de ser responsabilizado por atuação em conflito de interesses ao beneficiar uma companhia em detrimento da outra – e não se podendo usar justificativa para o dano causado a uma sociedade o benefício gerado à outra (cf. HENN; FRODERMANN; JANNOTT. *Handbuch des Aktienrechts*, p. 359).

[394] HANNIGAN. *Company Law*, p. 273.

[395] "Ninguém pode servir a dois senhores, porque ou há de odiar um e amar o outro ou se dedicará a um e desprezará o outro. Não podeis servir a Deus e a Mamom." (Mateus 6:24).

[396] "Conflicts of duty are prevalent in modern commercial contexts due to individuals performing multiple roles." (LANGFORD. *Company Directors' Duties and Conflicts of Interest*, p. 86).

[397] BRANDEIS. *Other people's money and how the bankers use it*, p. 35-36 ("The practice of interlocking directorates is the root of many evils. It offends laws human and divine. Applied

mesmo sujeito que ocupa o cargo de administrador em duas companhias (o que pode ocorrer nas mais diversas circunstâncias, desde a indicação de administradores em duas sociedades pelo mesmo controlador até quando instituições financeiras indicam administradores da companhia para a qual emprestam recursos com a finalidade de garantir certas condições contratuais)[398] que realizam determinada operação não esteja em conflito de interesses, ainda mais quando a própria CVM adota a posição de conflito formal de interesses, é um tanto quanto estranho – para não dizer perigoso, uma vez que o entendimento da referida Autarquia leva a crer que todo o problema de *interlocking directorates* é resolvido pelo art. 147, §3º, da Lei das S.A. e como se, uma vez passado por esta barreira, os referidos administradores não tivessem que cumprir com o dever de não agir em conflito de interesses imposto pelo art. 156. Resta, ao fim e ao cabo, afetada a transparência e a equidade das operações nesses casos, inclusive quando realizadas dentro do mesmo grupo. Ora, o art. 147, §3º, é aplicável para o caso de um conflito permanente de interesses[399] (ou seja, que afeta de modo constante e duradouro o administrador)[400] quando da eleição do adminis-

---

to rival corporations, it tends to the suppression of competition and to violation of the Sherman law. Applied to corporations which deal with each other, it tends to disloyalty and to violation of the fundamental law that no man can serve two masters. In either event it tends to inefficiency; for it removes incentive and destroys soundness of judgment. It is undemocratic, for it rejects the platform: 'A fair field and no favors,' – substituting the pull of privilege for the push of manhood. It is the most potent instrument of the Money Trust. Break the control so exercised by the investment bankers over railroads, public-service and industrial corporations, over banks, life insurance and trust companies, and a long step will have been taken toward attainment of the New Freedom." "The term "Interlocking directorates" is here used in a broad sense as including all intertwined conflicting interests, whatever the form, and by whatever device effected. The objection extends alike to contracts of a corporation whether with one of its directors individually, or with a firm of which he is a member, or with another corporation in which he is interested as an officer or director or stockholder. The objection extends likewise to men holding the inconsistent position of director in two potentially competing corporations, even if those corporations do not actually deal with each other.").

[398] Sobre o tema, ver FALCÃO. *Interlocking board*, p. 38 ss.

[399] Como quando o administrador é indicado por acionista que explora atividade concorrente (cf. DÍEZ. *El deber de los administradores de evitar situaciones de conflicto de interés*, p. 153 ss) ou na hipótese em que o administrador da companhia é responsável por operações junto à sociedade fornecedora da qual é controlador (cf. EIZIRIK. *A Lei das S/A comentada*, v. 3, p. 93). Nesse sentido, ver: Processo Administrativo Sancionador CVM RJ2014/8013, Rel. Dir. Gustavo Machado Gonzalez, j. 28/08/2018.

[400] GALLEGO. Capítulo II – Los Administradores, p. 1.594.

trador[401] e somente aqui é que há uma incompatibilidade a impor, inclusive, o dever de renunciar ao cargo (como ocorre em outros países) uma vez que o gestor deve escolher a qual interesse atender (apesar de caber, a rigor, à Assembleia Geral, devidamente convocada, deliberar a respeito)[402]; na hipótese de conflitos pontuais (ou seja, quando o conflito de interesses se verifica ocasionalmente, em operações isoladas)[403], que não serão resolvidos pela regra de incompatibilidade, no Brasil, devem incidir as demais regras relacionadas aos deveres dos administradores, como o art. 156 da LSA – devendo-se analisar, *in concreto*, se é caso de responsabilização (*v.g.*, se há algum dano ou se existe alguma justificativa comercial à operação), devendo o administrador ter ciência de que, ao assumir cargos em duas sociedades, assumiu o risco de ser responsabilizado[404]:

> "O conflito [previsto no art. 147, §3º, II, da Lei das S.A.] deve ser de tal monta que efetivamente impeça o administrador de atuar, em caráter permanente, de forma isenta; caso contrário, poderá assumir o cargo e manifestar seu impedimento diante de situações concretas."[405]

---

[401] LAZZARESCHI NETO. *Lei das Sociedades por Ações Anotada*, v. I, p. 627 ("Para impedir a eleição, o conflito de interesses deve existir naquele momento, ou seja, por ocasião da eleição do conselheiro. Nada impede que o conflito surja após a eleição, autorizando a destituição do conselheiro.").

[402] EIZIRIK. Eleição de Membro do Conselho de Administração para Atuar como Conselheiro de Companhia não Concorrente, p. 114. Isso tudo sem esquecer que, como sustenta Erasmo Valladão, os demais administradores, em cumprimento ao dever de diligência, poderiam negar acesso a documentos e informações e impedir o exercício da função de conselheiro que tenha dado declaração falsa e, assim, assumido o cargo a despeito do previsto no art. 147, §3º, da Lei das S.A. e no estatuto social, uma vez que a deliberação da Assembleia Geral que elegeu referidos conselheiros seria anulável – sendo que, posteriormente, deveria ser convocada Assembleia Geral para eleição dos membros do Conselho Fiscal –, cf. FRANÇA. Considerações sobre o art. 147, §3º, da Lei de S.A. (apesar de assim não ter decidido a CVM, cf. Processo Administrativo Sancionador CVM RJ2014/8013, Rel. Dir. Gustavo Machado Gonzalez, j. 28/08/2018).

[403] GALLEGO. Capítulo II – Los Administradores, p. 1.594.

[404] Ver: POELZIG; THOLE. Kollidierende Geschäftsleiterpflichten, p. 866-867.

[405] EIZIRIK. *A Lei das S/A comentada*, v. 3, p. 93. Nesse sentido, no Brasil, quem interpreta de modo restritivo o art. 147, §3º – sustentando que o conflito permanente de interesses previsto no inciso II está restrito à hipótese descrita no inciso I, *i.e.*, de ocupar o administrador cargo em sociedade concorrente –, como o faz Diego Billi Falcão, reconhece que situações outras de conflitos de interesses decorrentes de uma mesma pessoa ocupar cargos em diferentes companhias são regradas pelo art. 156 da Lei das S.A. (cf. FALCÃO. *Interlocking board*, p. 110 ss).

Assim, enquanto o art. 147, §3º, II, da Lei das S.A. trata de conflito permanente (estrutural) de interesses, o art. 156 dá o tratamento ao conflito eventual (*ad hoc*) de interesses[406].

Igualmente, a adoção de um conceito restrito por parte da CVM deixa de fora, por exemplo, as situações de atuação em conflito de interesses em contexto de ofertas hostis – o que é objeto de análise de atuação em conflito de interesses em outros países, como se refere, *v.g.*, na Alemanha, na Suíça, no Reino Unido e nos Estados Unidos. Em situação de oferta hostil, por exemplo, em que a CVM prevê a possibilidade de que o Conselho de Administração da companhia objeto da oferta pública se manifeste a respeito[407], poderia o conselheiro de administração da companhia-alvo manifestar-se caso também ocupe cargo na companhia ofertante ou caso tenha algum valor a receber em caso de destituição (o que pode ocorrer após a troca do controle)? A CVM é omissa a respeito, inexistindo um dever expresso de neutralidade[408], recaindo a questão, logicamente, na regra geral do art. 156 da LSA (bem como nos demais deveres fiduciários)[409].

---

[406] EIZIRIK. Eleição de Membro do Conselho de Administração para Atuar como Conselheiro de Companhia não Concorrente, p. 109 ss. Ver, também: SALOMÃO NETO. *Trust* e deveres de lealdade e sigilo na sociedade anônima brasileira, p. 318-319. Nesse sentido, no Processo Administrativo 2008/4134 (Rel. Dir. Sérgio Weguelin, j. 03/03/2009), entendeu-se que o membro efetivo do Conselho Fiscal eleito por acionista minoritário que litiga com a companhia e tem valor a receber de indenização não se encontra em conflito de interesses uma vez que não é advogado do referido acionista que o elegeu (mesmo que advogue eventualmente para tal sócio); quanto ao conselheiro fiscal suplente, todavia, entendeu-se que existiria conflito de interesses uma vez que é filho do acionista que o elegeu, tendo um interesse pessoal na questão, não podendo, então, participar de decisões relacionadas ao processo.

[407] Cf. art. 32-D da Instrução CVM 361, de 05/03/2002. O mesmo se aplica às determinações de manifestação do Conselho de Administração previstas no Regulamento do Novo Mercado e do Nível 2 (cf. B3. *Segmentos de listagem*) e no Código Brasileiro de Governança Corporativa – Companhias Abertas (GT INTERAGENTES. *Código Brasileiro de Governança Corporativa – Companhias Abertas*, p. 24-25).

[408] NASCIMENTO. *Medidas Defensivas à Tomada de Controle de Companhias*, p. 220; SOUZA. *A tomada de controle de companhia aberta*, p. 92 ss. Não há, no Brasil, um princípio semelhante ao da *no-frustration rule*, ainda que, diante do sistema legal brasileiro, boa parte do poder decisório quanto às medidas de defesa sejam dos acionistas, o que acaba, por vezes, por funcionar como uma *no-frustration rule* (MUNHOZ, Eduardo Secchi. *Aquisição de controle na sociedade anônima*. São Paulo: Saraiva, 2013, p. 369-370).

[409] Sobre o monitoramento da atuação dos administradores diante dos deveres fiduciários em situação de oferta de aquisição de controle e o uso de técnicas defesa, ver: MUNHOZ. *Aquisição de controle na sociedade anônima*, p. 368-370.

Todavia, pela interpretação dada pela Autarquia, tal administrador poderia manifestar-se e usar das técnicas de defesa possíveis no Brasil sem controle, permitindo-se o seu entrincheiramento, pois mesmo que assim proceda para proteção do próprio cargo (uma vez ser natural que a troca de controle enseje a substituição dos administradores) e em detrimento do interesse da companhia (podendo causar alto custo financeiro, por exemplo), está-se diante de um interesse pessoal do administrador contraposto ao interesse da sociedade, mas que não seria abarcada pela atuação da CVM, pois o gestor, neste caso, não é contraparte da operação com a sociedade[410].

Finalmente, a CVM acaba por não considerar como atuação em conflito de interesses – mas apenas quebra do dever de lealdade – a prática de atos com o objetivo de recebimento de vantagens indevidas (*i.e.*, corrupção). Ora, se o administrador que está a receber uma vantagem indevida não age em conflito de interesses (o que é, evidentemente, atuação em quebra ao dever de lealdade), o que mais seria?

Por outro lado, o critério adotado pela CVM (e, da forma como a Autarquia interpreta a norma, não existiria outra forma de interpretar o art. 156 da LSA) atinge, em tese, inclusive os casos em que o administrador firma contrato com a sociedade em que não possui qualquer liberdade de estipulação ou a sua discricionariedade é restrita (contratação em massa e/ou de adesão, sujeita a cláusulas contratuais gerais, e que está abarcada na rotina dos negócios da sociedade)[411] – hipótese na qual se pode presumir que não há qualquer vantagem especial ao administrador[412], como já sustentava Trajano de Miranda Valverde[413]. Observe-se que diversos países

---

[410] Ver: STEINIGER. *Interessenkonflikte des Verwaltungsrates*, p. 179 ss.

[411] Ainda que, por exemplo, seja estabelecido de modo prévio que a contratação com qualquer colaborador da sociedade será feita em termos especiais (cf. ABREU. Negócios entre sociedades e partes relacionadas (administradores, sócios), p. 18, nota de rodapé), o que, como sabemos, é relativamente comum em nosso País.

[412] Cf. GOMES. Conflito de interesses entre accionistas nos negócios celebrados entre a sociedade anónima e o seu accionista controlador, p. 114-115. Também referindo que quando o conteúdo contratual é determinado ou caso se trate de operações correntes não se pode falar em conflito de interesses desde que o conflito não esteja presente em aspectos relevantes da contratação (como a própria conveniência e oportunidade da contratação), ver: FERRER. *El deber de lealtad del administrador de sociedades*, p. 428-431, 434-435.

[413] "Conflito de interêsses não haverá no caso em que o diretor, quer pessoalmente, uqer como representante ou sócio de outra sociedade, adquire, pelos preços de tarifa ou fixos,

autorizam a realização de negócios correntes em condições de mercado (art. 397º, nº 5º, do Código das Sociedades Comerciais português, art. 229, 1, "a", da *Ley de Sociedades de Capital* espanhola e arts. L225-39 e L225-87 do *Code de Commerce* francês, bem como art. 271 da *Ley de Sociedades Comerciales* argentina e art. 84 da *Ley 16.060* uruguaia, entre outros[414]), o que não significa que não se deva realizar a análise e o controle das operações[415], mesmo porque é preciso verificar, caso a caso, se a operação é habitual e/ou se a operação respeita os padrões usualmente adotados[416]. Ora, nada autoriza coibir negócios usuais realizados pela companhia, ainda que com seus administradores, em situações em que não reste caracterizado qualquer prejuízo ao ente coletivo[417].

No mesmo sentido, a interpretação dada pela CVM atinge, por conceito, os chamados conflitos de bagatela, o que entendemos não fazer muito sentido – sendo que diversos países excepcionam as vedações e os procedimentos previstos em lei na situação de operações de menor monta, como ocorre no Reino Unido (*Sections* 176, 191 e 207 do *Companies Act*).

De mais a mais, como se entende nos Estados Unidos, a verificação da equidade não deve estar restrita à análise da existência de sinalagma. É imperioso que, sendo avaliada toda a operação, aprecie-se também a

---

segundo as condições comuns de pagamento, os artigos ou produtos da sociedade anônima que administra. Não há aí, com efeito, ajuste prévio, isto é, acertamento preliminar entre comprador e vendedor sôbre as condições do contrato, o que, em regra, estabelece a colisão de interêsses. Isto pôsto, a proibição contida no art. 1.133 do Código Civil, pelo qual não podem ser comprados pelos administradores, ainda em hasta pública, os bens confiados à sua guarda ou administração, há de ser recebida, no funcionamento das sociedades anônimas, com a única interpretação que deve ter: a de não poderem os administradores comprar os bens que aparelham a companhia para a consecução do seu objetivo e não os resultados da sua atividade ou trabalho." (VALVERDE. *Sociedades por ações*, p. 316). Ver, também: LAZZARESCHI NETO. *Lei das Sociedades por Ações Anotada*, v. I, p. 686.

[414] Mesmo no Reino Unido, o *Companies Act*, que possui regras restritas, autoriza, por exemplo, a realização de operações de empréstimo ou transações de crédito sem necessidade de aprovação por qualquer instância quando realizadas no curso dos negócios da companhia (*Section* 207(3)). Igualmente, observe-se, por exemplo, que a *Section* 315 do *California Corporations Code* autoriza a realização de empréstimos e prestação de garantias a administradores no curso normal dos negócios.

[415] FERRER. Deberes de los administradores en la Ley de Sociedades de Capital, p. 95.

[416] FRANÇOIS; FRONDEVILLE; MARLANGE. *Dirigeant de société*, p. 197-198.

[417] MALAMUD. Los contratos de los directores con las sociedades anónimas que administran, p. 3.742-3.743.

sua utilidade para a companhia[418] – o que é particularmente importante quando se trata de operação excepcional[419]. Isso, todavia, a CVM não faz.

Assim, muito além do conflito de interesses baseado em um suposto benefício de ordem econômica, o que se deve ter em mente é que o conflito de interesses na administração da sociedade anônima (bem como em outras esferas) surge de diferentes formas e com diversas intensidades, de modo direto (próprio) ou indireto (de terceiro)[420] – sendo que, no caso de interesse de terceiro, deve-se avaliar como tal interesse pode ter influenciado a atuação do gestor de modo significativo (seja o terceiro uma interposta pessoa, tenha o terceiro um interesse próprio ou tenham o terceiro e o administrador um interesse comum)[421]. Deve-se analisar, caso a caso, se há colisão de interesses (sendo que nem sempre o prejuízo da companhia representa, objetivamente, um ganho correlato ao administrador), a forma como o interesse extrassocial influenciou na tomada de decisão (relações de parentesco do gestor podem influenciar de maneira diversa sua atuação, *v.g.*) e se há efetivamente uma determinação legal de se agir com interesse contrário (se há colisão de deveres em caso de representação de duas sociedades na mesma operação, por exemplo)[422].

A atuação em conflito de interesses, no Brasil, por aquilo que observamos na prática (e não raro pelas notícias que estampam os jornais, inclusive – ou especialmente – no que diz respeito à atuação de administradores em sociedades de economia mista diante do conflito de deveres existente)[423],

---

[418] CARVALHOSA. *Comentários à Lei de Sociedades Anônimas*, v. 3, p. 279; BARRETO. *O conflito de interesses entre a companhia e seus administradores*, p. 219-220; SPINELLI. *Conflito de interesses na administração da sociedade anônima*, p. 238-239.

[419] COSTA. *Contribuição ao estudo da responsabilidade civil dos administradores de companhias abertas*, p. 104; SPINELLI. *Conflito de interesses na administração da sociedade anônima*, p. 239.

[420] BORSDORFF. *Interessenkonflikte bei Organsmitgliedern*, p. 10. Também afirmando que são vários os possíveis conflitos de interesses, ver: FLEISCHER. Zur organschaftlichen Treupflicht der Geschäftsleiter im Aktien- und GmbH-Recht, p. 1050.

[421] FERRER. *Deberes de los administradores en la Ley de Sociedades de Capital*, p. 97-99; RIBAS. *Capítulo III – Los Deberes de los Administradores*, p. 1.661. Não se pode, ainda, desconsiderar que, na prática, as operações em conflito de interesses operam-se por meio de terceiros (irmãos, esposa ou outros parentes próximos, sociedade da qual o administrador tem interesse ou é procurador, homem de palha, etc) (FLEISCHER. Zur organschaftlichen Treupflicht der Geschäftsleiter im Aktien- und GmbH-Recht, p. 1057-1058).

[422] BÖCKLI. *Schweizer Aktienrecht*, p. 1795-1796.

[423] E a existência de conflito de interesses em sociedades de economia mista também ocorre em outros países, cf. STEINIGER. *Interessenkonflikte des Verwaltungsrates*, p. 239 ss.

é algo mais frequente do que se imagina[424]. E o remédio disponibilizado pela legislação brasileira para tratar tal patologia é, como regra geral, o art. 156 da Lei das S.A., que, tendo em vista a inspiração norte-americana, entendemos que deve ser interpretado como usualmente lá se faz, devendo-se, por sua vez, adotar uma noção ampla de conflito de interesses – mesmo porque interpretar a referida regra de outro modo conduz à restrição ao conceito de conflito de interesses, justamente o que, por ser tão ilógico, não ocorre em outros países (e isso independentemente das regras de cada país para tratar do tema, mesmo porque cada país lida de forma diversa com a questão)[425].

Mas não há, para se realizar tal análise em sentido lato, como se ter uma proibição geral de voto ou da prática de atos de gestão, especialmente diante de zonas cinzentas (como quando envolvem interesses financeiros, indiretos, interesses imateriais ou terceiros). No Brasil, há regras específicas sobre proibição de voto e da prática de atos de gestão, não se podendo interpretar a regra geral como se vedasse a atuação do administrador *a priori*. E mesmo na Alemanha, por exemplo, o impedimento de voto é restrito a casos excepcionais (apesar de a proibição de voto ser estendida para além das hipóteses previstas expressamente em lei), e não a casos que não são claramente definidos[426].

---

[424] Ao dar um panorama da sua obra, Karsten Krebs se manifestou nesse sentido: "Die vorliegende Untersuchung hat gezeigt, dass Interessenkonflikte von Ausichtsratsmitgliedern in den verschiedensten Formen und durchaus häufig vorkommen." (KREBS. *Interessenkonflikte bei Aufsichtsratsmandaten in der Aktiengesellschaft*, p. 323).

[425] Sendo que os diferentes países tratam de diversas formas a matéria (FLEISCHER. Zur organschaftlichen Treupflicht der Geschäftsleiter im Aktien- und GmbH-Recht, p. 1050, 1052-1054).

[426] KREBS. *Interessenkonflikte bei Aufsichtsratsmandaten in der Aktiengesellschaft*, p. 138 ss; HOPT. Interessenwahrung und Interessenkonflikte im Aktien-, Bank- und Berufsrecht, p. 45-46 (= HOPT. Protección y conflictos de intereses en el derecho de sociedades anónimas, bancário y professional, p. 191).

5
Considerações finais: necessidade de interpretação dinâmica do art. 156 da Lei das S.A.

O conflito de interesses pertence à rotina da administração de sociedades[427], é algo inevitável[428] e nunca poderá ser completamente prevenido[429], surgindo em contextos múltiplos[430] e manifestando-se das mais diversas formas que variam a depender das específicas circunstâncias[431] – sendo que, não raras vezes, um ato pode configurar mais de um ilícito[432]. Justamente por isso é que não se pode abrir mão de analisar a existência do conflito *in concreto*, apreciando todas as particularidades do caso – pois, como se sabe, *o diabo mora nos detalhes*. O conflito de interesses dos administradores deve ser analisado de acordo com o conteúdo concreto da operação na qual o administrador interessado faz prevalecer o seu interesse em detrimento do interesse da sociedade com consequente dano a esta última[433].

Isso, evidentemente, não significa que as operações em que os administradores tenham interesse extrassocial envolvido não devam ser submetidas a controles jurídicos, visto que os abusos devem ser coibidos[434] – e,

---

[427] LAZOPOULOS. *Interessenkonflikte und Verantwortlichkeit des fiduziarischen Verwaltungsrates*, p. 37, 146.
[428] ANDERSON. Conflicts of Interest, p. 738.
[429] STEINIGER. *Interessenkonflikte des Verwaltungsrates*, p. 3.
[430] LANGFORD. *Company Directors' Duties and Conflicts of Interest*, p. 86.
[431] STEINIGER. *Interessenkonflikte des Verwaltungsrates*, p. 252, 335.
[432] LAPIQUE. *Manual de Sociedades Anónimas*, p. 308.
[433] SOLIMENA. *Il conflitto di interessi dell'amministratore di società per azioni nelle operazioni con la società amministrata*, p. 147.
[434] HERTIG; KANDA. Related party transactions., p. 102; FANTO. *Directors' and officers' liability*, p. 4-5.

aqui, não se está falando única e exclusivamente do controle pelo Poder Judiciário ou por autoridades administrativas, mas também os controles orgânicos das sociedades, mesmo porque a fiscalização assume grande relevância em situações de conflitos de interesses[435]. Mais: ao se analisar *in concreto* a situação, adotando-se a noção de conflito material, não necessariamente está-se admitindo que o ilícito ocorrerá ou mesmo que restará produzido qualquer dano – mesmo porque os elementos essenciais do conflito de interesses são uma situação objetiva de conflito de interesses e a potencialidade de dano relevante, não se precisando esperar que o dano ocorra nem se demonstrar o dolo ou a culpa do administrador[436]. Em casos de visível incompatibilidade entre os interesses do administrador e da companhia, nos quais a quebra do dever de lealdade é uma verdadeira ameaça ou iminente, há a possibilidade de tutela de urgência para impedir que determinada operação ocorra ou evitar que continue sendo praticada ou se repita (prevenindo a própria prática do ilícito, a sua continuação ou repetição, bem como, caso o ilícito já tenha ocorrido, evitando que o dano se produza ou seja agravado, uma vez que não se pode confundir o ato contrário ao direito com o dano)[437] – sendo, evidentemente, a medida mais satisfatória[438] pois "é melhor prevenir do que ressarcir"[439] –, podendo-se consubstanciar, inclusive, na intervenção judicial na administração de sociedades[440].

---

[435] GOMES. *Da Administração à Fiscalização das Sociedades*, p. 349.

[436] Andando nesse sentido, ver: FERRER. Deberes de los administradores en la Ley de Sociedades de Capital, p. 94-96. Sobre a potencialidade do dano, ver, também: GUERREIRO. Abstenção de voto e conflito de interesses, p. 681 ss.

[437] MARINONI, Luiz Guilherme. *Tutela inibitória*: individual e coletiva. 4 ed. São Paulo: Revista dos Tribuais, 2006, p. 23 ss. "Where a breach of duty is threatened the company may seek an injunction to prevent the breach from occurring or continuing, or declaration." LANGFORD. *Company Directors' Duties and Conflicts of Interest*, p. 389).

[438] DAVIES; WORTHINGTON. *Gower Principles of Modern Company Law*, p. 563.

[439] MARINONI. *Tutela inibitória*, p. 38. No mesmo sentido, afirmando que *la reparación es mucho más costosa y difícil que la prevención*, ver: SAINZ. El deber de abstención en el voto como solución legal ante determinados supuestos de conflicto de intereses en la sociedad de responsabilidad limitada, p. 126.

[440] Sobre a intervenção judicial na administração de sociedades, particularmente por descumprimento dos deveres dos administradores, ver: SPINELLI, Luis Felipe; SCALZILLI, João Pedro; TELLECHEA, Rodrigo. *Intervenção judicial na administração de sociedades*. São Paulo: Almedina, 2019, p. 115-121. Ver, também, entre outros: LACERDA, Galeno. *Comentários ao Código de Processo Civil*: (Lei n. 5.869, de 11 de janeiro de 1973), v. 8, t.1. 2 ed. Rio de Janeiro: Forense,

De qualquer sorte, não se nega que, muitas vezes, pode ser extremamente difícil comprovar quando determinada operação foi realizada em conflito de interesses – mesmo porque estamos, aqui, tratando de uma das matérias mais complexas do Direito Societário[441]. Por mais rigor que se queira impor por meio do dever de lealdade, problema difícil de se superar é descobrir e comprovar a sua quebra[442]. Entretanto, a dificuldade probatória – especialmente nos casos de conflitos indiretos de interesses[443], especialmente se considerarmos que a LSA não adotou qualquer regime de presunção, como o fez o art. 231 da *Ley de Sociedades de Capital* espanhola – não pode fazer com que não se busque analisar o caso concreto (ainda mais porque entendemos que se trata de conflito material de interesses), levando em conta todas as circunstâncias – sendo que o ordenamento jurídico, inclusive, objetiva facilitar eventual responsabilização por meio da presunção de culpa e consequente inversão do ônus da prova.

Deve-se, então, trabalhar com a noção de presunção de culpa e, assim, de inversão do ônus da prova, como ocorre nos EUA – e também se entende em outros países em caso de violação dos deveres dos administradores, a exemplo de Portugal (art. 72º do Código das Sociedades Comerciais)[444], Espanha (*Ley de Sociedades de Capital*, art. 236, 1)[445] e Argentina (*Ley de*

1981, p. 169; PLETI, Ricardo Padovini. *Intervenção judicial em sociedade empresária*. Curitiba: Juruá, 2014, p. 157 ss; RODRIGUES FILHO, Eulâmpio. Suspensão cautelar e afastamento de gerente de sociedade por quotas. *Revista Brasileira de Direito Processual*, v. 54, p. 91-96, abr./jun. 1987; VON ADAMEK. *Responsabilidade civil dos administradores de S/A e as ações correlatas*, p. 379. Sobre o tema da intervenção judicial na administração de sociedades, ver, ainda: LOTUFO, Mirelle Bittencourt. *Intervenção judicial na administração das sociedades empresárias*. São Paulo: Quartier Latin, 2019; PEREIRA, Luiz Fernando C. *Medidas urgentes no direito societário*. São Paulo: Revista dos Tribunais, 2002, p. 205 ss.

[441] KEAY. *Directors' Duties*, p. 267.

[442] FLEISCHER. Zur organschaftlichen Treupflicht der Geschäftsleiter im Aktien- und GmbH-Recht, p. 1049. Ver, também: BONELLI. *La responsabilità degli amministratori di società per azioni*, p. 90-93; ANDERSON. Conflicts of Interest, p. 760-761.

[443] RIBAS. Capítulo III – Los Deberes de los Administradores, p. 1.639.

[444] OLIVEIRA. Responsabilidade civil dos administradores, p. 289; VASCONCELOS. Responsabilidade civil dos gestores das sociedades comerciais, p. 21 ss; LOURENÇO. *Os deveres de Administração e a business judgment rule*, p. 29 ss.

[445] GASTAMINZA. *Comentarios a la Ley de Sociedades de Capital*, p. 650-651; FERRER. *El deber de lealtad del administrador de sociedades*, p. 671-672; GARCÍA. Presupuestos y extension subjetiva de la responsabilidad. Solidariedad, p. 339-344.

Sociedades Comerciales, art. 274)[446], além de existir entendimento nesse sentido, por exemplo, na França[447]. Assim optamos inclusive porque o regime americano dos deveres e responsabilidades dos administradores inspirou a legislação brasileira[448], apresentando uma norma procedimental semelhante à usualmente adotada nos EUA[449].

---

[446] ROITMAN. *Ley de sociedades comerciales comentada y anotada*, t. IV, p. 545-546. Referindo, no sistema argentino anterior à *Ley de Sociedades Comerciales*, que essa era a interpretação adequada à norma de conflito de interesses, baseada na orientação norte-americana, ver: PINEDO. Contratos entre una sociedad anónima y sus directores, p. 3.810-3.811.

[447] GRÉVAIN-LEMERCIER. *Le devoir de loyauté en droit des sociétés*, p. 423 ss.

[448] Os próprios autores da LSA reconhecem que, mesmo respeitando a tradição nacional na matéria, proveniente do Direito continental europeu, tiveram de aceitar as soluções do sistema anglo-americano (tal afirmativa consta de ofício endereçado ao Ministro da Fazenda em 18 de abril de 1975, quando da entrega do então Anteprojeto de Lei das Sociedades por Ações, cf. LAMY FILHO; PEDREIRA. *A Lei das S.A.*, p. 143), inspirando fortemente a disciplina dos deveres dos administradores (cf., entre outros: SALOMÃO NETO. *O trust e o Direito brasileiro*, p. 107 ss; SALOMÃO NETO. *Trust* e deveres de lealdade e sigilo na sociedade anônima brasileira, p. 306 ss; TOLEDO. *O Conselho de Administração na Sociedade Anônima*, p. 26, 54, 58; PARENTE. *O dever de diligência dos administradores de Sociedades Anônimas*, p. 34; CUNHA. *Estrutura de interesses nas Sociedades Anônimas*, p. 222; BARRETO FILHO, Oscar. Medidas judiciais da companhia contra os administradores. *Revista de Direito Mercantil, Industrial, Econômico e Financeiro*, São Paulo, a. 19, n. 40, p. 9-18, out./dez. 1980, p. 10-11; CARVALHOSA. *Comentários à Lei de Sociedades Anônimas*, v. 3, p. 247; CAMPOS. Seção V – Deveres e Responsabilidades, p. 1.086) – além de servir de subsídio para a jurisprudência pátria (nesse sentido, a Comissão de Valores Mobiliários, no Processo Administrativo Sancionador CVM n. RJ 2005/1443, julgado em 10 de maio de 2006, de relatoria do Diretor Pedro Oliva Marcilio de Sousa, ao analisar o dever de diligência, assim asseverou: "Na ausência de decisões prévias ou de reflexões sobre o assunto no Brasil, a jurisprudência norte-americana pode servir como um bom subsídio, especialmente porque lá se procura extrair conceitos e regras a partir de casos concretos"; e andando no mesmo sentido, a 6ª Câmara de Direito Privado do Tribunal de Justiça do Estado de São Paulo, ao decidir questão atinente a seguro de responsabilidade civil de administrador de sociedade (*D&O Insurance*), serviu-se, tendo em vista a escassez (ou inexistência?) de precedentes nacionais e a pobre doutrina sobre a matéria, dos ensinamentos do Direito Comparado, especialmente do Direito ianque, para elucidar e solucionar a contenda, cf. TJSP, 6ª Câmara de Direito Privado, APC 543.194-4/9-00, Rel. Des. Vito Guglielmi, j. 11/12/2008).

[449] Cf. CARVALHOSA. *Comentários à Lei de Sociedades Anônimas*, v. 3, p. 269 – apesar de haver certa discussão sobre a origem do art. 156 da LSA, existindo quem sustente que a fonte seria o antigo texto do *Codice Civile* italiano (cf. VON ADAMEK. *Responsabilidade civil dos administradores de S/A e as ações correlatas*, p. 164; FRANÇA. Conflito de interesses de administrador na incorporação de controlada, p. 347). Sobre o tema e a discussão travada a respeito, ver: SPINELLI. *Conflito de interesses na administração da sociedade anônima*, p. 211-213.

CONSIDERAÇÕES FINAIS: NECESSIDADE DE INTERPRETAÇÃO DINÂMICA DO ART. 156...

Assim, o desrespeito ao procedimento previsto no art. 156 da Lei das S.A. enseja a inversão do ônus da prova[450]. Demonstrada a existência de interesse extrassocial do gestor, a ausência de comunicação e/ou a inexistência de abstenção será prova da culpa, partindo-se do pressuposto de que a decisão tomada pela companhia foi defeituosa, passando a ter, então, o administrador de fazer prova em sentido contrário, ou seja, de que a operação foi razoável, equitativa e útil à companhia, a qual não sofreu qualquer dano[451] – o que serve como incentivo para que seja respeitada a norma procedimental[452]. Por sua vez, ainda que respeitado o procedimento previsto no art. 156 da Lei 6.404/76, pode a operação realizada ser revisada caso não tenha sido razoável, equitativa ou útil à companhia; todavia, nesse caso, o ônus probatório sobre o fato de a operação ser *unfair* recai sobre quem contesta o ato de gestão. A rigor, e sem precisar entrar na discussão sobre se a responsabilidade dos administradores é contratual ou aquiliana, tal orientação vai ao encontro da interpretação majoritária dada ao art. 158, II, da Lei das S.A., no sentido de que há presunção relativa de culpa (presunção *juris tantum*) em caso de violação da lei e do estatuto, invertendo-se, então, o ônus da prova[453].

---

[450] Nesse sentido já sustentamos em: SPINELLI. *Conflito de interesses na administração da sociedade anônima*, p. 260 ss; e SPINELLI, Luis Felipe. Conflito de interesses na Administração da sociedade anônima: respeito à regra procedimental e inversão do ônus da prova. In: MARTINS-COSTA, Judith. *Modelos de Direito Privado*. São Paulo: Marcial Pons, 2014. p. 490-532. Ver, também: SILVA. *Responsabilidade dos administradores de S/A*, p. 49-50; BARRETO. *O conflito de interesses entre a companhia e seus administradores*, p. 241-244, 258; COMPARATO. Compra e venda de ações, p. 145; CHEDIAK. O conflito de interesses do administrador de sociedade anônima, p. 413 ss; ARAGÃO, Paulo Cezar. Apontamentos sobre desvios no exercício do direito de voto: abuso de direito, benefício particular e conflito de interesses. In: CASTRO, Rodrigo R. Monteiro de; WARDE JÚNIOR, Waldrido Jorge; GUERREIRO, Carolina Dias Tavares (coord.). *Direito empresarial e outros estudos de Direito em homenagem ao Professor José Alexandre Tavares Guerreiro*. São Paulo: Quartier Latin, 2013. p. 183-214, p. 212. Também se mostrando favorável a tal interpretação, ver: QUATTRINI. *Os deveres dos administradores de sociedades anônimas abertas*, p. 265-266.

[451] RUIZ. El deber de abstención del administrador en conflicto de intereses con la sociedad (art. 229.1 LSC), p. 207-208.

[452] Sobre o tema, ver: CASANOVA. *Deberes fiduciários de los administradores de sociedades*, p. 69.

[453] O entendimento majoritário é o de que, infringindo os administradores a lei ou o estatuto, existe culpa presumida (dentre outros, ver: VALVERDE. *Sociedades por ações*, p. 329-330; LAMY FILHO; PEDREIRA. *A Lei das S.A.*, p. 597; TOLEDO. *O Conselho de Administração na Sociedade Anônima*, p. 70-71; LACERDA. *Comentários à lei das Sociedades Anônimas*, v. 3, p. 206; SILVA. *Responsabilidade dos administradores de S/A*, p. 125 ss; FRONTINI, Paulo Salvador. Responsabilidade

Logo, caso o administrador atue com um interesse extrassocial envolvido, sua conduta torna-se suspeita desde o início, podendo libertar-se, todavia, somente com bastante esforço[454].

A adoção efetiva da inversão do ônus da prova em caso de operação que envolva interesse extrassocial – e que corresponde, em certa medida, à aplicação da *teoria das cargas dinâmicas da prova* que está positivada no art. 373 do Código de Processo Civil, em que, muitas vezes, a exclusão da res-

---

dos administradores em face da nova lei das sociedades por ações. *Revista de Direito Mercantil, Industrial, Econômico e Financeiro*, São Paulo, ano 16, n. 26, p. 35-49, 1977, p. 45; EIZIRIK. *A Lei das S/A comentada*, v. 3, p. 176-177; EIZIRIK, Nelson. Responsabilidade civil e administrativa do diretor de companhia aberta. *Revista de Direito Mercantil, Industrial, Econômico e Financeiro*, São Paulo, ano 23, n. 56, p. 47-62, out./dez. 1984, p. 53; EIZIRIK. Deveres dos administradores de S.A., p. 74; AZEVEDO, Antônio Ivanir de. Responsabilidade civil do administrador. *Revista dos Tribunais*, ano 79, n. 653, p. 78-84, mar. 1990, p. 80; GUERREIRO, José Alexandre Tavares. Responsabilidades dos administradores de Sociedades Anônimas. *Revista de Direito Mercantil, Industrial, Econômico e Financeiro*, São Paulo, ano 20, n. 42, p. 69-88, abr./jun. 1981, p. 77; CAMPOS. Seção V – Deveres e Responsabilidades, p. 1.207-1.208; CAMPINHO, Sérgio; PINTO, Mariana. A responsabilidade dos administradores de sociedades integrantes de grupo de fato. In: ROSSETTI, Maristela Abla; PITTA, André Grünspun. *Governança Corporativa*: avanços e retrocessos. São Paulo: Quartier Latin, 2017. p. 817-847, p. 834). Não obstante, existem autores que afirmam se tratar de responsabilidade subjetiva clássica (*v.g.* COELHO, Fábio Ulhoa. *Curso de Direito Comercial*, v. 2. 11. ed. rev. e atual. São Paulo: Saraiva, 2008, p. 252; e QUATTRINI. *Os deveres dos administradores de sociedades anônimas abertas*, p. 97-99), enquanto que outros interpretam que o dispositivo ora comentado regula a responsabilidade objetiva dos administradores (*v.g.* CARVALHOSA, Modesto. Responsabilidade civil de administradores e de acionistas controladores perante a Lei das S/A. *Revista dos Tribunais*, São Paulo, ano 83, v. 699, p. 36-43, jan. 1994, p. 37; CARVALHOSA. *Comentários à Lei de Sociedades Anônimas*, v. 3, p. 310-313; todavia, este autor entra em contradição, pois, à p. 313 da última obra referida, considera como responsabilidade por culpa presumida). Finalmente, Marcelo Adamek, ao analisar o tema de modo aprofundado e detalhado (VON ADAMEK. *Responsabilidade civil dos administradores de S/A e as ações correlatas*, p. 210 ss), entende que o art. 158 objetiva "distinguir os casos em que, sob o prisma distintivo de o ato ter sido ou não praticado dentro do âmbito das atribuições do administrador, somente a sociedade assumiria obrigações perante terceiros (*caput*), somente o administrador ficaria vinculado (inc. II) ou um e outro se vinculariam (inc. I)" – sendo que em todos os casos de responsabilidade civil não prescindiriam da culpa do agente, pese embora o resultado de estabelece-la seja diferente se se estiver diante de uma obrigação de resultado (em que a demonstração da ausência do resultado seria suficiente para aferir a existência do elemento subjetivo, cabendo ao administrador provar que o inadimplemento não pode a ele ser imputado por conta da existência de alguma excludente) ou de meio (hipótese na qual o interessado deverá demonstrar o inadimplemento total ou parcial do administrador).

[454] STEINIGER. *Interessenkonflikte des Verwaltungsrates*, p. 27.

ponsabilidade do administrador somente ocorre na hipótese de ele provar que sua atuação foi escorreita[455] – permite também trabalharmos com uma noção mais ampla de conflito de interesses, não se restringindo a algumas hipóteses que são, de mais a mais, óbvias. Isso porque a regra de inversão do ônus da prova busca, efetivamente, viabilizar o exercício das respectivas ações de responsabilidade diante das dificuldades existentes em razão da falta de informação e documentação probatória, tendo, ainda, levado, na prática, à maior designação de administradores independentes uma vez que as sociedades teriam incentivo a evitar a prática de transações aprovadas por administradores interessados[456].

Pode-se, evidentemente, questionar o modo como a Lei das S.A. regulamenta o conflito de interesses (poucas regras de incompatibilidade e proibitivas da realização de certas operações – e que, a rigor, nem tratam exclusivamente da atuação em conflito de interesses dos administradores –, contendo uma regra geral sobre a questão no art. 156), querendo-se impor maiores restrições ao direito de voto (mais hipóteses de proibição de voto). Se é isso que se quer, que se mude a legislação societária, mesmo porque são múltiplas as formas de manifestação do conflito de interesses (pontual ou estrutural, pessoal ou econômico, individual ou coletivo, etc.), não existindo um único modo de lidar com a questão[457]. E o Direito comparado é riquíssimo campo de estudo sobre o tema. Podem-se propor soluções inovadoras, como a que quaisquer operações entre a companhia e o controlador (direto ou indireto), ainda que não administrador, seja aprovada pela Assembleia Geral (*i.e.*, não podendo ser realizada pela administração), estando impedido o controlador de votar. Mais: os próprios reguladores, nos seus âmbitos de atuação, podem propor medidas com a finalidade de tornar mais eficiente o combate à atuação em conflito de interesses, descortinando a tendência de que a matéria seja regulada também por instrumentos de Direito Administrativo e não apenas no âmbito do Direito Privado[458]. Todavia, não se pode negar que qualquer política para lidar

---

[455] VERÓN. *Tratado de las sociedades comerciales y otros entes asociativos*, t. II, p. 827.
[456] Assim expondo ao trabalhar a questão no Direito estadunidense, ver: CASANOVA. *Deberes fiduciários de los administradores de sociedades*, p. 26.
[457] Cf. STEINIGER. *Interessenkonflikte des Verwaltungsrates*, p. 335.
[458] BAHAR; THÉVENOZ. Conflicts of Interest, p. 4-5.

com a matéria possui prós e contras[459], não existindo sistema perfeito[460], e que não depende única e exclusivamente das disposições legais[461]-[462].

De qualquer sorte, diante do panorama atual, não podemos olvidar que a legislação brasileira possui regras a respeito do conflito de interesses na administração da sociedade anônima, tendo uma regra geral que abarca todas as outras hipóteses não previstas nas regras específicas, a qual deve, portanto, ser respeitada e adequadamente interpretada enquanto não introduzida qualquer alteração legislativa – o que não impede que sejam criadas regras específicas pelo estatuto social, por exemplo. Mas, além de devermos respeitar a regra em vigor, analisando a situação em outros países, entendemos que a Lei das S.A. caminhou bem no sentido de regular a atuação em conflito de interesses – devendo, contudo, ser aprimorada e merecer reforma no âmbito da responsabilização dos administradores, com a extinção da retrógrada figura do *quitus* e a maior acessibilidade à promoção de ações de responsabilidade com o objetivo de conferir-lhes maior efetividade[463].

---

[459] Sobre o tema, analisando os prós e contras de diferentes políticas (proibição absoluta de operações, regra procedimental e a análise pelos tribunais sobre a razoabilidade e *fairness* da operação – mesmo quando seguida a regra procedimental –, bem como a regulação pelo próprio mercado) em diferentes situações (remuneração dos administradores, etc) e a dificuldade de se regrar diversos casos (especialmente aqueles em que não existe um interesse pecuniário evidente envolvido, nas hipóteses de conflito de interesse em operações realizadas entre companhias, ou quando os administradores se valem de mecanismos sutis que tornam questionável a existência de conflito de interesses), ver: HOPT. Self-dealing and use of corporate opportunity and information: regulating directors' conflicts of interest, p. 286 ss.

[460] BAHAR; THÉVENOZ. Conflicts of Interest, p. 26.

[461] Como é cediço, "a robustez das instituições (financeiras, não-financeiras, privadas ou públicas) e o grau de disseminação dos padrões éticos constituem elementos decisivos para aquilatar da eficácia e da adequação das respostas ao conflito de interesses" – sendo que, "[n]o Direito societário, a aplicação coactiva surge sobretudo por via dos tribunais, pelo que a celeridade e a qualidade das suas decisões e a eficácia dos procedimentos decisórios constituem um elemento essencial na estrutura institucional atinente ao conflito de interesses" (CÂMARA. Conflito de interesses no Direito Financeiro e Societário: um retrato anatômico, p. 70-71).

[462] Ver: ENRIQUES. *Il conflitto d'interessi degli amministratori di società per azioni*, p. 19 ss; ENRIQUES. Il conflitto d'interessi nella gestione delle società per azioni, p. 511 ss; ENRIQUES. The Law on Company Directors' Self-Dealing, p. 299 ss; ENRIQUES. Related Party Transactions, p. 14 ss.

[463] Nesse sentido: "Se, no Brasil, existe tanto a atribuição de deveres fiduciários aos acionistas controladores e administradores, quanto claras hipóteses de abuso de maioria e de quebra de tais deveres, parece que a Lei das S.A. é boa. Falta-lhe, apenas, meios efetivos de aplicar suas disposições (...)." (SILVA; CAMARGO. Conselheiros independentes, p. 76).

CONSIDERAÇÕES FINAIS: NECESSIDADE DE INTERPRETAÇÃO DINÂMICA DO ART. 156...

Imperioso, portanto, é que o art. 156 seja interpretado materialmente, apreciando-se todas as possíveis manifestações de influência sobre a atuação dos administradores, o que, evidentemente, deve ser combinado com a inversão do ônus probatório em caso de desrespeito ao procedimento de informação e de decisão por administradores ou acionistas independentes. Isso porque o respeito ao procedimento previsto na Lei das S.A. não é garantia de que a operação foi realizada *at arm's lenght*: "não se pode considerar que a observância do procedimento imunize, de modo absoluto, o ato realizado, já que o administrador pode ter influência sobre os outros administradores e acionistas; em outras palavras, por mais remoto que, ao seguir os passos determinados pela lei, ocorra ato abusivo, este não é de todo impossível". Igualmente, "nem o contrário é verdadeiro, não sendo razoável punir, simplesmente por não se adotar o procedimento referido, operação realizada no interesse da companhia e que tenha sido vantajosa para ela"[464]. A atuação do administrador sem que exista efetivo conflito de interesses não representa qualquer violação à lei, não existindo qualquer necessidade de abstenção ou dever de informação[465]; por sua vez, o mero respeito ao procedimento sem realizar a avaliação material da operação é ocioso[466] – ou seja, *trust but verify*[467].

Dessa forma, a interpretação dada pela Comissão de Valores Mobiliários ao art. 156 da Lei das S.A., no nosso entender, é equivocada porque abarca muito menos do que deveria, restringindo a própria aplicação do dever de lealdade – o qual, lembre-se, não impede que surjam situações de conflito de interesses, o que não seria factível, mas impõe impõe aos administradores, quando tais situações surgem, a obrigação de priorizar o interesse da companhia[468], não podendo se beneficiarem de modo frau-

---

[464] SPINELLI. *Conflito de interesses na administração da sociedade anônima*, p. 180-181. Ver, também: ENRIQUES. *Il conflitto d'interessi degli amministratori di società per azioni*, p. 36-45; e ENRIQUES. Il conflitto d'interessi nella gestione delle società per azioni: spunti teorici e profili comparatistici in vista della riforma del Diritto Societario, p. 521-527.

[465] Andando na mesma direção, ver: SOLIMENA. *Il conflitto di interessi dell'amministratore di società per azioni nelle operazioni con la società amministrata*, p. 158 ss.

[466] Nesse sentido, ver: STEINIGER. *Interessenkonflikte des Verwaltungsrates*, p. 110.

[467] O provérbio tornou-se conhecido pelo uso de Ronald Reagen durante a Guerra Fria. Trata-se, em verdade, de dito russo (*Доверяй, но проверяй* – *Doveryáy, no proveryáy*) ensinado ao ex-presidente americano.

[468] MARTÍN. Capítulo I – La posición jurídica de los administradores de sociedades de capital, p. 65.

dulento ou iníquo às custas do ente coletivo[469]. Ora, a CVM, ao estabelecer um controle *a priori* e intentando objetivar a análise de conflito de interesses, acaba por estreitar sobremaneira sua atuação, deixando de analisar situações que, no resto do mundo, são consideradas como potenciais casos de conflito de interesses – bem como punindo desnecessariamente a atuação dos administradores em casos inofensivos.

Pelo fato de adotar a noção de conflito formal, a interpretação da CVM restringe o conflito de interesses àquelas situações típicas em que o administrador tenha diretamente um interesse econômico externo a determinada operação, deixando de fora uma série de casos que deveriam ser abarcados pelo dever de lealdade – sendo que, além de negar a realidade, gera insegurança, pois pode ser difícil saber *a priori* se uma situação pode ser considerada conflituosa ou não, uma vez que, por exemplo, quanto aos contratos de indenidade[470] e à remuneração dos administradores[471]

---

[469] CLARK. *Corporate Law*, p. 141.

[470] No Parecer de Orientação CVM n. 35, de 25/09/2018, a CVM, ao orientar a celebração de contratos de indenidade, bem como as decisões relacionadas aos desembolsos, apresenta grande preocupação com as decisões de pagamento, buscando-se afastar da tomada de decisão os administradores que venham a ser beneficiados por conta, inclusive, do previsto no art. 156 da Lei das S.A. Todavia, ao falar da celebração e dos termos dos contratos de indenidade, preocupa-se com a divulgação dos termos do contrato e considera que o envolvimento dos acionistas (especialmente se for aprovada uma minuta padronizada ou mesmo inserção de regra no estatuto social) mitigaria eventual risco de conflito de interesses (o que é verdade se a deliberação for realizada por acionistas desinteressados...) mas, em nenhum momento, determina que os administradores que venham a ser beneficiados pelo contrato não possam votar na sua celebração por conta do conflito formal estabelecido pelo art. 156 da Lei das S.A.: pelo contrário, fala expressamente que os administradores devem participar da tomada de decisão sem, contudo, fazer qualquer restrição àqueles que venham a ser beneficiados diante do previsto no art. 156 da Lei das S.A. ("A CVM considera desejável que a celebração de um contrato de indenidade seja respaldada por prévio parecer circunstanciado elaborado pela Diretoria e aprovado pelo Conselho de Administração, em que se descreva os fundamentos pelos quais os órgãos entendem que os termos e condições fixados no contrato mitigam os riscos de conflito de interesses inerentes a esse tipo de contratação e equilibram os interesses da companhia em jogo.") – a não ser em termos genéricos, o que é feito ao longo do parecer e parece contrariar a interpretação dada pela Autarquia à disposição da LSA uma vez que, no fim do dia, se está falando de um contrato firmado entre a companhia e os próprios administradores.

[471] Ao julgar a individualização da remuneração e pacotes de indenização dos administradores, a CVM sequer pensa que os conselheiros de administração não possam decidir, ainda que possuam interesse pessoal envolvido (ainda que sejam controladores indiretos da companhia) – sendo que, embora a questão reste em boa medida mitigada no Brasil uma vez que

a CVM apresenta, em nosso entender, posição contraditória ao não proibir, expressamente, que os administradores beneficiados por tais decisões

a competência para a fixação da remuneração dos administradores é da Assembleia Geral (o que talvez seja o melhor caminho, cf. BAHAR. Executive Compensation, p. 125-128), a remuneração dos administradores é uma situação em que há um claro conflito de interesses (FRANKEL. *Fiduciary Law*, p. 131), encontrando restrições nos mais diversos países não só quanto à sua fixação mas também no que diz respeito à individualização, sem contar que o *design* da compensação pode afetar a tomada de decisões dos administradores (cf. WATTER; MAIZAR. Structure of Executive Compensation and Conflicts of Interests, p. 32 ss). Nesse sentido, a CVM já entendeu não caber a ela a realização de qualquer juízo de adequação da remuneração paga aos administradores, ainda que eles mesmos estabeleçam o *Severance Package* que beneficiava determinados membros, mesmo que não a maioria, do Conselho de Administração (manifestando-se no sentido de que não há afronta ao art. 156, uma vez que o voto não seria proibido), entendendo que, em tendo existido negociação, não há como verificar a afronta ao art. 154 da LSA (apesar de não se apurar a comutatividade da operação, ou seja, restringindo-se à análise procedimental) (Processo Administrativo Sancionador CVM n. RJ2013/11703, Rel. Dir. Gustavo Borba, j. 31/07/2018). Por sua vez, a CVM entendeu que somente se pode decidir questões envolvendo a remuneração dos administradores quando há evidente fixação em valores fora do padrão de mercado sem que exista justificativa plausível para tanto. E, dessa forma, chega-se a excluir a aplicação do art. 156: "De fato, não seria sequer necessário buscar aplicação analógica do referido §1º do art. 156 da Lei nº 6.404/76, uma vez que o dever de lealdade (art. 155) e o princípio da prevalência do interesse social (art. 154 da LSA) já seriam suficientes para embasar a infração decorrente da autofixação de remuneração exorbitante e injustificada."; desarte, a condenação dos conselheiros de administração foi pautada na atuação em desvio de poder, violando seus deveres fiduciários, especialmente o dever de lealdade, ao fixarem remuneração exorbitante para eles mesmos (em especial ao do presidente do Conselho de Administração) sem a observância dos parâmetros do art. 152 da LSA e deixando de indicar justificativa plausível para tanto (e, no caso da acionista controladora, ocorreu a condenação tendo em vista a sua co-participação no ilícito, baseando-se no abuso do poder de controle) (Processo Administrativo Sancionador CVM n. RJ 2014/5099, Rel. Dir. Gustavo Tavares Borba, j. 12/04/2016); em sentido semelhante, assim também decidiu a CVM apesar de reconhecer que se trataria de uma decisão interessada (Processo Administrativo Sancionador CVM n. RJ2011/5211, Rel. Dir. Pablo Renteria, j. 01/07/2015: "Como já mencionado, por se tratar de uma decisão interessada, os membros do conselho de administração devem adotar especial cuidado ao determinarem a sua própria remuneração, pois se espera que sejam capazes de demonstrar a legitimidade do que foi aprovado. Esse cuidado, a meu ver, se impõe de modo ainda mais intenso e elevado quando se cuida da definição da remuneração do administrador que também é acionista controlador da companhia. Nesse caso, a decisão deve ser tomada com base em fundamentação que afaste plenamente a suspeita de que o valor esteja dissimulando a distribuição irregular de lucros."). Ora, qual a lógica em permitir que o administrador possa deliberar questões relacionadas à sua própria remuneração ou pacotes de indenização? O que diferencia uma atuação dessas da atuação em conflito de interesses? Não sabemos a resposta...

participem da sua tomada. Enfim, a adoção do critério formal para interpretar o art. 156 da Lei das S.A., bem como a noção estreita de interesse conflitante adotado pela CVM – e que não encontram tamanha restrição em nenhum lugar do mundo –, faz com que a Autarquia puna quem não deveria punir e não puna quem deveria ser punido.

Isso, com todo respeito, parece não respeitar a clássica regra de interpretação de que se deve preferir a inteligência dos textos que conduza à concretização de seu objetivo em vez da que os reduza à inutilidade (*commodissimum est, id accipi, quo res de qua agitur, magis valeat quam pereat*)[472].

As normas de prevenção da atuação em conflito de interesses, baseadas em regras de proibição e impedimento, é que estão assentadas em uma noção estática de conflito de interesses, e não em uma noção dinâmica, entendido como o descumprimento do dever de persecução dos interesses da companhia[473]. E isso é importante porque o próprio conflito de interesses tende a ser algo dinâmico, que pode rapidamente surgir, transformar-se ou desaparecer[474]. Logo, "quando seja permitido ao agente a gestão do conflito e aquele não esteja proibido de actuar, desde que não o faça em sentido contrário ao interesse que deveria prosseguir ou gerir, os requisitos da verificação de um incumprimento do dever de actuar no interesse de outrem ganham acuidade e devem verificar-se, para que possa ser afirmada uma actuação em conflito de interesses, ou seja uma actuação abusiva"[475]. Todavia, é justamente isso o que não acontece com a forma como a CVM interpreta o art. 156 da Lei das S.A.: a Autarquia trata tal dispositivo como se cuidasse de uma noção estática de conflito de interesses, prendendo-se a formalidades sem levar em conta o objetivo do procedimento ali estabelecido e, assim, não realizando a adequada verificação do descumprimento do dever que o administrador tem de agir no interesse da companhia.

Em suma, o que buscamos demonstrar é que, para conferir maior eficiência ao Direito Societário e uma efetiva proteção aos acionistas (particularmente os minoritários) – mesmo porque mecanismos, públicos e privados[476], de efetiva responsabilidade dos administradores[477] são peça

---

[472] MAXIMILIANO. *Hermenêutica e aplicação do Direito*, p. 269.
[473] Cf. BORGES. O conflito de interesses na intermediação financeira, p. 319.
[474] STEINIGER. *Interessenkonflikte des Verwaltungsrates*, p. 27.
[475] BORGES. O conflito de interesses na intermediação financeira, p. 319-320.
[476] MUNHOZ. Influência do patrimonialismo na sociedade anônima, p. 136 ss.
[477] "Disloyalty may be deterred more effectively when punishment increases in probability than severity. In other words, deterrence may be more effective when a greater number of

fundamental da sociedade anônima[478] –, deve-se ir além de uma interpretação meramente formal das suas normas, realizando-se uma análise de fundo e atenta às circunstâncias de cada caso. E é isso precisamente o que justifica a evolução do Direito Societário na matéria em outros países, particularmente nos Estados Unidos, e demonstra, por sua vez, como a extração de benefícios privados do poder de controle atinge níveis recordes no Brasil[479] tendo em vista a influência do patrimonialismo no Direito brasileiro e o distanciamento do modelo da Lei das S.A. da nossa realidade, existindo falhas e lacunas no sistema normativo, interpretação inadequada da legislação pela doutrina e pela jurisprudência, dificuldades de comprovação de atos ilícitos e danos e baixa qualidade e ineficiência das instituições encarregadas de aplicar o Direito[480] (sendo, então, o regime de responsabilidade dos administradores ineficiente)[481] – e, como se sabe, *a*

---

wrongdoers are punished, rather than severely punishing a smaller number". "(...) the fiduciary relationship creates a larger surplus when fiduciaries face the high probability of a modest sanction for wrongdoing, rather than a severe sanction with a low probability", cf. COOTER, Robert D.; FREEDMAN, Bradley J.. An economic model of the fiduciary's duty of loyalty. *Tel Aviv University Studies in Law*, v. 10, p. 297-314, 1990, p. 313. Em nota de rodapé, à mesma página, traduz o autor, o aqui afirmado, em termos econômicos: "In economic jargon, disloyalty may be more elastic with respect to probability than severity of punishment".

[478] HALPERIN; OTAEGUI. *Sociedades Anónimas*, p. 543-545.

[479] PAZ-ARES. Anatomía del deber de lealtad, p. 45 ss. Sobre a extração de benefícios privados do poder de controle, que bate recordes no Brasil, ver: DYCK, Alexander; ZINGALES, Luigi. Private Benefits of Control: An International Comparison. *The Journal of Finance*, v. 59, n. 2, p. 537-600, 2004; e NENOVA, Tatiana. The Value of Corporate Votes and Control Benefits: A Cross-Country Analysis. *Journal of Financial Economics*, v. 68, p. 325-351, 2001. Avaliando a atuação em conflito de interesse em benefício dos controladores e a relação entre a inadequada proteção aos minoritários e a extração de benefícios privados do poder de controle, o que afeta o desenvolvimento do mercado de capitais – algo que, como o estudo aponta, ocorre no Brasil de modo elevado –, ver: DJANKOV, Simeon; LA PORTA, Rafael; LOPES-DE-SILANES, Florencio; SHLEIFER, Andrei. The law and economics of self-dealing. *Journal of Financial Economics*, v. 88, issue 3, 2008, p. 430-465. Também analisando a relação negativa que existe entre o nível de transações entre partes relacionadas e o valor de mercado das companhias em nosso País, ver: SILVEIRA; PRADO; SASSO. *Transações com partes relacionadas*.

[480] Ver: MUNHOZ. Influência do patrimonialismo na sociedade anônima, p. 129 ss. Também fazendo referência à mentalidade patrimonialista que acaba influenciando o Direito Societário, ver: YAZBEK. A vinculação dos administradores das sociedades aos acordos de acionistas, p. 25.

[481] VON ADAMEK. *Responsabilidade civil dos administradores de S/A e as ações correlatas*, p. 507-508.

rule that is not applied is worth next to nothing[482] ou, em outras palavras, *current law will remain a dead issue unless it is effectively enforced*[483].

O dever de lealdade no Direito Societário não é algo novo[484]. E a vedação à atuação em conflito de interesses, que é tão velha quanto a própria sociedade anônima[485] e preocupação antiga dos empreendedores[486] e do legislador[487] (inclusive no Brasil)[488], é dever universal[489], sendo um "problema fundamental da vida societária"[490] e, justamente por isso, ocupa posição central no Direito Societário[491] – estando, atualmente, no coração do

---

[482] BAHAR; MORAND. Taking conflict of interest in corporate law seriously, p. 331.

[483] BAHAR; THÉVENOZ. Conflicts of Interest, p. 2.

[484] GRÉVAIN-LEMERCIER. *Le devoir de loyauté en droit des sociétés*, p. 51.

[485] Cf. KREBS. *Interessenkonflikte bei Aufsichtsratsmandaten in der Aktiengesellschaft*, p. 1.

[486] Já existiam proibições de estipulação de contratos em que o administrador fosse de qualquer forma interessado nos estatutos das primeiras companhias acionárias holandesas do *Ancien Régime*, sob pena de perda da remuneração e destituição (GAGLIANO, Antonio. *Gli amministratori delle Società Anonime nel diritto e nella giurisprudenza*. Palermo: Reber, 1904, p. 145; VIGHI, Alberto. Notizie storiche sugli amministratori ed i sindaci delle società per azioni anteriori al codice di commercio francese (Contributo alla storia della società per azioni). *Rivista delle Società*, v. 14, p. 663-700, 1969, p. 693; ENRIQUES. *Il conflitto d'interessi degli amministratori di società per azioni*, p. 89-91).

[487] GRÉVAIN-LEMERCIER. *Le devoir de loyauté en droit des sociétés*, p. 247-248. Há quem diga que que o primeiro diploma a regrar a matéria foi o art. 60 da legislação belga sobre sociedades (art. 60 da *lois coordonnées sur les sociétés* de 1873) (SPOLIDORO. Il divieto di concorrenza per gli amministratori di società di capitali, p. 1.316). De qualquer sorte, há referência a que o *Codice di Commercio* italiano de 1865 trazia, no art. 138, regra proibindo de *essere amministratori della società il banchiere della medesima, il costruttore, l'appaltatore ed il subappaltatore di materiali per essa*, sendo que tal regra foi alterada pelo *Codice di Commercio* italiano de 1882 (art. 150) (cf. ENRIQUES. *Il conflitto d'interessi degli amministratori di società per azioni*, p. 89-94).

[488] Sobre a evolução da regra geral de conflito de interesses na administração da sociedade anônima no Brasil (que foi disciplinado, pela primeira vez, no art. 12, 1ª parte, da Lei n. 3.150/1882, reproduzido no art. 51, 1ª parte, do Decreto n. 8.821/1882 e replicado no art. 12, 1ª parte, do Decreto n. 164/1890, passando, com o Decreto n. 434/1891, a ser regrado no art. 112 da mesma forma como anteriormente, até se chegar no art. 120 do Decreto-Lei n. 2.627/1940 e, finalmente, no art. 116 da Lei nº 6.404/76), ver: SPINELLI. *Conflito de interesses na administração da sociedade anônima*, p. 207 ss.

[489] STAFFORD; RICHIE. *Fiduciary Duties*, p. 32.

[490] GOMES. *Da Administração à Fiscalização das Sociedades*, p. 351.

[491] BLANDINI. Conflitto di interessi ed interessi degli amministratori di società per azioni, p. 1951. Ver, também: CAMPOS. Seção V – Deveres e Responsabilidades, p. 1.154. E assim se dá porque os *agency problems are the key concerns of corporate law* (BAHAR; MORAND. Taking conflict of interest in corporate law seriously, p. 321), sendo o Direito Societário um dos mecanismos existentes para lidar com os problemas de agência (HANSMANN, Henry,

governo das sociedades, especialmente das companhias abertas[492]. Trata-se de questão atemporal e afronteiriça, mas que se modifica com a evolução da sociedade e da economia e encontra peculiaridades a depender do mercado e das instituições, merecendo análise realística. Por conta disso, causa espanto a forma como ainda é por muitos interpretado o art. 156 da Lei 6.404/76 que, diante da adoção do critério formal, acabam admitindo a prática de traição pelos gestores – o que, infelizmente, parece ser mais um reflexo da cultura brasileira[493].

KRAAKMAN, Reinier. What is Corporate Law? In: KRAAKMAN, Reinier et alli. *The anatomy of corporate law*: a comparative and functional approach. New York: Oxford University Press, 2007. p. 1-19, p. 3; BAHAR; MORAND. Taking conflict of interest in corporate law seriously, p. 322). E, no que diz respeito à atuação dos administradores em conflito de interesses, isso adquire grande importância por conta da assimetria informacional existente (STEINIGER. *Interessenkonflikte des Verwaltungsrates*, p. 31 ss).

[492] Ver: RIPERT; ROBLOT. *Les sociétés commerciales*, p. 959.

[493] Nesse sentido, Tullio Ascarelli assim já se manifestava ao realizar divagações psicológicas sobre o Brasil: "O formalismo jurídico – que por sua vez, como é óbvio, pesa na interpretação e na aplicação da lei, de um lado dando predominância ao elemento literal da norma e de outro facilitando atos em fraude da lei, e enriquecendo a disciplina jurídica de frequentes elementos lúdicos – corresponde assim a um geral formalismo social e a uma constante importância do elemento formal mesmo nos seus pormenores." (ASCARELLI, Tullio. *Apresentação do Brasil*. Trad. da 2ª ed. Italiana por Olinto de Castro. São Paulo: Sal, 1952, p. 127).

REFERÊNCIAS

ABREU, Jorge Manuel Coutinho de. *Responsabilidade civil dos administradores de sociedades*. Coimbra: Almedina, 2007.

____. *Curso de Direito Comercial*, v. II. 5 ed. Coimbra: Almedina, 2016.

____. Negócios entre sociedades e partes relacionadas (administradores, sócios) – sumário às vezes desenvolvido. *Direito das Sociedades em Revista*, Coimbra, a. 5, v. 9, p. 13-25, mar. 2013.

Acchiardo, Rod. Close corporations — International House of Talent, Inc. *v.* Alabama: directors' fiduciary duty not to compete. *Memphis State University Law Review*, v. 17, n. 1, p. 597-607, 1986.

AMERICAN BAR ASSOCIATION. *Model Business Corporation Act*: official text, revised through 2002. 3. ed., 2003.

AMERICAN LAW INSTITUTE. *Principles of Corporate Governance*: analysis and recommendations. St. Paul, Minn.: 1994 (reimpressão de 2008).

ANDERSON, Alison Grey. Conflicts of Interest: Efficiency, Fairness and Corporate Structure. *UCLA Law Review*, v. 25, n. 4, p. 738-795, apr. 1978.

ARAGÃO, Paulo Cezar. Apontamentos sobre desvios no exercício do direito de voto: abuso de direito, benefício particular e conflito de interesses. In: CASTRO, Rodrigo R. Monteiro de; WARDE JÚNIOR, Waldrido Jorge; GUERREIRO, Carolina Dias Tavares (coord.). *Direito empresarial e outros estudos de Direito em homenagem ao Professor José Alexandre Tavares Guerreiro*. São Paulo: Quartier Latin, 2013. p. 183-214.

ASCARELLI, Tullio. Parecer: dolo — silêncio intencional — dação em pagamento. *Revista Forense*, Rio de Janeiro, ano 42, v. 104, p. 43-45, out. 1945.

____. *Apresentação do Brasil*. Trad. da 2ª ed. Italiana por Olinto de Castro. São Paulo: Sal, 1952.

AZEVEDO, Antônio Ivanir de. Responsabilidade civil do administrador. *Revista dos Tribunais*, ano 79, n. 653, p. 78-84, mar. 1990.

B3. *Segmentos de listagem*. Disponível em: <http://www.b3.com.br/pt_br/produtos-e-servicos/solucoes-para-emissores/segmentos-de-listagem/sobre-segmentos-de-listagem/>. Acesso em: 15 jan. 2020.

BAHAR, Rashid. Executive Compensation: Is Disclosure Enough? In: THÉVENOZ, Luc; BAHAR, Rashid (eds.). *Conflicts of Interest*: Corporate Governance & Financial Markets. Alphen aan den Rijn: Kluwer, 2007. p. 85-136.

____; THÉVENOZ, Luc. Conflicts of Interest: Disclosure, Incentives, and the Market. In: THÉVENOZ, Luc; BAHAR, Rashid (eds.). *Conflicts of Interest*: Corporate Governance & Financial Markets. Alphen aan den Rijn: Kluwer, 2007. p. 1-29.

____; MORAND, Antoine. Taking conflict of interest in corporate law seriously – direct and indirect rules addressing the agency problem. In: PETERS, Anne; HANDSCHIN; Lukas (ed.). *Conflict of interest in global, public and corporate governance*. Cambridge: Cambridge University Press, 2012. p. 308-333.

BAINBRIDGE, Stephen M.. *Corporation law and economics*. New York: West Group, 2002.

____; ANABTAWI, Iman. *Mergers and Acquisitions*: a transactional perspective. New York: Foundation Press, 2017.

BAMONTE, Thomas J. Expanding the fiduciary duties of close corporation shareholders: the dilemma facing Illinois Corporate Law. *Northern Illinois University Law Review*, v. 15, n. 2, p. 257-269, 1995.

BARBI FILHO, Celso. Contratação entre a sociedade por cotas de responsabilidade limitada e seu próprio administrador. *Revista Forense*, Rio de Janeiro, ano 92, v. 333, p. 51-64, jan./mar. 1996.

BARBOSA, Marcelo. Seção IV – Administradores. In: LAMY FILHO, Alfredo; PEDREIRA, José Luiz Bulhões (Coord.). *Direito das Companhias*, v. 1. Rio de Janeiro: Forense, 2009. p. 1.068-1.084.

BARRETO, Julio. *O conflito de interesses entre a companhia e seus administradores*. Rio de Janeiro: Renovar, 2009.

BARRETO FILHO, Oscar. Medidas judiciais da companhia contra os administradores. *Revista de Direito Mercantil, Industrial, Econômico e Financeiro*, São Paulo, a. 19, n. 40, p. 9-18, out./dez. 1980.

BARROSO, Carlos Henrique. A responsabilidade civil do conselheiro de administração e o acordo de acionistas. *Revista dos Tribunais*, São Paulo, v. 94, n. 834, p. 44-57, abr. 2005.

BATALHA, Wilson de Souza Campos. *Comentários à Lei das Sociedades Anônimas*, v. 2. Rio de Janeiro: Forense, 1977.

BAUMANNS, Pamela Maria. *Rechtsfolgen einer Interessenkollision bei AG-Vorstandsmitgliedern*. Frankfurt am Main: Peter Lang, 2004.

BERLE, Adolf A. Corporate Powers as Powers in Trust. *Harvard Law Review*, v. 44, n. 7, p. 1.049-1.074, may 1931.

____; MEANS, Gardiner C.. *A moderna Sociedade Anônima e a propriedade privada*. Trad. de Dinah de Abreu Azevedo. 3. ed. São Paulo: Nova Cultura, 1988.

BIANCHI, Giorgio. *Gli amministratori di società di capitali*. 2 ed. Padova: CEDAM, 2006.

BLANDINI, Antonio. Conflitto di interessi ed interessi degli amministratori di società per azioni: prime riflessioni. In: *Scritti in onore di Vicenzo Buonocore*, v. III, t. I. Milano: Giuffrè, 2005. p. 1951-1985.

BÖCKLI, Peter. *Schweizer Aktienrecht*. 4 Aufl. Zürich: Schulthess, 2009.

BONELLI, Franco. *La responsabilità degli amministratori di società per azioni*. Milano: Giuffrè, 1992.

____. *Gli amministratori di S.P.A. dopo la riforma delle società*. Milano: Giuffrè, 2004.

BORGES, João Eunápio. *Curso de Direito Comercial terrestre*. 5. ed. Rio de Janeiro: Forense, 1976.

BORGES, Sofia Leite. O conflito de interesses na intermediação financeira. In: CÂMARA, Paulo et al. *Conflito de interesses no Direito Societário e Financeiro*: um balanço a partir da crise financeira. Coimbra: Almedina, 2010. p. 315-425.

BORSA ITALIANA S.P.A. (COMITATO PER LA CORPORATE GOVERNANCE). *Codice di Autodisciplina*. 2018. Disponível em: <https://www.borsaitaliana.it/comitato-corporate-governance/codice/2018clean.pdf>. Acesso em: 02 nov. 2018.

BORSDORFF, Roland. *Interessenkonflikte bei Organsmitgliedern*: Eine Untersuchung zum deutschen und US-amerikanischen Aktienrecht. Frankfurt am Main: Peter Lang, 2010.

BRANDEIS, Louis D. *Other people's money and how the bankers use it*. New York: Harper and Row, 1914.

BRANSON, Douglas M.. Assault on another citadel: attempts to curtail the fiduciary standard of loyalty applicable to corporate directors. *Fordham Law Review*, n. 57, p. 375-402, dec. 1988.

BRITTO, Adriana Cristina Dullius. *Responsabilidade do administrador em face do art. 245 da Lei das Sociedades Anônimas*. Dissertação (Mestrado – Programa de Pós-Graduação em Direito Comercial) – Faculdade de Direito, Universidade de São Paulo, 2017.

BROSETA PONT, Manuel; SANZ, Fernando Martínez. *Manual de Derecho Mercantil*, v. I. 24 ed. Madrid: Tecnos, 2017.

CÂMARA, Paulo. O governo das sociedades e a reforma do Código das Sociedades Comerciais. In: CÂMARA, Paulo et al. *Código das Sociedades Comerciais e o governo das sociedades*. Coimbra: Almedina, 2008. p. 9-141.

____. Conflito de interesses no Direito Financeiro e Societário: um retrato anatómico. In: CÂMARA, Paulo et al. *Conflito de interesses no Direito Societário e Financeiro*: um balanço a partir da crise financeira. Coimbra: Almedina, 2010. p. 9-74.

CAMARGO, André Antunes Soares de. *Transações entre partes relacionadas*: um desafio regulatório complexo e multidisciplinar. 2 ed. São Paulo: Almedina, 2014.

CAMPINHO, Sérgio; PINTO, Mariana. A responsabilidade dos administradores de sociedades integrantes de grupo de fato. In: ROSSETTI, Maristela Abla; PITTA, André Grünspun. *Governança Corporativa*: avanços e retrocessos. São Paulo: Quartier Latin, 2017. p. 817-847.

CAMPOBASSO, Gian Franco. *Diritto Commerciale*, v. 2: Diritto delle societá. 8 ed. a cura di Mario Campobasso. Torino: Utet, 2012.

CAMPOS, Luiz Antônio de Sampaio. Seção V – Deveres e Responsabilidades. In: LAMY FILHO, Alfredo; PEDREIRA, José Luiz Bulhões (Coord.). *Direito das Companhias*, v. 1. Rio de Janeiro: Forense, 2009. p. 1.084-1.262.

CAPELLA, Juan Ramón. *El aprendizaje del aprendizaje*. Madrid: Trotta, 1995.

CARMO, Eduardo de Sousa. *Relações jurídicas na Administração das Sociedades Anônimas*. Rio de Janeiro: Aide, 1988.

CARNEIRO DA FRADA, Manuel A. A business judgment rule no quadro dos deveres gerais dos administradores. *Revista da Ordem dos Advogados On-Line*, v. 67, 2007. Disponível em: <http://www.oa.pt/Conteudos/Artigos/detalhe_artigo.aspx?idc=1&idsc=59032&ida=59045>. Acesso em: 06 ago. 2017 (= CARNEIRO DA FRADA, Manuel A. A business judgment rule no quadro dos deveres gerais dos administradores. In: CORDEIRO, António Menezes; CÂMARA, Paulo (coord.). *A reforma do Código das Comerciais – jornadas em homenagem ao Professor Doutor Raúl Ventura*. Coimbra: Almedina, 2007. p. 61-102).

CARNELUTTI, Francesco. *Teoria geral do Direito*. [Trad. de ?]. [São Paulo ?]: Saraiva, [1940 ?].

____. *Lezioni di Diritto Processuale Civile*. v. 1. Padova: La Litotipo, 1926.

____. *Sistema de Derecho Procesal Civil.* v. 1. Trad. de Niceto Alcalá-Zamora Y Castillo e Santiago Sentís Melendo. Buenos Aires: Uteha Argentina, 1944.

CARTER, Caroline. Directors' Powers and Proceedings. In: BOXELL, Tim (org.). *A Practitioner's Guide to Directors' Duties and Responsibilities.* 5th ed. London: Sweet & Maxwell, 2013. p. 255-290.

CARVALHO DE MENDONÇA, José Xavier. *Tratado de Direito Commercial brasileiro,* v. 4, livro 2. 2. ed. posta em dia por Achilles Bevilaqua e Roberto Carvalho de Mendonça. Rio de Janeiro: Freitas Bastos, 1934.

CARVALHOSA, Modesto. CARVALHOSA, Modesto. *Comentários à Lei de Sociedades Anônimas.* v. 2. 2. ed. rev. São Paulo: Saraiva, 1998.

____. *Comentários à Lei de Sociedades Anônimas,* v. 3. 2. ed. rev. São Paulo: Saraiva, 1998.

____. Responsabilidade civil de administradores e de acionistas controladores perante a Lei das S/A. *Revista dos Tribunais,* São Paulo, ano 83, v. 699, p. 36-43, jan. 1994.

____; EIZIRIK, Nelson. *A nova Lei das Sociedades Anônimas.* São Paulo: Saraiva, 2002.

CASANOVA, Miguel. *Deberes fiduciários de los administradores de sociedades.* Montevideo: Fundación de Cultura Universitaria, 2013.

CASTELLANO, María José. Artículo 232. Deber de secreto. In: ROJO, Ángel; BELTRÁN, Emilio (dirs.). *Comentarios de la Ley de Sociedades de Capital,* t. I. Pamplona: Aranzadi, 2011. p. 1.664-1.674.

CEBRIÁ, Luis Hernando. Presupuestos del deber de lealtad: artículo 227, 1. In: ____ (coord.). *Régimen de Deberes y Responsabilidad de los Administradores en las Sociedades de Capital.* Barcelona: Bosch, 2015. p. 137-186.

CEREZETTI, Sheila Christina Neder. Administradores independentes e independência dos administradores: regras societárias fundamentais ao estímulo do mercado de capitais brasileiro. VON ADAMEK, Marcelo Vieira (Coord.). *Temas de Direito Societário e Empresarial Contemporâneos – Liber Amicorum Prof. Dr. Erasmo Valladão Azevedo e Novaes França.* São Paulo: Malheiros, 2011. p. 571-593.

CHEDIAK, Julian Fonseca Peña. O conflito de interesses do administrador de sociedade anônima: uma sugestão de alteração no enfoque do tema. In: VON ADAMEK, Marcelo Vieira (Coord.). *Temas de Direito Societário e Empresarial Contemporâneos – Liber Amicorum Prof. Dr. Erasmo Valladão Azevedo e Novaes França.* São Paulo: Malheiros, 2011. p. 409-417.

CHODOS, Rafael. *The law of fiduciary duties.* Los Angeles: Modernage Photo Service, Inc., 2000.

CLARK, Robert. *Corporate Law.* New York: Aspen Publishers, 1986.

COELHO, Fábio Ulhoa. *Curso de Direito Comercial,* v. 2. 11. ed. rev. e atual. São Paulo: Saraiva, 2008.

COMPARATO, Fábio Konder. Compra e venda de ações — acionista controlador — alienação de controle — incorporação — assembléia especial — cartas-patentes. *Revista Forense,* Rio de Janeiro, ano 78, v. 278, p. 136-147, abr./jun. 1982.

____. Restrições à circulação de ações em companhia fechada: "nova et vetera". *Revista de Direito Mercantil, Industrial, Econômico e Financeiro,* São Paulo, ano 28, n. 36, p. 65-76, out./dez. 1979.

____; SALOMÃO FILHO, Calixto. *O poder de controle na Sociedade Anônima.* 4. ed. Rio de Janeiro: Forense, 2005.

CONFORTI, Cesare. *La responsabilità civile degli amministratori di società per azioni.* Milano: Giuffrè, 2012.

COOTER, Robert D.; FREEDMAN, Bradley J.. An economic model of the fiduciary's duty of loyalty. *Tel Aviv University Studies in Law*, v. 10, p. 297-314, 1990.

CORDEIRO, António Menezes. Os deveres fundamentais dos administradores das sociedades (artigo 64º/1 do CSC). In: ____; CÂMARA, Paulo (coord.). *A reforma do Código das Comerciais – jornadas em homenagem ao Professor Doutor Raúl Ventura*. Coimbra: Almedina, 2007. p. 19-60.

COSTA, Luiz Felipe Duarte Martins. *Contribuição ao estudo da responsabilidade civil dos administradores de companhias abertas*. 2006. 250f. Dissertação (Mestrado em Direito) — Faculdade de Direito da Universidade de São Paulo, São Paulo, 2006.

COSTA, Philomeno J. da. Comentário a acórdão do Supremo Tribunal Federal. *Revista de Direito Mercantil, Industrial, Econômico e Financeiro*, São Paulo, ano 11, n. 6, p. 77-85, 1971.

COSTA, Ricardo Alberto Santos. *Os administradores de facto das sociedades comerciais*. Coimbra: Almedina, 2014.

COUTO E SILVA, Clóvis Veríssimo do. *A obrigação como Processo*. São Paulo: José Bushatsky, 1976.

COX, James D.; HAZEN, Thomas Lee. *Cox & Hazen on corporations*, v. 1. 2. ed. New York: Aspen Publishers, 2003.

COZIAN, Maurice; VIANDIER, Alain; DEBOISSY, Florence. *Droit des sociétés*. 24 éd. Paris: LexisNexis, 2011.

CUNHA, Rodrigo Ferraz Pimenta da. *Estrutura de interesses nas Sociedades Anônimas*: hierarquia e conflitos. São Paulo: Quartier Latin, 2007.

DAVIES, Paul L.; WORTHINGTON, Sarah. *Gower Principles of Modern Company Law*. 10th ed. London: Sweet & Maxwell, 2016.

DÍEZ, Pedro Portellano. *El deber de los administradores de evitar situaciones de conflicto de interés*. Pamplona: Civitas, 2015.

____. *Deber de fidelidad de los administradores de sociedades mercantiles y oportunidades de negocio*. Madrid: Civitas, 1996.

DJANKOV, Simeon; LA PORTA, Rafael; LOPES-DE-SILANES, Florencio; SHLEIFER, Andrei. The law and economics of self-dealing. *Journal of Financial Economics*, v. 88, issue 3, 2008, p. 430-465.

DOOLEY, Michael P. *Fundamentals of corporation law*. Westburry; New York: The Foudation Press, 1995.

DYCK, Alexander; ZINGALES, Luigi. Private Benefits of Control: An International Comparison. *The Journal of Finance*, v. 59, n. 2, p. 537-600, 2004.

Easterbrook, Frank H.; FISCHEL, Daniel R.. *The economic structure of corporate law*. Cambridge, Mass.: Harvard University Press, 1996.

EISENBERG, Melvin Aron. *Corporations and other business organizations*. New York: Foundation Press, 2000.

____. The duty of good faith in corporate law. *Delaware Journal of Corporate Law*, n. 31, p. 1-75, 2006.

____. Self-interested transactions in corporate law. *Journal of Corporate Law*, n. 13, p. 997-1009, 1988.

EIZIRIK, Nelson. Deveres dos administradores de S.A. Conflito de interesses. Diretor de S.A. indicado para conselho de companhia concorrente. In: ____. *Temas de Direito Societário*. Rio de Janeiro: Renovar, 2005. p. 65-88.

____. Contratação em condições de favorecimento. Conflito de interesse. Impedimento de administradores. In: ____. *Temas de Direito Societário*. Rio de Janeiro: Renovar, 2005. p. 89-104.

____. Eleição de Membro do Conselho de Administração para Atuar como Conselheiro de Companhia não Concorrente. Inexistência de Impedimento. In: ____. *Direito Societário*: Estudos e Pareceres. São Paulo: Quartier Latin, 2015. p. 97-115.

____. *A Lei das S/A comentada*, v. 3. 2 ed. São Paulo: Quartier Latin, 2015.

____. Responsabilidade civil e administrativa do diretor de companhia aberta. *Revista de Direito Mercantil, Industrial, Econômico e Financeiro*, São Paulo, ano 23, n. 56, p. 47-62, out./dez. 1984.

____; GAAL, Ariádna B.; PARENTE, Flávia; HENRIQUES, Marcus de Freitas. *Mercado de capitais*: regime jurídico. 2. ed. rev. e atual. Rio de Janeiro: Renovar, 2008.

ENRIQUES, Luca. *Il conflitto d'interessi degli amministratori di società per azioni*. Milano: Giuffrè, 2000.

____. Il conflitto d'interessi nella gestione delle società per azioni: spunti teorici e profili comparatistici in vista della riforma del Diritto Societario. *Rivista delle Società*, a. 45, n. 3-4, p. 509-561, mai./ago. 2000.

____. The Law on Company Directors' Self-Dealing: A Comparative Analysis. *International and Comparative Corporate Law Journal*, v. 2, i. 3, p. 297-333, 2000.

____. Related Party Transactions: Policy Options and Real-World Challenges (with a Critique of the European Commission Proposal). *ECGI Working Paper Series in Law*, oct. 2014. Disponível em: <http://ssrn.com/abstract=2505188>. Acesso em: 03 jan. 2020.

____; POMELLI, Alessandro. Art. 2391 (Interessi degli amministratori). In: ALBERTI, Alberto Maffei (org.). *Il nuovo Diritto delle Società*, v. I. Padova: CEDAM, 2005. p. 758-778.

FALCÃO, Diego Billi. *Interlocking board*: aspectos societários da interligação administrativa. São Paulo: Quartier Latin, 2016.

FANTO, James A. *Directors' and officers' liability*. 2. ed. New York: Practising Law Institute, 2005.

FARRIOL, Josep Farrán. *La responsabilidad de los administradores en la Administración societaria*. Barcelona: J. M. Bosch, 2004.

FERBER, Kenneth S.. *Corporation law*. Upper Saddle River, New Jersey: Prentice-Hall, 2002.

FERRER, Vicenç Ribas. *El deber de lealtad del administrador de sociedades*. Madrid: La Lay, 2010.

____. Deberes de los administradores en la Ley de Sociedades de Capital. *Revista de Derecho de Sociedades*, n. 38, p. 73-153, 2012/1.

FERRO-LUZZI, Paolo. Dal conflitto di interessi agli interessi degli amministratori – profili di sistema. *Rivista del Diritto Commerciale e del Diritto Generale dele Obligazioni*, n. 10-12, parte I, p. 661-674, 2006.

FINANCIAL CONDUCT AUTHORITY. *Listing Rules*. 2019. Disponível em: <https://www.handbook.fca.org.uk/handbook/LR.pdf>. Acesso em: 10 set. 2019.

FINANCIAL REPORT COUNCIL. *The UK Corporate Governance Code*. 2018. Disponível em: <https://www.frc.org.uk/getattachment/88bd8c45-50ea-4841-95b0-d2f4f48069a2/2018-UK-Corporate-Governance-Code-FINAL.PDF>. Acesso em: 10 set. 2019.

FLEISCHER, Holger. Zur organschaftlichen Treupflicht der Geschäftsleiter im Aktien- und GmbH-Recht. *Zeitschrift für Wirtschafts- und Bankrecht*, Heft 22, 57 Jahrgang, p. 1045-1058, 2003.

FRADERA, Vera Maria Jacob de. Algumas reflexões sobre a Pós-Graduação em Direito no Brasil. *Jota*. 28 dez. 2018. Disponível em: <https://www.jota.info/carreira/pos-graduacao-brasil-reflexoes-28122018>. Acesso em: 14 out. 2019.

FRANÇA, Erasmo Valladão Azevedo e Novaes. *Conflito de interesses nas Assembléias de S.A.*. São Paulo: Malheiros, 1993.

____. *Invalidade das deliberações de Assembléia das S.A.* São Paulo: Malheiros, 1999.

____. Conflito de interesses de administrador na incorporação de controlada. In: ____. *Temas de Direito Societário, Falimentar e Teoria da Empresa*. São Paulo: Malheiros, 2009. p. 334-360.

____. Conflito de interesses: formal ou substancial? Nova decisão da CVM sobre a questão. *Revista de Direito Mercantil, Industrial, Econômico e Financeiro*, São Paulo, ano 41, n. 128, p. 225-262, out./dez. 2002.

____. Atos e operações societárias em fraude à lei, visando à tomada ilícita do controle de companhia aberta — abuso do poder de controle e conflito de interesses caracterizados — invalidade. *Revista de Direito Mercantil, Industrial, Econômico e Financeiro*, São Paulo, ano 45, n. 143, p. 255-270, jul./set. 2006.

____. Invalidade de deliberações conexas de companhia. *Revista de Direito Mercantil, Industrial, Econômico e Financeiro*, São Paulo, ano 46, n. 145, p. 255-269, jan./mar. 2007.

____. Considerações sobre o art. 147, §3º, da Lei de S.A. – A consulta e os quesitos. In: VENANCIO FILHO, Alberto; LOBO, Carlos Augusto da Silveira; ROSMAN, Luis Alberto Colonna (org.). *Lei das S.A. em seus 40 anos*. Rio de Janeiro: Forense, 2017. p. 177-198.

FRANÇOIS, Fabrice; FRONDEVILLE, Elvire de; MARLANGE, Ambroise. *Dirigeant de société*. 2 éd. Paris: Delmas, 2009.

FRANKEL, Tamar. *Fiduciary Law*. New York: Oxford, 2011.

____. *Legal Duties of Fiduciaries*: definitions, duties and remedies. Anchorage: Fathom Publishing Company, 2012.

____. United Sates Mutual Fund Investors, Their Managers and Distributors. In: THÉVENOZ, Luc; BAHAR, Rashid (eds.). *Conflicts of Interest*: Corporate Governance & Financial Markets. Alphen aan den Rijn: Kluwer, 2007. p. 363-394.

FRONTINI, Paulo Salvador. Responsabilidade dos administradores em face da nova lei das sociedades por ações. *Revista de Direito Mercantil, Industrial, Econômico e Financeiro*, São Paulo, ano 16, n. 26, p. 35-49, 1977.

GABRIELLI, Giovanni. Il conflitto d'interessi autorizzatto. In: CRISTOFARO, Giovanni De; GIORGI, Maria Vita De; MONACHE, Stefano Delle (org.). *Studi in onore di Giogio Cian*, t. I. Milani: CEDAM, 2010. p. 1049-1070.

GAGLIANO, Antonio. *Gli amministratori delle Società Anonime nel diritto e nella giurisprudenza*. Palermo: Reber, 1904.

GAGLIARDO, Mariano. *El Directorio en la Sociedad Anónima*. 2 ed. Buenos Aires: Abeledo-Perrot, 2007.

GALLEGO, Esperanza. Capítulo II – Los Administradores. In: ROJO, Ángel; BELTRÁN, Emilio (dirs.). *Comentarios de la Ley de Sociedades de Capital*, t. I. Pamplona: Aranzadi, 2011. p. 1.502-1.607.

GARCÍA, María Isabel Grimaldos. Presupuestos y extension subjetiva de la responsabilidad. Solidariedad: artículos 236 y 237. Otras acciones por infracción del deber de lealtad: artículos 272.2 y 232. In: CEBRIÁ, Luis Hernando (coord.). *Régimen de Deberes y Responsabilidad de los Administradores en las Sociedades de Capital*. Barcelona: Bosch, 2015. p. 307-364.

GASTAMINZA, Eduardo Valpuesta. *Comentarios a la Ley de Sociedades de Capital*: estudio legal y jurisprudencial. Barcelona: Bosch, 2013.

GATTAZ, Luciana de Godoy Penteado. *A vinculação de membros do Conselho de Administração ao acordo de acionistas*. São Paulo: Quartier Latin, 2019.

GELMAN, Marina Oehling. *O Conceito de Conselheiro Independente Vigente na Regulamentação dos Níveis Diferenciados de Governança Corporativa da BM&FBOVESPA*. 2012. 253f. Dissertação (Mestrado em Direito e Desenvolvimento) — Escola de Direito de São Paulo da Fundação Getúlio Vargas, São Paulo, 2012.

GEVURTZ, Franklin A.. *Corporation law*. St. Paul, Minn.: West Group, 2000.

GHEZZI, Federico. I "doveri fiduciari" degli amministratori nei "Principles of Corporate Governance". *Rivista delle società*, Milano, n. 2-3, p. 465-549, 1996.

GIÃO, João Sousa. Conflitos de interesses entre administradores e os accionistas na sociedade anónima: os negócios com a sociedade e a remuneração dos administradores. In: CÂMARA, Paulo et al. *Conflito de interesses no Direito Societário e Financeiro*: um balanço a partir da crise financeira. Coimbra: Almedina, 2010. p. 215-291.

GIESEN, Hans-Michael. *Organhandeln und Interessenkonflikt*: Vergleichende Untersuchung zum deutschen und französischen Aktienrecht. Berlin: Duncker und Humblot, 1984.

GOLD, Andrew S. The Loyalties of Fiduciary Law. In: ____; MILLER, Paul B. (ed.). *Philosohical Foundations of Fiduciary Law*. Oxford: Oxford University Press, 2014. p. 176-194.

GOMES, Fátima. Reflexões em torno dos deveres fundamentais dos membros dos órgãos de gestão (e fiscalização) das sociedades comerciais à luz da nova redacção do artigo 64º do CSC. In: FACULDADE DE DIREITO NA UNIVERSIDADE DE COIMBRA. *Nos 20 anos do Código das Sociedades Comerciais homenagem aos Profs. Doutores A. Ferrer Correia, Orlando de Carvalho e Vasco Lobo Xavier*, v. II. Coimbra: Coimbra, 2007. p. 551-569.

GOMES, José Ferreira. *Da Administração à Fiscalização das Sociedades*: a obrigação de vigilância dos órgãos da sociedade anónima. Coimbra: Almedina, 2017.

____. Conflito de interesses entre accionistas nos negócios celebrados entre a sociedade anónima e o seu accionista controlador. In: CÂMARA, Paulo et al. *Conflito de interesses no Direito Societário e Financeiro*: um balanço a partir da crise financeira. Coimbra: Almedina, 2010. p. 75-213.

GÓMEZ, Isabel Garrido. *Criterios para la solución de conflitos de intereses en el derecho privado*. Madrid: Dykinson, 2002.

GONÇALVES NETO, Alfredo de Assis. *Lições de Direito Societário*: Sociedade Anônima. v. 2. São Paulo: Juarez de Oliveira, 2005.

GRÉVAIN-LEMERCIER, Karine. *Le devoir de loyauté en droit des sociétés*. Aix-en-Provence: Presses Universitaires D'Aix-Marseille, 2013.

GT INTERAGENTES. *Código Brasileiro de Governança Corporativa – Companhias Abertas*. São Paulo: IGBC, 2016.

GUERREIRO, José Alexandre Tavares. Responsabilidades dos administradores de Sociedades Anônimas. *Revista de Direito Mercantil, Industrial, Econômico e Financeiro*, São Paulo, ano 20, n. 42, p. 69-88, abr./jun. 1981.

____. Conflitos de interesse entre sociedade controladora e controlada e entre coligadas, no exercício do voto em Assembléias Gerais e reuniões sociais. *Revista de Direito Mercantil, Industrial, Econômico e Financeiro*, São Paulo, ano 22, n. 51, p. 29-32, jul./set. 1983.

____. Sociologia do poder na Sociedade Anônima. *Revista de Direito Mercantil, Industrial, Econômico e Financeiro*, São Paulo, ano 29, n. 77, p. 50-56, jan./mar. 1990.

____. Abstenção de voto e conflito de interesses. In: KUYVEN, Luiz Fernando Martins. *Temas essenciais de direito empresarial*: estudos em homenagem a Modesto Carvalhosa. São Paulo: Saraiva, 2012. p. 681-692.

GUIZZI, Giuseppe. *Gestione dell'impresa e interferenze di interessi*: trasparenza, ponderazione e imparzialità nell'amministrazione delle s.p.a. Milano: Giuffrè, 2014.

HALPERIN, Isaac; OTAEGUI, Julio C. *Sociedades Anónimas*. 2 ed. Buenos Aires: Depalma, 1998.

HAMILTON, Robert W.. *The law of corporations*: in a nutshell. Saint Paul, Minn.: West, 2003.

HANNIGAN, Brenda. *Company Law*. 5th Ed. Oxford: Oxford University Press, 2018.

HANSMANN, Henry; KRAAKMAN, Reinier. The end of History for corporate law. *Georgetown Law Journal*, Washington, n. 89, p. 439-468, jan. 2001.

____; ____. What is Corporate Law? In: KRAAKMAN, Reinier et alli. *The anatomy of corporate law*: a comparative and functional approach. New York: Oxford University Press, 2007. p. 1-19.

____; ____. Reflections on the end of History for corporate law. In: RASHEED, Abdul; YOSHIKAWA, Tory (org.). *Convergence of Corporate Governance*: Promise and Prospects. London: Palgrave-MacMillan, 2012. p. 32-48.

HARBARTH, Stephan. Unternehmerisches Ermessen des Vorstands im Interessenkonflikt. In: ERLE, Bernd et. al. (org.). *Festschrift für Peter Hommelhoff zum 70. Geburtstag*. Köln: Dr. Otto Schmidt, 2012. p. 323-342.

HENN, Günter; FRODERMANN, Jürgen; JANNOTT, Dirk. *Handbuch des Aktienrechts*. 8 Aufl.. Heidelberg: C. F. Müller, 2009.

HENN, Harry G.; ALEXANDER, John R.. *Laws of corporations and other business enterprises*. 3. ed. St. Paul, Minn.: West Group, 1983.

HERRANZ, Isabel Ramos. El deber de abstenerse de usar el nombre de la sociedad o la condición de administrador para influir indebidamente en la realización de operaciones privadas. *Revista de Derecho de Sociedades*, n. 44, p. 303-332, 2015/1.

HERTIG, Gerard; KANDA, Hideki. Related party transactions. In: KRAAKMAN, Reinier et alli. *The anatomy of corporate law*: a comparative and functional approach. New York: Oxford University Press, 2007. p. 101-130.

HOLZ, Eva; POZIOMEK, Rosa. *Curso de Derecho Comercial*. 3 ed. Montevideo: AMF, 2016.

HOPT, Klaus J. Übernahmen, Geheimhaltung und Interessenkonflikte: Probleme für Vorstände, Aufsichtsräte und Banken, *ZGR*, p. 333-376, 2002.

____. Interessenwahrung und Interessenkonflikte im Aktien-, Bank- und Berufsrecht. Zur Dogmatik des modernen Geschäftsbesorgungsrechts. *Zeitschrift für Unternehmens- und Gesellschaftsrecht*, v. 33, p. 1-52, Feb. 2004 (= HOPT, Klaus J.. Protección y conflictos de intereses en el derecho de sociedades anónimas, bancário y professional. Acerca de la dogmática del moderno derecho del mandato (Trad. Pablo Grigado Perandones). In: ____. *Estudios de Derecho de Sociedades y del Mercado de Valores*. Marcial Pons: Madrid, 2010. p. 153-197).

____. Self-dealing and use of corporate opportunity and information: regulating directors' conflicts of interest. In: ____; TEUBNER, Gunther (org.). *Corporate Governance and Directors' Liabilities*: legal, economic and sociological analyses on corporate social responsibility. Berlin: Walter de Gruyter, 1985. p. 285-326.

_____. Deveres legais e conduta ética de membros do Conselho de Administração e de profissionais (Trad. Erasmo Valladão Azevedo e Novaes França e Mauro Moisés Kertzer). *Revista de Direito Mercantil, Industrial, Econômico e Financeiro*, v. 144, a. XLV, p. 107-119, out./dez. 2006.

HÜFFER, Uwe; KOCH, Jens. *Gesellschaftsrecht*. 8 Aufl. München: C. H. Beck, 2011.

IHRIG, Hans-Christoph; SCHÄFER, Carsten. *Rechten und Pflichten des Vorstands*. Köln: Dr. Otto Schmidt, 2014.

Instituto Brasileiro de Governança Corporativa. *Código das melhores práticas de governança corporativa*. 5.ed. São Paulo: IBGC, 2015.

JACOBSON, Mary A.. Interested director transactions and the (equivocal) effects of shareholder ratification. *Delaware Journal of Corporate Law*, n. 21, p. 981-1025, 1996.

JAEGER, Pier Giusto. *L'interesse sociale*. Milano: Giuffrè, 1972.

_____. L'interesse sociale rivisitato (quarant'anni dopo). *Giurisprudenza Commerciale*, ano 27, p. 795-812, 2000.

_____; DENOZZA, Francesco. *Appunti di Diritto Commerciale*, I. 3 ed. Milano: Giuffrè, 1994.

JARILLO, María José Morillas. *Las normas de conducta de los administradores de las sociedades de capital*. Madrid: La Ley, 2002.

KEAY, Andrew. *Directors' Duties*. 2nd ed. Bristol: Jordan, 2014.

KNAPP, Vanessa. Fair Dealing and Connected Persons. In: BOXELL, Tim (org.). *A Practitioner's Guide to Directors' Duties and Responsibilities*. 5th ed. London: Sweet & Maxwell, 2013. p. 143-182.

KORT, Michael. Interessenkonflikte bei Organmitgliedern der AG. *Zeitschrift für Wirtschaftsrecht*, a. 29, v. 16, p. 717-725, abr. 2008.

KREBS, Karsten. *Interessenkonflikte bei Aufsichtsratsmandaten in der Aktiengesellschaft*. Köln: Carl Heymanns, 2002.

KRIEGER, Gerd. Organpflichten und Haftung in der AG. In: _____; SCHNEIDER, Uwe H. (Hrsg.). *Handbuch Managerhaftung*. 2 Aufl.. Köln: Dr. Otto Schmidt. p. 41-74.

KÜBLER, Friedrich. Dual Loyalty of Labor Representatives. In: HOPT, Klaus; TEUBNER, Gunther. *Corporate Governance and Directors' Liabilities*: legal, economic and sociological analyses on corporate social responsibility. Berlin: Walter de Gruyter, 1985. p. 429-444.

LACERDA, Galeno. *Comentários ao Código de Processo Civil*: (Lei n. 5.869, de 11 de janeiro de 1973), v. 8, t.1. 2 ed. Rio de Janeiro: Forense, 1981.

LACERDA, José Cândido Sampaio de. *Comentários à lei das Sociedades Anônimas*, v. 3. São Paulo: Saraiva, 1978.

LAMY FILHO, Alfredo. Responsabilidade dos administradores — Atas aprovadas por Assembléia Geral — Prescrição — Ação proposta contra administrador. In: _____. *Temas de S.A.*: exposições e pareceres. Rio de Janeiro: Renovar, 2007. p. 285-292.

_____. Acordos de acionistas — Observância dos administradores aos termos do acordo. In: _____. *Temas de S.A.*: exposições e pareceres. Rio de Janeiro: Renovar, 2007. p. 323-327.

_____; PEDREIRA, José Luiz Bulhões. *A Lei das S. A.* (pressupostos, elaboração, aplicação). Rio de Janeiro: Renovar, 1992.

_____; _____. Capítulo I: Conceito e natureza. In: _____; _____ (coord.). *Direito das Companhias*, v. 1. Rio de Janeiro: Forense, 2009. p. 25-99.

LANGFORD, Rosemary Teele. *Company Directors' Duties and Conflicts of Interest*. Oxford: Oxford University Press, 2019.

LAPIQUE, Luis. *Manual de Sociedades Anónimas*. Montevideo: Fundación de Cultura Universitaria, 2012.

LARGUINHO, Marisa. O dever de lealdade: concretizações e situações de conflito resultantes da cumulação de funções de administração. *Direito das Sociedades em Revista*, Coimbra, a. 5, v. 9, p. 187-213, mar. 2013.

LAZOPOULOS, Michael. *Interessenkonflikte und Verantwortlichkeit des fiduziarischen Verwaltungsrates*. Zürich: Schulthess, 2004.

LAZZARESCHI NETO, Alfredo Sérgio. *Lei das Sociedades por Ações Anotada*, v. I. 5 ed. São Paulo: Societatis Edições, 2017.

LEÃES, Luiz Gastão Paes de Barros. Conflito de interesses. Deliberação tomada pelos administradores sobre fiança prestada pelos acionistas controladores, em benefício da companhia. In: ____. *Estudos e pareceres sobre Sociedades Anônimas*. São Paulo: Revista dos Tribunais, 1989. p. 28-32.

____. Os deveres funcionais dos administradores de S.A. In: ____. *Novos pareceres*. São Paulo: Singular, 2018. p. 627-653.

____. Conflito de interesses no âmbito da administração da companhia. In: ____. *Novos pareceres*. São Paulo: Singular, 2018. p. 629-635.

____. Inexistência de impedimento de votar em deliberação do Conselho de Administração. In: ____. *Novos pareceres*. São Paulo: Singular, 2018. p. 1539-1560.

LEONARDO, Rodrigo Xavier. Conhecimento da lebre *versus* A obra do Jabuti: Qual a ciência do Direito? *Consultor Jurídico*. 6 nov. 2017. Disponível em: <https://www.conjur.com.br/2017-nov-06/direito-civil-atual-conhecimento-lebre-vs-obra-jabuti-qual-ciencia-direito>. Acesso em: 14 out. 2019.

____. Entre as lebres e o jabuti: encontramos os sofismas na dita ciência do Direito? *Consultor Jurídico*. 13 nov. 2017. Disponível em: <https://www.conjur.com.br/2017-nov-13/direito-civil-atual-lebres-jabuti-encontramos-sofismas-dita-ciencia-direito>. Acesso em: 14 out. 2019.

LLEBOT, José Oriol. Deberes y responsabilidad de los administradores. In: ROJO, Ángel; BELTRÁN, Emilio (dirs.). *La responsabilidad de los administradores*. Valencia: Tirant lo Blanch, 2005. p. 24-54.

LOBO, Carlos Augusto da Silveira. Conflito de interesses entre a companhia e seu administrador. In: ____. *Advocacia de Empresas*. Rio de Janeiro: Renovar, 2012. p. 19-36.

____; NEY, Rafael de Moura Rangel. Conflito de interesses entre o administrador e a companhia — inexistência de impedimento de votar em deliberação do Conselho de Administração da controlada, do qual é membro, que aprova concessão de mútuo à controladora, da qual é chefe do departamento jurídico. *Revista de Direito Mercantil, Industrial, Econômico e Financeiro*, São Paulo, ano 45, n. 144, p. 275-286, out./dez. 2006.

LOOSE, Peter; GRIFFITHS, Michael; IMPEY, David. *The Company Director*: Powers, Duties and Liabilities. 10th ed. Bristol: Jordan, 2008.

LÓPEZ, Carlos Górriz. Los deberes de lealtad de los administradores del art. 137 TER LSA. *Direito das Sociedades em Revista*, Coimbra, a. 2, v. 3, p. 143-178, mar. 2010.

LORIA, Eli; KALANSKY, Daniel. *Processo Sancionador e Mercado de Capitais*: Estudo de Casos e Tendências; Julgamentos da CVM. São Paulo: Quartier Latin, 2016.

____; ____. *Processo Sancionador e Mercado de Capitais II*: Estudo de Casos e Tendências; Julgamentos da CVM. São Paulo: Quartier Latin, 2017.

____; ____. *Processo Sancionador e Mercado de Capitais III*: Estudo de Casos e Tendências; Julgamentos da CVM. São Paulo: Quartier Latin, 2018.

LOTUFO, Mirelle Bittencourt. *Intervenção judicial na administração das sociedades empresárias*. São Paulo: Quartier Latin, 2019.

LOURENÇO, Nuno Calaim. *Os deveres de Administração e a business judgment rule*. Coimbra: Almedina, 2011.

LUTTER, Marcus. Interessenkonflikte und Business Judgment Rule. In: HELDRICH, Andreas; PRÖLSS, Jürgen; KOLLER, Ingo (Hrsg.). *Festschrift für Claus-Wilhelm Canaris zum 70. Geburtstag*, Band II. München: C. H. Beck, 2007. p. 245-256.

____; KRIEGER, Gerd. *Recht und Pflichten des Aufsichtsrats*. 5 Aufl.. Köln: Otto Schmidt, 2008.

MACHADO FILHO, Caio; BRIGAGÃO, Pedro Henrique Castello. A (des)necessidade de aplicação da *business judgment rule* no Direito brasileiro. In: BARBOSA, Henrique; BOTREL, Sérgio (coord.). *Novos temas de Direito e Corporate Finance*. São Paulo: Quartier Latin, 2019. p. 603-620.

MALAMUD, Jaime. Los contratos de los directores con las sociedades anónimas que administran. In: ETCHEVERRY, Raúl A.; RICHARD, Efraín Hugo. *Summa Societaria*, t. III. Buenos Aires: Abeledo Perrot, 2012. p. 3.733-3.743.

MARCONDES, Sylvio. Conflito de interesses entre a sociedade e seu administrador. In: ____. *Problemas de Direito Mercantil*. São Paulo: Max Limonad, 1970. p. 233-247.

MARINONI, Luiz Guilherme. *Tutela inibitória*: individual e coletiva. 4 ed. São Paulo: Revista dos Tribuais, 2006.

MARTÍN, Guillermo Guerra. Capítulo I – La posición jurídica de los administradores de sociedades de capital. In: ____ (coord.). *La Responsabilidad de los Administradores de Sociedades de Capital*. Madrid: La Ley, 2011. p. 37-84.

MARTINS, Fran. *Comentários à Lei das Sociedades Anônimas*, v. 2. t. 1. Rio de Janeiro: Forense, 1978.

MARTINS-COSTA, Judith. *A Boa-Fé no Direito Privado*: critérios para a sua aplicação. São Paulo: Marcial Pons, 2015.

____. Apresentação – Autoridade e utilidade da doutrina: a construção dos modelos doutrinários. In: ____. *Modelos de Direito Privado*. São Paulo: Marcial Pons, 2014. p. 9-40.

____. Os campos normativos da boa-fé objetiva: as três perspectivas do direito privado brasileiro. In: AZEVEDO, Antonio Junqueira de; TÔRRES, Heleno Taveira; CARBONE, Paolo (coord.). *Princípios do novo Código Civil brasileiro e outros temas*: homenagens a Tullio Ascarelli. São Paulo: Quartier Latin, 2008. p. 387-421.

MATTHIEβEN, Volker. *Stimmrecht und Interessenkollision im Aufsichtsrat*. Köln: Carl Heymanns, 1989.

MAXIMILIANO, Carlos. *Hermenêutica e aplicação do Direito*. 2 ed. Porto Alegre: Livraria do Globo, 1933.

MENSE, Christian. *Interessenkonflikte bei Mehrfachmandaten im Aufsichtsrat der AG*. Baden-Baden: Nomos, 2008.

MILLER, Paul B. The Fiduciary Relationship. In: GOLD, Andrew S.; MILLER, Paul B. (ed.). *Philosohical Foundations of Fiduciary Law*. Oxford: Oxford University Press, 2014. p. 63-90.

MÖLLERS, Thomas M. J.. Treupflichten und Interessenkonflikte bei Vorstands- und Aufsichtsratsmitgliedern. In: HOMMELHOF, Peter; HOPT, Klaus J.; WERDER, Axel v. (Hrsg.). *Handbuch Corporate Governance*. 2 Aufl.. Köln: Dr. Otto Schmidt, 2009. p. 423-446.

MUNHOZ, Eduardo Secchi. *Aquisição de controle na sociedade anônima*. São Paulo: Saraiva, 2013.

_____. Estrutura de governo nos grupos societários *de fato* na lei brasileira. In: CASTRO, Rodrigo R. Monteiro de; WARDE JÚNIOR, Waldrido Jorge; GUERREIRO, Carolina Dias Tavares (coord.). *Direito empresarial e outros estudos de Direito em homenagem ao Professor José Alexandre Tavares Guerreiro*. São Paulo: Quartier Latin, 2013. p. 268-291.

_____. Influência do patrimonialismo na sociedade anônima – importância dos mecanismos privados de efetivação dos deveres do acionista controlador e dos administradores. In: VENANCIO FILHO, Alberto; LOBO, Carlos Augusto da Silveira; ROSMAN, Luis Alberto Colonna (org.). *Lei das S.A. em seus 40 anos*. Rio de Janeiro: Forense, 2017. p. 129-156.

NAHARRO, Mónica Fuentes. Conflicto de intereses en grupos de sociedades: reflexiones a propósito de la STS de 12 de abril de 2007. *Revista de Derecho de Sociedades*, n. 30, p. 401-419, 2008/1.

NASCIMENTO, João Pedro Barroso do. *Medidas Defensivas à Tomada de Controle de Companhias*. São Paulo: Quartier Latin, 2011.

NENOVA, Tatiana. The Value of Corporate Votes and Control Benefits: A Cross-Country Analysis. *Journal of Financial Economics*, v. 68, p. 325-351, 2001.

NEVES, Rui de Oliveira. O administrador independente: contributo para a compreensão da figura no contexto dos mecanismos de controlo societário. In: CÂMARA, Paulo et al. *Código das Sociedades Comerciais e o governo das sociedades*. Coimbra: Almedina, 2008. p. 143-194.

NEW YORK STOCK EXCHANGE. *Listed company manual*. 2010. Disponível em: <http://www.nyse.com>. Acesso em: 21 jan. 2020.

NUNES, Pedro Caetano. Jurisprudência sobre o dever de lealdade dos administradores. *Revista de Direito das Sociedades e dos Valores Mobiliários*, São Paulo, n. 9, p. 173-222, ago. 2019.

O'KELLEY, Charles R. T.; THOMPSON, Robert B.. *Corporations and other business associations*: cases and materials. 5. ed. New York: Aspen Publishers, 2006.

OLIVEIRA, António Fernandes de. Responsabilidade civil dos administradores. In: CÂMARA, Paulo et al. *Código das Sociedades Comerciais e o governo das sociedades*. Coimbra: Almedina, 2008. p. 257-341.

PACHECO, João Marcelo G.; SILVA, Thiago José da. Poderes e deveres do presidente do Conselho de Administração. In: ROSSETTI, Maristela Abla; PITTA, André Grünspun. *Governança Corporativa*: avanços e retrocessos. São Paulo: Quartier Latin, 2017. p. 849-869.

PARENTE, Flávia. *O dever de diligência dos administradores de Sociedades Anônimas*. Rio de Janeiro: Renovar, 2005.

PARENTE, Norma Jonssen. O dever de lealdade do administrador e a oportunidade comercial. In: KUYVEN, Luiz Fernando Martins. *Temas essenciais de direito empresarial*: estudos em homenagem a Modesto Carvalhosa. São Paulo: Saraiva, 2012. p. 913-920.

PAULIN, Luiz Alfredo. Administrador de fato nas sociedades por ações. *Revista de Direito Mercantil, Industrial, Econômico e Financeiro*, São Paulo, n. 130, p. 102-118, abr./jun. 2003.

PAZ-ARES, Cándido. Anatomía del deber de lealtad. *Actualidad Jurídica Uría Menéndez*, n. 39, p. 43-65, 2015.

PENTEADO, Mauro Rodrigues. Reorganização operacional e societária. Ação declaratória de nulidade de deliberações de Conselho de Administração de S/A. Suposto conflito de interesses. *Revista de Direito Mercantil, Industrial, Econômico e Financeiro*, São Paulo, ano 46, n. 146, p. 237-268, abr./jun. 2007.

PEREIRA, Luiz Fernando C. *Medidas urgentes no direito societário*. São Paulo: Revista dos Tribunais, 2002.

PINEDO, Alejandro A. Contratos entre una sociedad anónima y sus directores. Alcance de la nulidad que los afecta. In: ETCHEVERRY, Raúl A.; RICHARD, Efraín Hugo. *Summa Societaria*, t. III. Buenos Aires: Abeledo Perrot, 2012. p. 3.803-3.811.

PLETI, Ricardo Padovini. *Intervenção judicial em sociedade empresária*. Curitiba: Juruá, 2014.

POELZIG, Dörte; THOLE, Christoph. Kollidierende Geschäftsleiterpflichten. *Zeitschrift für Unternehmens- und Gesellschaftsrecht*, v. 39, p. 836-867, Oct. 2010.

PONTES DE MIRANDA, Francisco Cavalcanti. *Tratado de Direito Privado*, t. 50. 2 ed. Rio de Janeiro: Editor Borsoi, 1965.

PRADO, Viviane Muller. *Conflito de Interesses nos Grupos Societários*. São Paulo: Quartier Latin, 2006.

QUATTRINI, Larissa Teixeira. *Os deveres dos administradores de sociedades anônimas abertas*: estudo de casos. São Paulo: Saraiva, 2014.

RAISER, Thomas; VEIL, Rüdiger. *Recht der Kapitalgesellschaften*. 5 Aufl. München: Franz Vahlen, 2010.

RAUTERBERG, Gabriel V.; TALLEY, Eric L. Opting Out of the Fiduciary Duty of Loyalty: Corporate Opportunity Waivers within Public Companies. Harvard Law School Forum on Corporate Governance. Aug. 22 2016. Disponível em: <https://corpgov.law.harvard.edu/2016/08/22/opting-out-of-the-fiduciary-duty-of--loyalty-corporate-opportunity-waivers--within-public-companies/>. Acesso em: 25 jan. 2020.

____; ____. Contracting Out of the Fiduciary Duty of Loyalty: An Empirical Analysis of Corporate Opportunity Waivers. Aug. 12, 2016. *Columbia Law Review*, Forthcoming; Columbia Law and Economics Working Paper n. 549; University of Michigan Law & Econ Research Paper n. 16-023. Disponível em: <https://ssrn.com/abstract=2822248>. Acesso em: 25 jan. 2020.

RAZ, Joseph. *The Morality of Freedom*. Oxford: Oxford University Press, 1986.

Regierungskommission DEUTSCHER CORPORATE GOVERNANCE KODEX. *Deutscher Corporate Governance Kodex*. 2017. Disponível em: <http://www.dcgk.de/de/kodex.html>. Acesso em: 24 abr. 2017.

REQUIÃO, Rubens. *Curso de Direito Comercial*, v. 2. 25. ed. rev. e atual. por Rubens Edmundo Requião. São Paulo: Saraiva, 2008.

RIBAS, Vicenç. Capítulo III – Los Deberes de los Administradores. In: ROJO, Ángel; BELTRÁN, Emilio (dirs.). *Comentarios de la Ley de Sociedades de Capital*, t. I. Pamplona: Aranzadi, 2011. p. 1.608-1.663.

RIBEIRO, Renato Ventura. *Dever de diligência dos administradores de sociedades*. São Paulo: Quartier Latin, 2006.

RIPERT, G.; ROBLOT, R. *Les sociétés commerciales*, t. 2. 20 éd. Paris: LGDJ, 2011.

ROCHA, João Luiz Coelho da. *Administradores, conselheiros e prepostos das sociedades*. Rio de Janeiro: Lumen Juris, 2005.

RODA, Carmen Boldó. Deber de evitar situaciones de conflicto de interés y personas vinculadas a los administradores: artículos 229 y 231. In: CEBRIÁ, Luis Hernando (coord.). *Régimen de Deberes y Responsabilidad de los Administradores en las Sociedades de Capital*. Barcelona: Bosch, 2015. p. 241-280.

____; MOYA, Vanessa Martí. El conflicto de intereses de los administradores en las sociedades de capital revisitado a la luz de la reciente jurisprudencia. *Revista de Derecho de Sociedades*, n. 41, p. 455-472, 2013/2.

RODRIGUES FILHO, Eulâmpio. Suspensão cautelar e afastamento de gerente de sociedade por quotas. *Revista Brasileira de Direito Processual*, v. 54, p. 91-96, abr./jun. 1987.

ROITMAN, Horacio. *Ley de sociedades comerciales comentada y anotada*, t. I. Buenos Aires: La Ley, 2006.

____. *Ley de sociedades comerciales comentada y anotada*, t. IV. Buenos Aires: La Ley, 2006.

ROSENN, Keith S. *O jeito na cultura jurídica brasileira*. Rio de Janeiro: Renovar, 1998.

RUIZ, Mercedes Sánchez. El deber de abstención del administrador en conflicto de intereses con la sociedad (art. 229.1 LSC). *Revista de Derecho de Sociedades*, n. 41, p. 175-216, 2013/2.

SADDI, Jairo. Conflito de interesses no Mercado de Capitais. In: CASTRO, Rodrigo R. Monteiro de; ARAGÃO, Leandro Santos de. *Sociedade Anônima*: 30 anos da Lei 6.404/76. São Paulo: Quartier Latin, 2007. p. 339-360.

SAINZ, Esther Hernández. El deber de abstención en el voto como solución legal ante determinados supuestos de conflicto de intereses en la sociedad de responsabilidad limitada. *Revista de Derecho de Sociedades*, a. IV, n. 6, p. 105-128, 1996.

SALANITRO, Niccolò. Gli interessi degli amministratori nelle società di capitali. *Rivista delle Società*, a. 48, p. 47-57, 2003.

SALOMÃO FILHO, Calixto. Diluição de controle. In: ____. *O novo Direito Societário*. 5. ed. rev. e ampl. São Paulo: Saraiva, 2019. p. 145-160.

____. Organização interna: estrutura orgânica tríplice. In: ____. *O novo Direito Societário*. 5. ed. rev. e ampl. São Paulo: Saraiva, 2019. p. 161-179.

____. Conflito de interesses: a oportunidade perdida. In: ____. *O novo Direito Societário*. 5. ed. rev. e ampl. São Paulo: Saraiva, 2019. p. 181-200.

____. Conflito de interesses: novas esperanças. In: ____. *O novo Direito Societário*. 5. ed. rev. e ampl. São Paulo: Saraiva, 2019. p. 201-209.

____. "Golden share": utilidade e limites. In: ____. *O novo Direito Societário*. 5. ed. rev. e ampl. São Paulo: Saraiva, 2019. p. 231-241.

____. Alienação de controle: o vaivém da disciplina e seus problemas. In: ____. *O novo Direito Societário*. 5. ed. rev. e ampl. São Paulo: Saraiva, 2019. p. 243-278.

____. Deveres fiduciários do controlador. In: ____. *O novo Direito Societário*. 5. ed. rev. e ampl. São Paulo: Saraiva, 2019. p. 295-309.

____; RICHTER JÚNIOR, Mário Stella. Interesse social e poderes dos administradores na alienação de controle. *Revista de Direito Mercantil, Industrial, Econômico e Financeiro*, São Paulo, v. 89, p. 65-78, jan./fev. 1993.

SALOMÃO NETO, Eduardo. *O trust e o Direito brasileiro*. São Paulo: LTr, 1996.

____. *Trust* e deveres de lealdade e sigilo na sociedade anônima brasileira. In: CASTRO, Rodrigo R. Monteiro de; WARDE JÚNIOR, Walfrido Jorge; GUERREIRO, Carolina Dias Tavares (coord.). *Direito empresarial e outros estudos de Direito em homenagem ao Professor José Alexandre Tavares Guerreiro*. São Paulo: Quartier Latin, 2013. p. 293-335.

SÁNCHEZ, Rosalía Alfonso. Obligaciones básicas derivadas del deber de lealtad: artículo 228. In: CEBRIÁ, Luis Hernando (coord.). *Régimen de Deberes y Responsabilidad de los Administradores en las Sociedades de Capital*. Barcelona: Bosch, 2015. p. 187-239.

SANTAGATA, Renato. Interlocking directorates ed 'interessi degli amministratori' di società per azioni. *Rivista delle Società*, a. 54, p. 310-346, 2009.

SANTOS, Anthony Dias dos. *Transações entre partes relacionadas e abuso de poder de controle*. São Paulo: Almedina, 2011.

SANTOS, Fernanda Aviz. Sociedade anônima: uma análise sobre a natureza do conflito de interesses dos membros do conselho de administração. *Revista de Direito Mercantil, Industrial, Econômico e Financeiro*, São Paulo, v. 46, n. 148, p. 90-99, out./dez. 2007.

SCALZILLI, João Pedro. *Mercado de Capitais*: ofertas hostis e técnicas de defesa. São Paulo: Quartier Latin, 2015.

SCANNICCHIO, Francesco. Amministratore di due società concorrenti. *Rivista delle Società*, a. 38, p. 642-657, gen./apr. 1993.

SCHMIDT, Dominique. *Les conflits d'intérêts dans la société anonyme*. Paris: Joly, 1999.

SCHMIDT, Karsten; LUTTER, Marcus (Hrsg.). *AktG Kommentar*, II. Band. 3 Aufl. Köln: Otto Schmidt, 2015.

SCHNEIDER, Uwe H. Die nachwirkenden Pflichten des ausgeschiedenen Geschäftsführers. In: ERLE, Bernd et. al. (org.). *Festschrift für Peter Hommelhoff zum 70. Geburtstag*. Köln: Dr. Otto Schmidt, 2012. p. 1.023-1.035.

SMITH, D. Gordon. The Dystopian Potential of Corporate Law. *Emory Law Journal*, 57, p. 985-1.010, 2008.

SMITH, Lionel D. Can we be obliged to be selfless? In: GOLD, Andre S.; MILLER, Paul B. (coord.). *Philosophical Foundations of Fiduciary Law*. Oxford: Oxford University Press. p. 141-158.

SILVA, Alexandre Couto. *Responsabilidade dos administradores de S/A*: business judgment rule. Rio de Janeiro: Elsevier, 2007.

SILVA, João Calvão da. Responsabilidade civil dos administradores não executivos, da comissão de auditoria e do conselho geral e de supervisão. In: CORDEIRO, António Menezes; CÂMARA, Paulo (coord.). *A reforma do Código das Comerciais – jornadas em homenagem ao Professor Doutor Raúl Ventura*. Coimbra: Almedina, 2007. p. 103-151.

SILVA, Thiago José da. *Administradores e acordo de acionistas*: limites à vinculação. São Paulo: Quartier Latin, 2015.

____; CAMARGO, André Antunes Soares de. Conselheiros independentes – status e proposições. *Revista de Direito das Sociedades e dos Valores Mobiliários*, São Paulo, n. 1, p. 39-80, maio 2015.

SILVEIRA, Alexandre Di Miceli da; PRADO, Viviane Muller; SASSO, Rafael. *Transações com partes relacionadas*: estratégias jurídicas e relação com a governança corporativa e valor das empresas no Brasil. Disponível em: <http://ssrn.com/abstract=1307738>. Acesso em: 17 mar. 2019.

SLYNN, Richard; KLUYVER, Michelle de. Directors' Duties. In: BOXELL, Tim (org.). *A Practitioner's Guide to Directors' Duties and Responsibilities*. 5th ed. London: Sweet & Maxwell, 2013. p. 73-194.

SOBREJANO, Alberto Emparanza. Imperatividad y dispensa del deber de lealtad: art. 230. In: CEBRIÁ, Luis Hernando (coord.). *Régimen de Deberes y Responsabilidad de los Administradores en las Sociedades de Capital*. Barcelona: Bosch, 2015. p. 281-304.

SOLIMENA, Luigi. *Il conflitto di interessi dell'amministratore di società per azioni nelle operazioni con la società amministrata*. Milano: Giuffrè, 1999.

Souza, Paloma dos Reis Coimbra de. *A tomada de controle de companhia aberta*: a *poison pill* brasileira. 2011. 200f. Dissertação (Mestrado em Direito) — Faculdade de Direito da Universidade de São Paulo, São Paulo, 2011.

Spinelli, Luis Felipe. *Conflito de interesses na administração da sociedade anônima*. São Paulo: Malheiros, 2012.

____. *Exclusão de sócio por falta grave na sociedade limitada*. São Paulo: Quartier Latin, 2015.

____. Conflito de interesses na Administração da sociedade anônima: respeito à regra procedimental e inversão do ônus da prova. In: Martins-Costa, Judith. *Modelos de Direito Privado*. São Paulo: Marcial Pons, 2014. p. 490-532.

____. Conflito de interesses e a Comissão de Valores Mobiliários. *Jota*. 27 ago. 2019. Disponível em: <https://www.jota.info/opiniao-e-analise/artigos/conflito-de-interesses-e-a-comissao-de-valores-mobiliarios-27082019>. Acesso em: 06 out. 2019.

____; Scalzilli, João Pedro; Tellechea, Rodrigo. *Intervenção judicial na administração de sociedades*. São Paulo: Almedina, 2019.

Spolidoro, Marco Saverio. Il divieto di concorrenza per gli amministratori di società di capitali. *Rivista delle Società*, a. 28, f. 2, p. 1.314-1.384, mag./giu. 1983.

Stafford, Andrew; Richie, Stuart. *Fiduciary Duties*: Directors and Employees. 2nd Ed. Bristol: LexisNexis, 2015.

Steiniger, Thomas Alexander. *Interessenkonflikte des Verwaltungsrates*. Zürich: Schulthess, 2011.

Stesuri, Aldo. *Il conflitto di interessi*. Milano: Giuffrè, 1999.

SWISS BUSINESS FEDERATION. *Swiss Code of Corporate Governance*. 2016. Disponível em: <https://www.economiesuisse.ch/de/publikationen/swiss-code-best-practice-corporate-governance-english>. Acesso em: 21 out. 2019.

Szterling, Fernando. *A função social da empresa no Direito Societário*. 2003. 118f. Dissertação (Mestrado em Direito) — Faculdade de Direito da Universidade de São Paulo, São Paulo, 2003.

Taggart, Andrew; Coleman, Jemima. Service Contracts and Remuneration. In: Boxell, Tim (org.). *A Practitioner's Guide to Directors' Duties and Responsibilities*. 5th ed. London: Sweet & Maxwell, 2013. p. 183-227.

Teixeira, Egberto Lacerda. *Das sociedades por quotas de responsabilidade limitada*. São Paulo: Max Limonad, 1956.

____; Guerreiro, José Alexandre Tavares. *Das sociedades anônimas no Direito brasileiro*, v. 2. São Paulo: José Bushatsky, 1979.

The Panel on Takeovers and Mergers. *The City Code on Takeovers and Mergers*. Disponível em: <http://www.thetakeoverpanel.org.uk/the-code/download-code>. Acesso em: 10 set. 2019.

Toledo, Paulo Fernando Campos Salles de. *O Conselho de Administração na Sociedade Anônima*: estrutura, funções e poderes, responsabilidade dos administradores. 2. ed. São Paulo: Atlas, 1999.

Ureba, Alberto Alonso. Capítulo II – Algunas cuestiones en relación con el ámbito subjetivo de la responsabilidad de los administradores (administrador de hecho, administrador oculto y grupo de sociedades). In: Martín, Guillermo Guerra. (coord.). *La Responsabilidad de los Administradores de Sociedades de Capital*. Madrid: La Ley, 2011. p. 85-102.

Valverde, Trajano de Miranda. *Sociedades por ações*: comentários ao Decreto-Lei n.

2.627, de 26 de setembro de 1940, v. 2. 3. ed. Rio de Janeiro: Forense, 1959.

VAMPRÉ, Spencer. *Tratado elementar de Direito Commercial*, v. 2. Rio de Janeiro: F. Briguiet & Cia., 1922.

VASCONCELOS, Pedro Pais de. Responsabilidade civil dos gestores das sociedades comerciais. *Direito das Sociedades em Revista*, Coimbra, a. 1, v. 1, p. 11-32, mar. 2009.

_____. *Business judgment rule*, deveres de cuidado e de lealdade, ilicitude e culpa e o artigo 64º do Código das Sociedades Comerciais. *Direito das Sociedades em Revista*, Coimbra, a. 1, v. 2, p. 41-79, out. 2009.

VENTORUZZO, Marco. Articolo 2391 – Interessi degli amministratori. In: GHEZZI, Federico (org.). *Commentario alla riforma delle società – amministratori (artt. 2380 – 2396 c.c.)*. Milano: Giuffrè, 2005. p. 423-499.

_____. Articolo 2391-*bis* – Operazioni con parti correlate. In: GHEZZI, Federico (org.). *Commentario alla riforma delle società – amministratori (artt. 2380 – 2396 c.c.)*. Milano: Giuffrè, 2005. p. 501-544.

VERÇOSA, Haroldo Malheiros Duclerc. *Curso de Direito Comercial*, v. 3. São Paulo: Malheiros, 2008.

VERÓN, Alberto Victor. *Tratado de las sociedades comerciales y otros entes asociativos*, t. II. Buenos Aires: La Ley, 2012.

VIGHI, Alberto. Notizie storiche sugli amministratori ed i sindaci delle società per azioni anteriori al codice di commercio francese (Contributo alla storia della società per azioni). *Rivista delle Società*, v. 14, p. 663-700, 1969.

VILELA, Renato. *Conflito de interesses nas companhias de capital aberto e o novo padrão de transparência do IFRS*: um estuto empírico dos mecanismos voluntários dedicados às transações entre partes relacionadas. 2012. 163f. Dissertação (Mestrado em Direito e Desenvolvimento) — Escola de Direito de São Paulo da Fundação Getúlio Vargas, São Paulo, 2012.

VON ADAMEK, Marcelo Vieira. *Responsabilidade civil dos administradores de S/A e as ações correlatas*. São Paulo: Saraiva, 2009.

_____. *Abuso de minoria em direito societário (abuso das posições subjetivas minoritárias)*. 2010. 436 p. Tese (Doutorado em Direito). São Paulo, Faculdade de Direito da Universidade de São Paulo, 2010.

_____. Notas sobre a cogestão da empresa no Direito brasileiro, em especial nas companhias com a maioria do capital votante da União (Lei 12.353/2010). In: FRANÇA, Erasmo Valladão Azevedo e Novaes. *Direito Societário Contemporâneo II*. São Paulo: Malheiros, 2015. p. 683-715 (= VON ADAMEK, Marcelo Vieira. Notas sobre a cogestão da empresa no Direito brasileiro, em especial nas companhias com a maioria do capital votante da União (Lei 12.353/2010). In: CASTRO, Rodrigo R. Monteiro de; WARDE JÚNIOR, Waldrido Jorge; GUERREIRO, Carolina Dias Tavares (coord.). *Direito empresarial e outros estudos de Direito em homenagem ao Professor José Alexandre Tavares Guerreiro*. São Paulo: Quartier Latin, 2013. p. 337-370).

WALD, Arnoldo. Do regime legal do Conselho de Administração e da liberdade de votos dos seus componentes. *Revista dos Tribunais*, São Paulo, v. 630, p. 9-19, abr. 1988.

_____. A evolução do regime legal do Conselho de Administração, os acordos de acionistas e os impedimentos dos conselheiros decorrentes de conflito de interesses. *Revista de Direito Bancário, do Mercado de Capitais e da Arbitragem*, São Paulo, ano 4, v. 11, p. 13-30, jan./mar. 2001.

WARDENBACH, Frank. *Interessenkonflikte und mangelnde Sachkunde als Bestellungshindernisse zum Aufsichtsrat der AG*. Köln: Dr. Otto Schmidt, 1996.

WATTER, Rolf; MAIZAR, Karim. Structure of Executive Compensation and Conflicts of Interests – Legal Constraints and Practical Recommendations under Swiss Law. In: THÉVENOZ, Luc; BAHAR, Rashid (eds.). *Conflicts of Interest*: Corporate Governance & Financial Markets. Alphen aan den Rijn: Kluwer, 2007. p. 31-84.

WENINGER, Heike. *Mitbestimmungsspezifische Interessenkonflikte von Arbeitnehmervertretern im Aufsichtsrat*. Köln: Carl Heymanns, 2011.

WINDBICHLER, Christine. *Gesellschaftsrecht*. 22 Aufl.. München: C. H. Beck, 2009.

WORTHINGTON, Sarah. *Sealy & Worhington's Text, Cases, & Materials in Company Law*. 11th Ed. Oxford: Oxford University Press, 2016.

YABLON, Charles M.. On the allocation of burdens of proof in corporate law: an essay on fairness and fuzzy sets. *Cardozo Law Review*, n. 13, p. 497-518, nov. 1991.

YANAGAWA, Silvio Hitoshi. Contratos entre sociedade e seus administradores. Conflito de interesses. *Revista de Direito Mercantil, Industrial, Econômico e Financeiro*, São Paulo, ano 14, n. 20, p. 115-118, 1975.

YAZBEK, Otavio. A vinculação dos administradores das sociedades aos acordos de acionistas – exercício de interpretação do §8º do art. 118 da Lei n. 6.404/1976. *Revista de Direito das Sociedades e dos Valores Mobiliários*, São Paulo, n. 1, p. 17-38, maio 2015.

ZANINI, Carlos Klein. A doutrina dos "fiduciary duties" no Direito norte-americano e a tutela das sociedades e acionistas minoritários frente aos administradores das Sociedades Anônimas. *Revista de Direito Mercantil, Industrial, Econômico e Financeiro*, São Paulo, ano 36, n. 109, p. 137-149, jan./mar. 1998.